smartline

D1932401

Android Tablets

Frank Becker

DATA BECKER

Wichtiger Hinweis

Folgen Sie uns auf Facebook und Twitter:

www.facebook.com/databecker
www.twitter.com/data_becker

Besuchen Sie unseren Internetauftritt:

www.databecker.de

Copyright DATA BECKER GmbH & Co. KG
Merowingerstr. 30
40223 Düsseldorf

Produktmanagement Manuel Morschel

Layout Jana Scheve

Umschlaggestaltung Inhouse-Agentur DATA BECKER

Textverarbeitung und Gestaltung Astrid Stähr

Textmanagement und Produktionsleitung Claudia Lötschert

Druck fgb • freiburger graphische betriebe (www.fgb.de)

ISBN 978-3-8158-2898-4

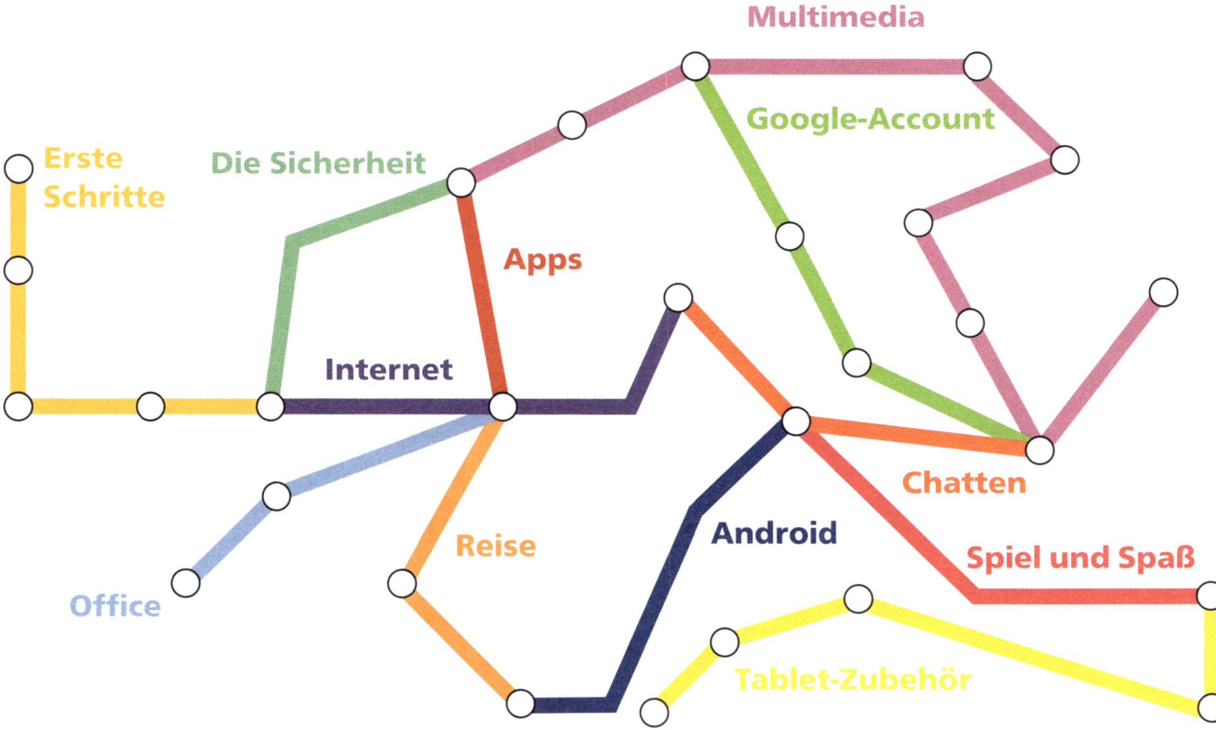

Multimedia
Google-Account
Erste
Schritte
Die Sicherheit
Apps
Internet
Chatten
Android
Reise
Office
Spiel und Spaß
Tablet-Zubehör

Inhaltsverzeichnis

Einleitung

Liebe Tablet-Besitzer,

Tablets sind sexy! Nach dem enormen Erfolg des iPads stehen viele neue Android-Tablets in den Startlöchern, um dem Platzhirsch Apple die Stirn zu bieten. Die Hersteller der Android-Tablets der neuesten Generation setzen auf das runderneuerte Betriebssystem Android 3.0, das auch unter dem Namen Honeycomb bekannt ist. Das Motorola Xoom war weltweit das erste Tablet dieser neuen Generation. Kurz darauf kam das Samsung Galaxy Tab 10.1 auf dem Markt. Mittlerweile haben weitere Hersteller Honeycomb-Geräte im Programm oder planen in Kürze den Marktstart.

Ein Tablet-PC mit Honeycomb bietet mit seinen animierten Programmen (Widgets) auf der Benutzeroberfläche und den zahlreichen 3-D-Bedieneffekten ein echtes Wow-Erlebnis. Wer nur die klassische Bedienung eines herkömmlichen Computers kennt, wird schnell feststellen, dass mit einem Tablet vieles einfacher funktioniert, jedoch das Bedienkonzept über den Touchscreen zuerst einmal gewöhnungsbedürftig ist. Dieses Buch möchte den Einstieg erleichtern und strukturiert durch die verschiedenen Bedienelemente und Einstellungen führen, sodass Ihnen kein Geheimnis Ihres neuen Tablets verborgen bleibt.

Ein Tablet-PC ersetzt sicher nicht einen vollwertigen PC, doch wenn Sie die Möglichkeiten Ihres Tablets ausreizen, werden Sie viele Aufgaben lieber bequem von der Couch aus erledigen, als vor dem Computer zu sitzen – es macht einfach Spaß.

Es grüßt Sie

Frank Becker

1. Erste Schritte

Einrichten des Tablets

Die Navigation auf dem Tablet

Die virtuelle Tastatur

So nehmen Sie Ihre persönlichen Einstellungen vor

Datenaustausch

Einen Tablet-PC zu bedienen ist prinzipiell genauso einfach, wie eine Zeitschrift zu lesen. Doch bevor Sie sich mit dem Tablet vertraut machen, müssen Sie erst ein paar Grundeinstellungen vornehmen und sich mit der Bedienung des berührungsempfindlichen Bildschirms auseinandersetzen.

1.1 Einrichten des Tablets

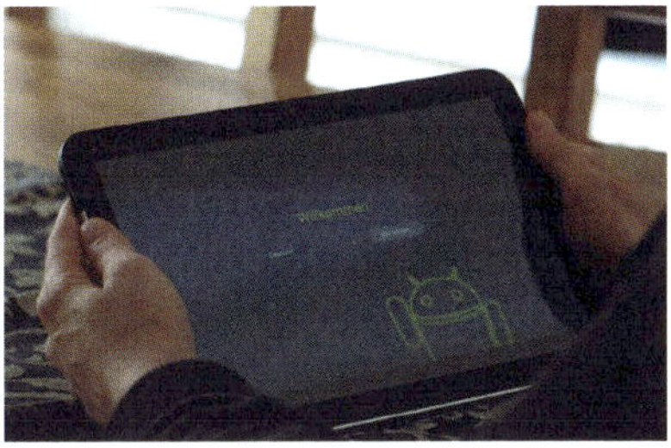

Beim ersten Einschalten Ihres Tablet-PCs werden Sie automatisch zu einem Einrichtungsassistenten geführt und durch den vom Android-Logo bekannten Roboter freundlich begrüßt. Mit dem Willkommensgruß startet die Einrichtung Ihres Tablets durch Berührung des Feldes *Einrichten*.

Die Internetverbindung

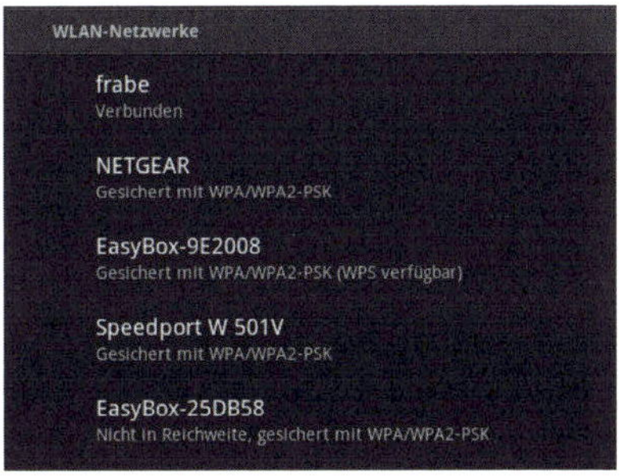

Zu Beginn wird geprüft, ob sich in der Nähe ein WLAN-Netzwerk (Wi-Fi) befindet, mit dem sich das Tablet für einen Internetzugang verbinden kann. Wenn Sie beispielsweise zu Hause bereits Ihren PC oder ein Notebook per WLAN betreiben, wählen Sie aus der Liste den Namen Ihres Zugangs und verbinden das Tablet mit Ihrem persönlichen Passwort mit Ihrem Netzwerk.

Wenn Sie ein Modell mit einem 3G-Funkmodul besitzen, können Sie auch außerhalb der Reichweite von WLAN-Netzen eine Verbindung zum Internet herstellen. Mit 3G wird die dritte Generation des Mobilfunkstandards von Handynetzen bezeichnet. Um unterwegs eine Internetverbindung herzustellen, benötigen Sie von einem Mobilfunkbetreiber eine spezielle SIM-Karte, wie sie auch in Handys verwendet wird. Daher werden häufig Tablet-PCs mit 3G nur in Verbindung mit einem Mobilfunkvertrag angeboten.

Der Standortservice

Als Nächstes werden Sie gefragt, ob Sie den Standortservice von Google verwenden möchten. Alle Tablet-PCs besitzen wie Navigationsgeräte ein sogenanntes GPS-Modul (**G**lobal **P**ositioning **S**ystem). Mit diesem Modul nimmt das Tablet eine Verbindung zum globalen Navigationssatellitensystem auf. Durch den Standortservice von Google können die installierten Programme feststellen, wo Sie sich mit dem Tablet befinden und Ihnen Informationen rund um Ihren Aufenthaltsort mitteilen.

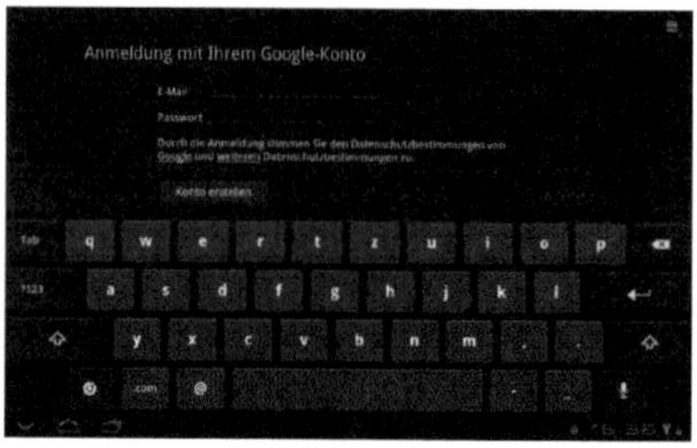

Durch Tippen auf der virtuellen Tastatur richten Sie Ihr Google-Mail-Konto ein.

Das Google-Konto

Nachdem Sie das aktuelle Datum und die Uhrzeit festgelegt haben, werden Sie aufgefordert, Ihre Zugangsdaten für Ihr Google-Konto einzugeben. Sollten Sie noch kein Konto haben, drücken Sie auf *Konto erstellen*. Das Google-Konto ist für die Nutzung des Tablets unverzichtbar. Denn nur bei Google registrierte User haben die Möglichkeit, aus dem Android Market Apps zu laden und auf das Tablet zu installieren.

Zum Einrichten eines Google-Kontos klicken Sie einfach auf *Konto erstellen*. Geben Sie Ihren Namen sowie die gewünschte E-Mail-Adresse ein, unter der Sie zukünftig mit dem Google-Konto erreichbar sein möchten. Falls Ihr Wunschname bereits vergeben sein sollte, werden Ihnen freie Namen vorgeschlagen. Dabei wird in den meisten Fällen Ihr

Wunschname mit einigen Zahlen und Buchstaben ergänzt. Entscheiden Sie sich nur für einen Vorschlag, den Sie sich als Anmeldenamen gut merken können. Ansonsten wählen Sie besser einen anderen Namen.

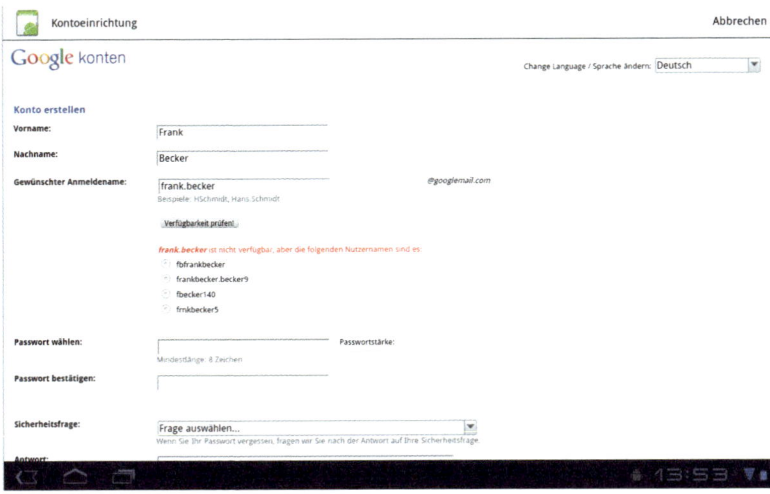

Falls Ihr gewählter Benutzername bereits vergeben ist, erhalten Sie Vorschläge.

Später werden Sie im Anmeldeformular nach einer alternativen E-Mail-Adresse gefragt. Diese ist wichtig, falls Sie doch einmal Ihre Zugangsdaten vergessen haben sollten. So kann Google Ihnen die benötigten Informationen per Mail schicken. Falls Sie keine alternative E-Mail-Adresse besitzen, fragen Sie ein Familienmitglied oder eine andere vertraute Person nach deren E-Mail-Adresse. Mit Ihrem neuen Google-Konto können Sie ab sofort E-Mail-Nachrichten verschicken und empfangen, Kontakte und Termine verwalten sowie Einstellungen Ihres Tablets und gekaufte Apps online sichern.

1.2 Die Navigation auf dem Tablet

Tablet-PCs mit Android 3.0 Honeycomb kommen ohne Gerätetasten für die Steuerung aus. Alles wird über den berührungsempfindlichen Bildschirm (Touchscreen) gesteuert. Mit einem oder mehreren Fingern können Sie auf dem Bildschirm Einstellungen vornehmen, Programme starten und innerhalb von Dokumenten oder Internetseiten durch einfaches Streichen über dem Bildschirm scrollen.

Alles mit dem Finger

Für die Steuerung müssen Sie mit den Fingern auf der Bildschirmoberfläche tippen, wischen und spreizen. Um ein Symbol oder eine App auszuwählen beziehungsweise zu öffnen, tippen Sie einfach kurz auf das entsprechende Icon. Um spezielle Optionen anzuzeigen, wie das Kopieren von Texten und Bildern auf einer Internetseite, halten Sie den Finger auf dem Bildschirm gedrückt, bis ein Kontextmenü erscheint.

Mit dem Finger schieben und bewegen Sie Objekte auf dem Bildschirm.

Zum langsamen Bewegen oder Blättern durch eine Liste ziehen Sie den Finger langsam über den Touchscreen. Wenn Sie die Bewegung mit Schwung vornehmen, also wischen, können Sie schnell scrollen oder in einem Buch die Seiten umblättern. Zum Vergrößern von Karten, Bildern und Internetseiten haben Sie zwei Möglichkeiten. Wenn Sie eine bestimmte Stelle auf dem Bildschirm vergrößert darstellen wollen, führen Sie einen Doppeltipp (zweimal schnell hintereinander tippen) an der gewünschten Position aus.

Anstelle eines Doppeltipps können Sie auch Bildausschnitte mit zwei Fingern vergrößern. Das funktioniert am besten mit Zeigefinger und Daumen. Setzen Sie die Finger einfach an die ge-

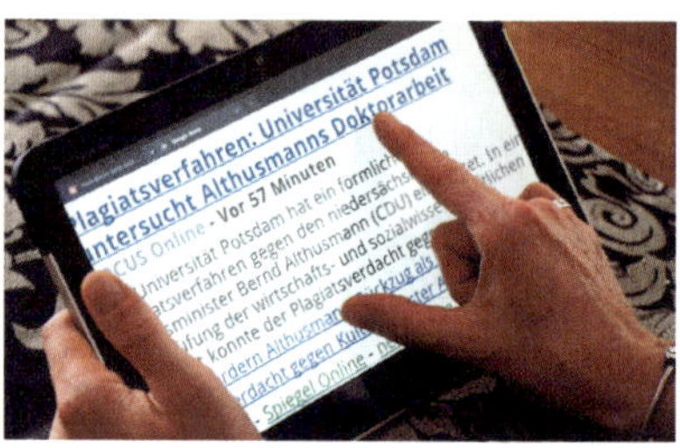

Wenn Sie zwei Finger auf dem Bildschirm spreizen, vergrößern Sie den Inhalt.

wünschte Stelle und spreizen Sie sie auseinander. Umgekehrt verkleinern Sie wieder den Ausschnitt.

Hoch- und Querformat

Wenn Sie einen Tablet-PC in der Hand halten, können Sie das Gerät sowohl im Hoch- als auch im Querformat nutzen. Ein integrierter Lagesensor erkennt dabei automatisch, wie der Nutzer das Tablet in der Hand hält, und passt die Darstellung des Bildschirminhalts auf das jeweilige Format an.

Im Hochformat lassen sich die Inhalte von Internetseiten besser darstellen.

Ob nun hoch oder quer ist sicher eine reine Geschmacksfrage. Doch bei vielen Anwendungen greift man instinktiv zu einem bestimmten Format. So werden sicher die meisten Nutzer beim Lesen eines Buches das Tablet-PC hochkant halten und beim Anschauen eines Films das Querformat bevorzugen.

Fall Sie das automatische Drehen des Bildschirms stört und Sie für die Nutzung des Tablets eine bestimmte Ausrichtung bevorzugen, können Sie das schnell ändern. Halten Sie dazu Ihr Tablet in der gewünschten Position und drücken Sie auf das Uhrensymbol unten rechts am Bildschirm. Damit öffnen Sie ein Pop-up-Menü, in der die Uhrzeit groß angezeigt wird.

Rechts unten in dem Menü drücken Sie anschließend auf das angezeigte Symbol mit den drei kleinen Schiebereglern. Damit gelangen Sie zu den verschiedenen Schnelleinstellungen. Wählen Sie nun den Punkt *Display-Ausrichtung sperren*. Danach können Sie mit Ihrem Tablet in der gewünschten Bildschirmdarstellung arbeiten.

Der Lockscreen

Um die Akkulaufzeit so lange wie möglich zu nutzen, schaltet das Tablet seinen Bildschirm nach einer gewissen Zeit ab, wenn keine Benutzereingabe erfolgt.

Um den Lockscreen zu entsperren und zum Homescreen beziehungsweise der zuletzt genutzten Anwendung zurückzugelangen, schieben Sie mit dem Finger das Schlosssymbol außerhalb des angezeigten Kreises.

Zum Entsperren ziehen Sie das kleine Schloss außerhalb des Kreises.

Der persönliche Homescreen

Tablet-PCs mit Android 3.0 Honeycomb bieten fünf frei konfigurierbare Homescreens, die Sie nach Ihren persönlichen Vorlieben einrichten und gestalten können. Ein Homescreen ist vergleichbar mit der Desktop-Oberfläche eines PCs, auf der Sie Programmsymbole von häufig genutzten Anwendungen ablegen können.

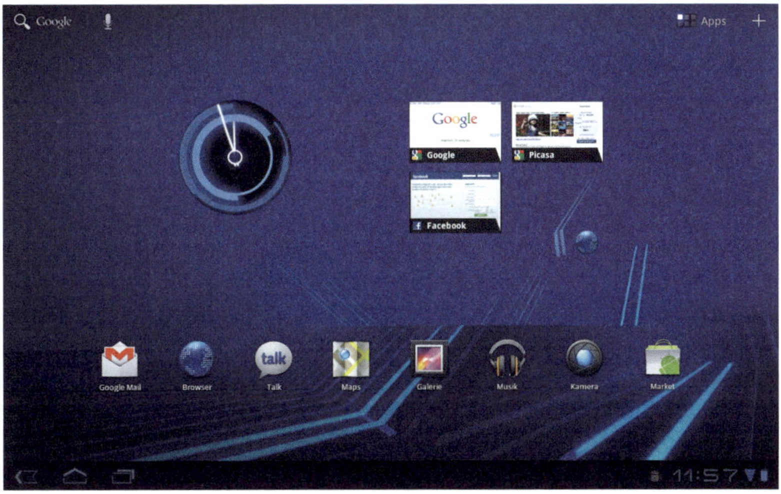

In der Mitte des Bildschirms sehen Sie die Widgets und unten einige Apps.

Zu den einzelnen Homescreens gelangen Sie mit einer kurzen Wischbewegung mit dem Finger nach rechts beziehungsweise links auf dem Display. Bereits beim ersten Start des Tablets befinden sich auf dem mittleren Homescreen einige vorinstallierte Apps und Widgets. Mit den App-Symbolen starten Sie durch eine leichte Berührung die dazugehörigen Anwendungen.

Die Uhr auf dem Bildschirm sowie die klein dargestellten Internetseiten nennt man Widgets. Als Widgets bezeichnet man interaktive Programme, die animiert auf dem Bildschirm sichtbar sind. Sie müssen nicht erst ein Programm starten, sondern Sie sehen die mit den Anwendungen verbundenen Informationen direkt auf dem Homescreen. Widgets auf dem Homescreen sind live und zum Teil interaktiv.

So zeigen die Google-Mail- und Kalender-Widgets neue Nachrichten und Einträge in einem scrollbaren Fenster an. Widgets sind für alle Lebenslagen erhältlich. Sei es für die aktuelle Wettermeldung, die neuesten Nachrichten, Sportergebnisse oder Ereignisse aus sozialen Netzwerken wie Facebook. Den Möglichkeiten sind dabei kaum Grenzen gesetzt.

Die Screengestaltung

Für die Anpassung des Homescreens drücken Sie einfach auf das +-Zeichen rechts oben in der Aktionsleiste. In der oberen Bildschirmhälfte des Einstellmenüs sehen Sie in einer 3-D-Darstellung Ihre Homescreens. In der unteren Bildschirmhälfte befinden sich die Elemente, mit denen Sie Ihren Homescreen gestalten können.

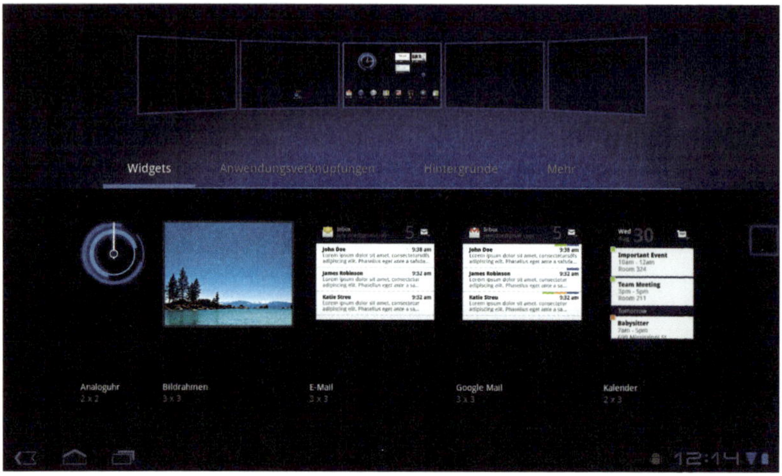

Berühren Sie ein Element und ziehen Sie es mit dem Finger auf den Homescreen.

Eingeteilt in verschiedene Kategorien können Sie nun Widgets und Hintergrundbilder auswählen. Durch das Streichen mit dem Finger nach rechts oder links auf dem Display können Sie sich die verschiedenen Elemente aussuchen. Wählen Sie mit dem Finger einfach die Widgets aus, die Sie auf Ihrem Homescreen haben möchten. Diese fliegen animiert auf den gewählten Homescreen.

Genauso funktioniert es auch mit Ihren Apps. Drücken Sie oben in der Aktionsleiste auf *Apps*, und Sie erhalten eine Übersicht aller installierten Programme. Um eine App auf einem Homescreen zu platzieren, halten Sie das Programmsymbol mit dem Finger gedrückt, bis in der unteren Bildschirmhälfte Ihre Homescreens erscheinen. Nun können Sie das Programm mit dem Finger zu einem der fünf Homescreens ziehen.

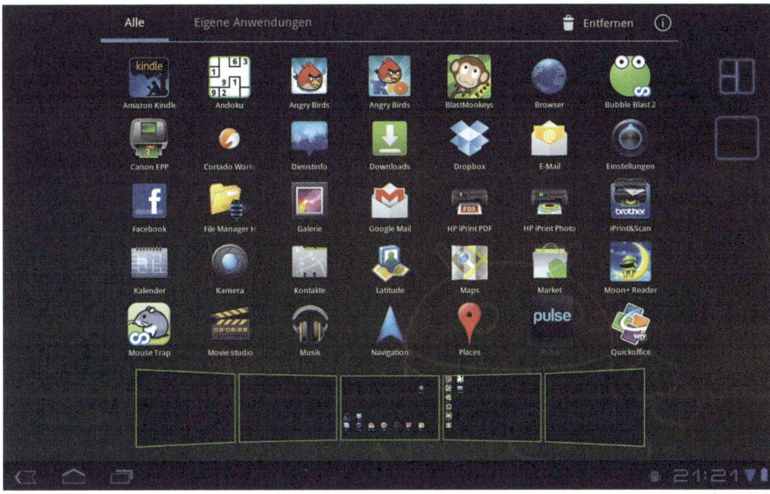

Apps lassen sich beliebig auf dem Homescreen setzen, verschieben und löschen.

Um Apps und Widgets auf den Homescreens nach persönlichen Vorlieben zu verschieben, halten Sie das Icon gedrückt, bis es blau umrandet ist. Jetzt können Sie das Symbol an jede beliebige Stelle des Bildschirms verschieben.

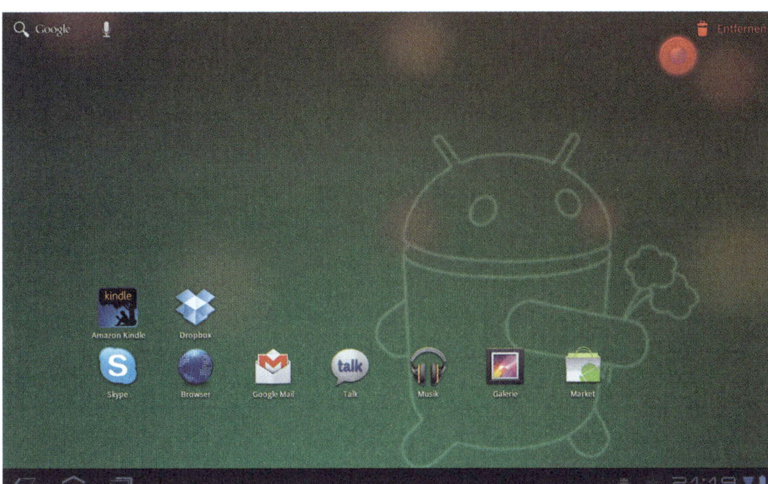

Sie können Ihre Einstellungen jederzeit wieder ändern und Apps und Widgets vom Bildschirm entfernen. Dazu ziehen Sie das Programmsymbol einfach in die rechte obere Ecke des Bildschirms. Dort befindet sich beim Verschieben ein Abfalleimersymbol mit der Beschriftung *Entfernen*. Das Programm wird dabei nur vom Homescreen gelöscht und nicht vom Tablet-PC entfernt.

Die Systemleiste

Die Systemleiste am unteren Bildschirmrand bietet einen schnellen Zugriff auf Navigationstasten und zeigt Benachrichtigungen und Informationen zum Systemstatus an.

Links befinden sich die wichtigen Schaltflächen für die Navigation des Tablets.

Diese Leiste ist die wichtigste Schaltzentrale, sie ist auf dem Bildschirm dauerhaft eingeblendet und stellt sich je nach Lage im Hoch- oder Querformat automatisch mit um. Nur im Vollbildmodus, beispielsweise beim Anschauen eines Films, rückt sie in den Hintergrund.

Mit dem linken Button navigieren Sie innerhalb einer Applikation immer einen Benutzerschritt zurück. Mit der mittleren Schaltfläche verlassen Sie eine geöffnete App und gelangen zurück auf den Startbildschirm, dem Homescreen.

Der dritte Button zeigt die letzten geöffneten Apps mit Vorschaubild in genau dem Zustand an, in dem man sie verlassen hat. Damit können Sie auf einfache Weise zwischen mehreren geöffneten Anwendungen hin- und herwechseln.

Auf der rechten Seite der Systemleiste werden neben der Uhrzeit auch der Akku-Füllstand sowie die Signalstärke der gewählten Internetverbindung angezeigt.

Mit einem Knopfdruck werden alle zuletzt geöffneten Apps angezeigt.

Zusätzlich erhalten Sie aktuelle Benachrichtigungen. Wichtige Updates und Statusinformationen werden in Echtzeit angezeigt. Dazu zählen auch zuletzt eingegangene Nachrichten aus E-Mails und sozialen Netzwerken wie Facebook.

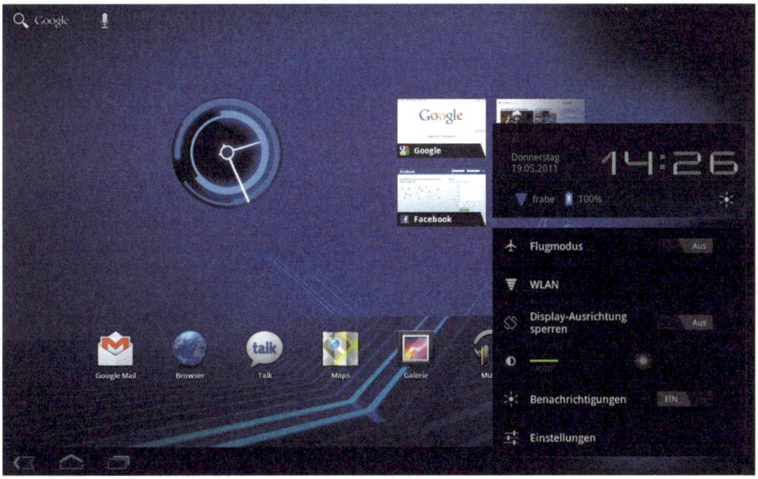

Hinter der Uhr-Anzeige verbergen sich wichtige Einstellungen des Tablets.

Details zu den Benachrichtigungen können Sie sehen, wenn Sie auf die Uhr-Anzeige tippen. Durch das Drücken der Uhr-Anzeige erscheint auch ein Schnellmenü, in dem Sie einige Geräteeinstellungen direkt erreichen können, ohne das separate Einstellmenü des Geräts zu öffnen. Dazu zählen die am häufigsten genutzten Einstellungen zu WLAN, Helligkeit des Displays, Flugmodus oder auch die Änderung für die Display-Orientierung. Zudem können Sie hier festlegen, ob Sie sich Benachrichtigungen in der Systemleiste anzeigen lassen wollen oder nicht. Ein kurzer Fingertipp auf dem Tablet-Bildschirm genügt, um diese Änderungen vorzunehmen. Mit einem Tipp auf eine andere Stelle im Display verschwindet das Menü wieder.

Die Aktionsleiste

Die Aktionsleiste ist dauerhaft am oberen Bildrand eingeblendet und verändert sich kontextabhängig je nach Applikation. Sie ermöglicht die Navigation innerhalb einer App und zeigt Informationen an, die mit dem Programm zusammenhängen.

Die Darstellung der Aktionsleiste auf dem Homescreen.

Die Darstellung der Aktionsleiste bei der Nutzung von Google-Mail.

Vom Homescreen aus betrachtet befindet sich auf der linken Seite der Aktionsleiste eine Suchbox für Google und eine dazugehörige Sprachsteuerung. Auf der rechten Seite der Aktionsleiste gelangen Sie zu Ihren gespeicherten Apps und mit dem +-Symbol zu den persönlichen Einstellungen für den Homescreen.

1.3 Die virtuelle Tastatur

Ein Tablet-PC kommt ohne externe Tastatur aus. Die Texteingabe erfolgt über eine virtuelle Tastatur, die auf dem Bildschirm bei Bedarf eingeblendet wird. Überall wo eine Texteingabe erforderlich ist, erscheint die Tastatur automatisch. Sei es bei der Erstellung einer neuen E-Mail-Nachricht, bei der Eingabe einer Internetadresse oder beim Ausfüllen eines Onlineformulars. Sie müssen nur ein Texteingabefeld auf dem Bildschirm berühren und können gleich loslegen.

Die Tastenanordnung

Die virtuelle Tastatur ist unter Android 3.0 Honeycomb für Tablet-Bildschirme optimiert. Die Anordnung der Tasten ist mit herkömmlichen PC-Tastaturen durchaus vergleichbar.

Mit der gekennzeichneten Taste erreichen Sie die Zahlen und Symbole.

Allerdings wird auf die Darstellung von Zahlen, Umlauten und einigen Symbolen bewusst verzichtet, damit die Tastatur auch in einer annehmbaren Größe auf den Bildschirm passt. Sie erreichen die Umlaute, indem Sie die entsprechenden Buchstaben gedrückt halten. Oberhalb der gewählten Taste erscheint in einem Fenster eine Liste, die neben dem deutschen Umlaut auch Schriftzeichen für andere Sprachen beinhaltet. Die Zahlen und Symbole werden durch das Drücken einer gesonderten Taste sichtbar.

Wenn Sie in Ihren Nachrichten häufig Smileys und andere Emoticons verwenden, können Sie schnell über die Taste [:-)] die richtige Gefühlsregung mit einem Klick für Ihre Nachricht wählen. Für ein ergonomisches Schreibempfinden sollten Sie bei der Texteingabe Ihr Tablet im Querformat vor sich auf den Tisch legen. In diesem Format werden die einzelnen Tasten am größten dargestellt, und geübte Nutzer können sogar mit dem Zehn-Finger-System arbeiten.

Mit Emoticons verleihen Sie Ihren Nachrichten eine stimmungsvolle Note.

Die Texteingabe im Hochformat bietet sich an, wenn Sie keine Unterlage haben und das Tablet in den Händen halten müssen. So können Sie immer noch bequem Mitteilungen mit beiden Daumen verfassen.

Tippfehler minimieren

So komfortabel die Tastatur auf dem Bildschirm auch erscheint, anfangs ist die Nutzung sehr gewöhnungsbedürftig, und es werden sich in der ersten Zeit viele Tippfehler einschleichen.

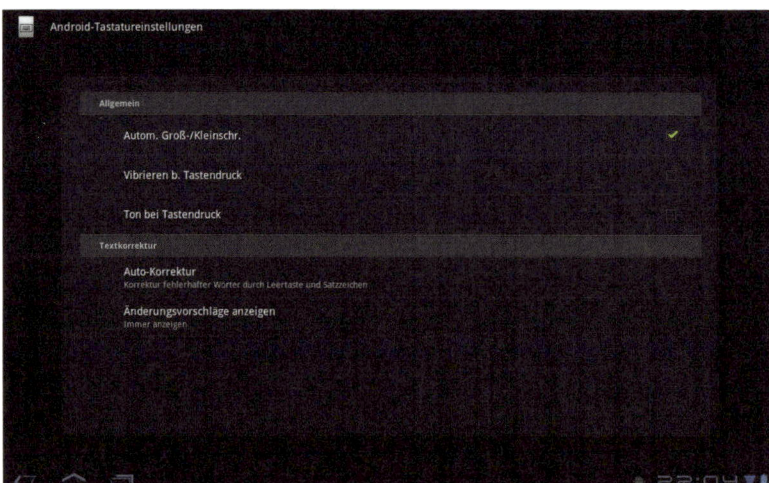

In den Tastatureinstellungen lassen sich persönliche Vorlieben festlegen.

Der Grund liegt einfach an der fehlenden taktilen Rückmeldung, wie man sie bei einer echten Tastatur mit mechanischen Knöpfen erhält. Sie sehen zwar die Tasten, können sie aber nicht spüren.

Um diesem Umstand etwas entgegenzukommen, können Sie in den Einstellungen (Zahlenschlosssymbol) dem Tastendruck einen Ton zuweisen. Auch können Sie in diesem Einstellmenü verschiedene automatische Textkorrekturen wie Groß- und Kleinschreibung und andere Tippfehler aktivieren.

Praktisch ist auch die automatische Wortvervollständigung. Während des Tippens werden Ihnen oberhalb der Tastatur abhängig von Ihren Anschlägen verschiedene Wörter vorgeschlagen. Richtig genutzt lassen sich damit Texte um einiges schneller schreiben. Mit etwas Geduld werden Sie aber schon bald mit der virtuellen Tastatur genauso schnell umgehen können, wie Sie es vom PC her gewöhnt sind.

Die Spracherkennung

Als besonderes Gimmick für die Texteingabe haben die Entwickler von Android 3.0 Honeycomb eine Spracherkennung integriert. Diese ist natürlich nicht mit der Leistung und Genauigkeit von teuren Profiprogrammen für den PC vergleichbar, ist aber dennoch ein sehr nützliches Tool. Sie aktivieren die Spracherkennung durch das Drücken des Mikrofonsymbols in der Aktionsleiste oder auf der virtuellen Tastatur.

Mit dem Mikrofonsymbol auf der Tastatur aktivieren Sie die Spracherkennung.

Für das Schreiben längerer Texte ist die Spracheingabe allerdings nicht geeignet, denn bei langen Sätzen werden viele Wörter falsch interpretiert.

Für die Stichwortsuche im Internet, kurze Meldungen im Chat oder bei der Eingabe von einfachen Internetadressen im Browserfenster funktioniert die Spracherkennung erstaunlich gut.

Mit der Spracherkennung schnell in Google suchen

Wenn Sie das Mikrofonsymbol drücken, öffnet sich ein kleines Fenster, in dem Sie aufgefordert werden, zu sprechen. Nach jeder kleinen Sprechpause wandelt das Tablet die gesprochenen Wörter in geschriebenen Text um. Achten Sie bei der Spracherkennung darauf, laut und deutlich zu sprechen. So brauchen Sie für Suchanfragen bei Google oder beim Erstellen von Nachrichten nicht zu tippen.

1.4 So nehmen Sie Ihre persönlichen Einstellungen vor

Mit den Geräteeinstellungen legen Sie wesentliche Funktionen Ihres Tablet-PCs fest. Diese beziehen sich auf das System des Tablets und legen auch das Verhalten installierter Anwendungen fest.

Drahtlos und Netzwerke

In diesem Teil des Menüs nehmen Sie Einstellungen dafür vor, wie sich das Tablet mit anderen Geräten wie Bluetooth-Tastatur, Handy und Kopfhörer drahtlos verbindet und wie eine kabellose Verbindung zum Internet aufgebaut wird.

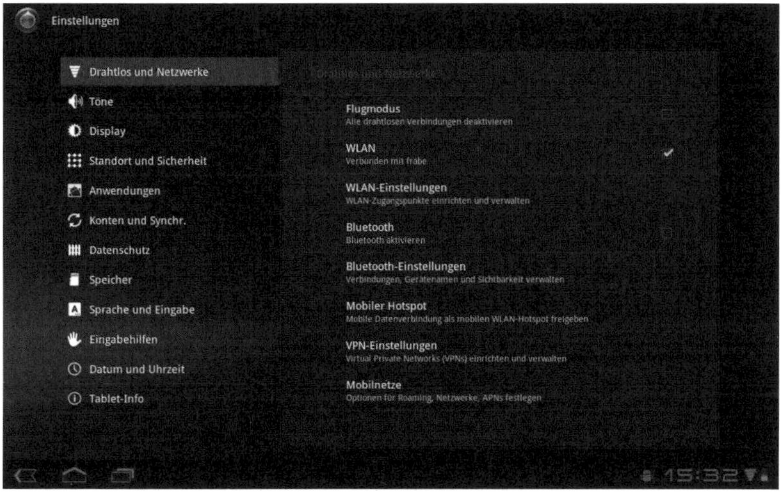

Links neben dem Hauptmenü finden Sie Einstellungen für Netzwerke.

Flugmodus: Hier werden alle drahtlosen Verbindungen ausgeschaltet. Damit wird den Sicherheitsbedingungen der Fluggesellschaften Rechnung getragen, während des Flugs keine Geräte mit Funk zu betreiben. Das Aktivieren des Flugmodus ist aber auch außerhalb eines Flugzeugs sinnvoll, um mit einem Knopfdruck den Funkbetrieb abzuschalten. Das schont den Akku und spart Strom.

In diesem Modus können Sie keine E-Mails mehr senden und empfangen und auch nicht im Internet surfen oder andere aktuelle Informationen abrufen. Anwendungen wie Musik, Spiele, Filme und Fotos sind natürlich davon nicht betroffen.

WLAN-Einstellungen zeigen Ihnen, welche drahtlosen Netzwerke in Ihrer Umgebung vorhanden sind. Wählen Sie aus der Liste Ihr Netzwerk aus und geben Sie Ihr persönliches Kennwort ein. Beim nächsten Mal werden Sie automatisch mit diesem Netzwerk verbunden.

Zudem können Sie eine Benachrichtigungsfunktion aktivieren, wenn unterwegs neue Netzwerke zur Verfügung stehen. Mit der *Wi-Fi-Trenn-*

richtlinie können Sie festlegen, ob die WLAN-Verbindung bei abgeschaltetem Bildschirm unterbrochen werden soll, um Strom zu sparen.

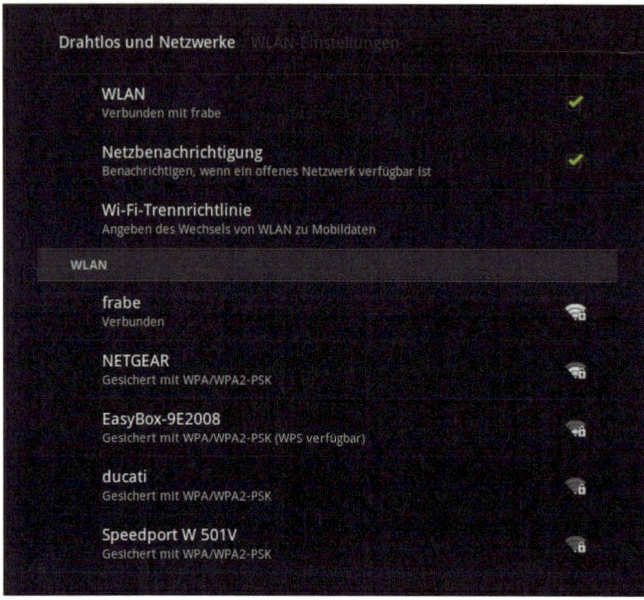

Das Menü zeigt Ihnen alle aktiven WLAN-Netze mit der Signalstärke an.

Bluetooth: Aktivieren Sie *Bluetooth*, um eine drahtlose Verbindung zu einer Bluetooth-Tastatur oder zu Bluetooth-Kopfhörern herzustellen. Wenn die Funktion aktiv ist, erscheint das Bluetooth-Symbol in der Statusleiste.

Um das Tablet mit einem anderen Bluetooth-fähigen Gerät zu verbinden, muss die Kennung des Tablets sichtbar sein. Setzen Sie dafür einen Haken bei *sichtbar*. Wenn Sie sich in Reichweite Ihrer Netzwerke und Bluetooth-Geräte befinden und Bluetooth oder WLAN aktiviert ist, wird automatisch eine Verbindung mit den verfügbaren Geräten und Netzwerken hergestellt, mit denen Sie bereits zu einem früheren Zeitpunkt Kontakt hatten.

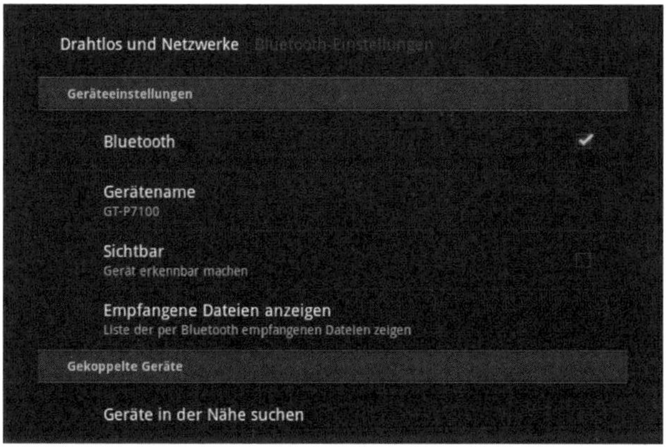

Mit Bluetooth können Sie verschiedene Geräte drahtlos mit dem Tablet verbinden.

Mobiler Hotspot: Wenn Ihr Tablet über eine SIM-Karte verfügt, um mobil eine Internetverbindung herzustellen, können Sie diesen Internetzugang auch mit anderen Personen teilen, indem Ihr Tablet als *Mobiler Hotspot* dient. Dazu können Sie den Tablet-PC als WLAN-Hotspot einrichten, um anderen WLAN-Geräten den Zugang zu ermöglichen.

Aktivieren Sie das Häkchen bei *Mobiler Hotspot* und tippen Sie anschließend auf *Einstellungen für mobilen WLAN-Hotspot*. Dort vergeben Sie einen Namen für Ihr Netzwerk, stellen für eine hohe Sicherheit *WPA2 PSK* ein und vergeben Sie ein Passwort. Andere Nutzer können nun in Ihrer WLAN-Auswahlliste Ihr Netzwerk sehen und sich mit dem Passwort verbinden.

VPN-Einstellungen: Die *VPN-Einstellungen* (VPN = **V**irtual **P**rivate **N**etwork) sind für Nutzer vorbehalten, die mit Ihrem Tablet-PC eine gesicherte Verbindung, beispielsweise zu einem Firmennetzwerk, herstellen wollen. Um die Zugangsdaten zu konfigurieren, setzen Sie sich am besten mit dem zuständigen Systemadministrator des Unternehmens in Verbindung.

Mobilnetze: In den Einstellungen *Mobilnetze* finden Sie Einstellparameter zu Netz-Roaming, Netzauswahl und Netzbetreiber. Unter Roaming versteht man die Möglichkeit, in einem fremden Mobilfunknetz außerhalb seines Heimnetzes Daten zu senden und zu empfangen. Das bedeutet, wenn Sie Ihr Tablet-PC mit in den Urlaub ins Ausland nehmen, können Sie einstellen, ob sich das Gerät mit dem dort ansässigen Netzbetreiber verbinden soll oder nicht.

Zudem können Sie in dem Menü festlegen, ob Ihr Tablet überhaupt den Datenzugriff über Mobilnetze erlauben darf. Wenn Sie unterwegs keine großen Datenmengen hin und her schicken müssen, können Sie auch einen Haken im Menüpunkt *Nur 2G-Netzwerke* setzen. Das schont den Akku.

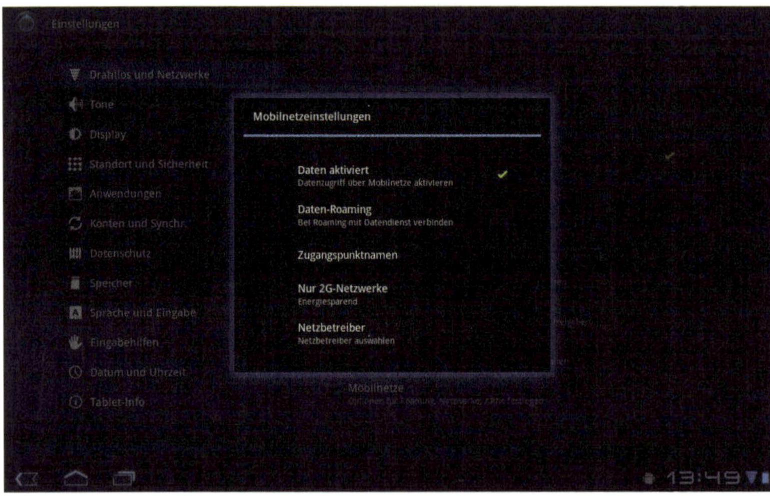

Hier legen Sie Netzbetreiber und andere Parameter für die mobile Nutzung fest.

Kostenfalle Roaming

Wenn Sie Ihr Tablet im Ausland nutzen wollen, dann sollten Sie sich auf jeden Fall über die anfallenden Roaming-Gebühren bei Ihrem Netzbetreiber erkundigen. Denn wie mit dem Handy im Ausland werden neben den Verbindungskosten auch Gebühren für die Vermittlung ins Heimatland erhoben. Wenn Sie Ihr Tablet im Ausland nutzen wollen, dann sollten Sie sich auf jeden Fall über die anfallenden Roaming-Gebühren bei Ihrem Netzbetreiber erkundigen. Denn wie mit dem Handy im Ausland werden neben den Verbindungskosten auch Gebühren für die Vermittlung ins Heimatland erhoben. Die Tarife der deutschen Provider gelten nur in der Bundesrepublik. Im Urlaub wählt sich das Tablet in ein Mobilfunknetz des Reiselandes ein. So kann ein Urlaubsgruß mit Foto je nach Anbieter locker 20 Euro oder mehr kosten. Innerhalb der EU ist seit 2010 das Daten-Roaming geregelt: Hier wurde eine monatliche Obergrenze von 59,95 Euro gesetzt. Aktivieren Sie das Daten-Roaming daher nur, wenn es wirklich sein muss. Sonst können Sie nach dem Urlaub eine böse Überraschung erleben.

Töne

In diesem Menüpunkt legen Sie die Lautstärke der Lautsprecher für Multimedia-Anwendungen, Benachrichtigungstöne und Wecker fest. Darüber hinaus können Sie hier auch den Signalton für E-Mail-Benachrichtigungen und andere bestimmen.

Display

Hier stellen Sie die Bildschirmhelligkeit nach Bedarf ein. Sie können die Helligkeit aber auch automatisch regeln lassen, was sehr gut funktioniert. Der integrierte Helligkeitssensor passt die Bildschirmhelligkeit automatisch an das Umgebungslicht an. In diesem Einstellmenü können Sie auch das automatische Drehen des Displays abschalten sowie verschiedene Animationen beim Starten einer App unterbinden.

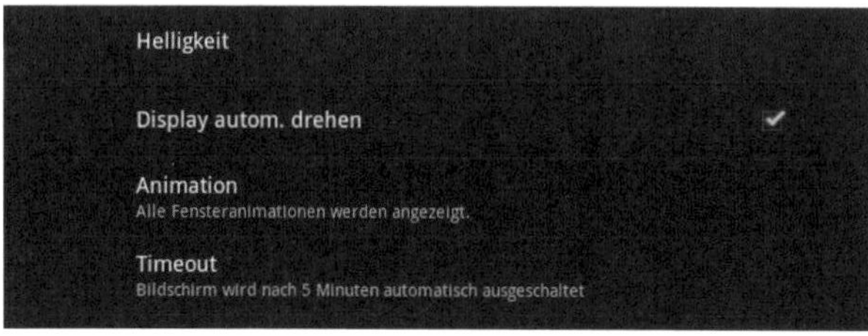

Unter *Timeout* legen Sie fest, nach welcher Zeit der Bildschirm in seinen Stromsparmodus fällt und sich ausschaltet. Sie können die Abschaltzeit nach Ihren Wünschen in mehreren Schritten festlegen.

Anwendungen

In diesem Menüpunkt lassen sich die installierten Apps verwalten. Sie können sehen, welche Anwendungen Sie auf Ihr Tablet installiert haben und wie viel Speicherplatz die einzelnen Apps belegen.

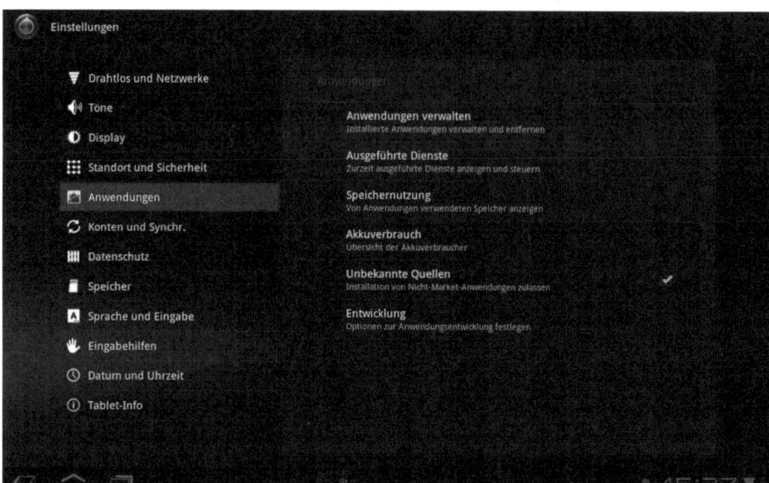

Bei Bedarf können Sie auch installierte Programme von Ihrem Tablet wieder entfernen. Praktisch: Unter *Akkuverbrauch* können Sie schnell erkennen, welche Apps wie viel Energie verbrauchen. So machen Sie schnell Stromfresser ausfindig und können die Akkuleistung bei Bedarf verlängern.

Wenn Sie Programme installieren wollen, die Sie nicht im Android Market erworben haben, müssen Sie die Standard-Sicherheitseinstellung umgehen und die Installation aus unbekannten Quellen erlauben. Achten Sie aber darauf, dass Sie dadurch Ihre Daten auf dem Tablet beschädigen können, wenn Sie Apps aus unbekannten Quellen installieren. Diese können eine Schadsoftware enthalten, die nicht nur Daten löschen, sondern auch persönliche Informationen unbemerkt verschicken kann.

Der Unterpunkt *Entwicklung* ist in erster Linie für Entwickler gedacht, die neue Apps programmieren. Doch auch für Sie können die Einstellungen interessant sein, wenn Sie beispielsweise Ihr Tablet rooten wollen (Manipulation im Betriebssystem), um spezielle Systemeinstellungen zu verändern.

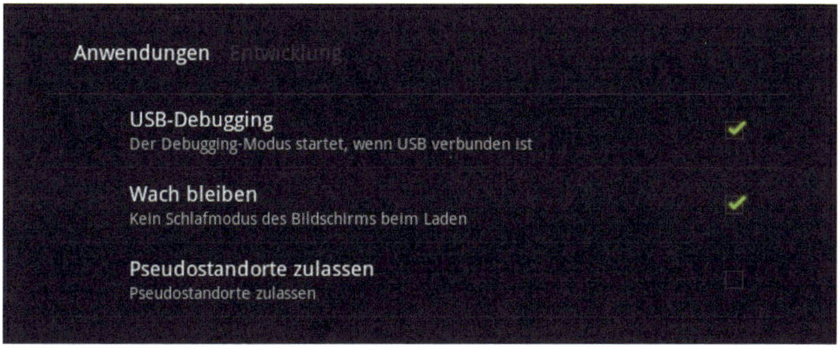

Durch USB-Debugging können Sie Ihr Tablet für Systemänderungen vorbereiten.

Mit Root (Root = Wurzel) können Sie Anwendungen installieren und Funktionen im Tablet aktivieren, die werksseitig nicht angeboten werden. Zu solchen Anwendungen gehört beispielsweise die Möglichkeit, den mobilen Internetzugang des Tablets für ein Notebook mittels einer WLAN-Verbindung zu nutzen.

Aber auch viele andere Apps wie Backup- und Sceenshot-Anwendungen benötigen ein gerootetes Tablet. Das setzt allerdings neben einer speziellen Entwickler-Software auch jede Menge Know-how voraus und ist wirklich nur etwas für Spezialisten. Wenn Sie mit dem vorhandenen Funktionsumfang zufrieden sind, ist ohnehin kein Root-Zugriff nötig.

Wenn Sie Ihr Tablet für Root über ein USB-Kabel mit dem PC verbinden wollen, setzen Sie bei *USB-Debugging* einen Haken. Unter Debugger versteht man im Sprachgebrauch von Programmierern ein Werkzeug zum Analysieren von Fehlern in Computersystemen.

Wenn Sie möchten, dass das Display während des Ladens eingeschaltet bleibt, aktivieren Sie *Aktiv bleiben*. Die Einstellung für *simulierte Standorte* hingegen brauchen Sie nicht zu aktivieren. Hier sind eher Programmierer gefragt, die beispielsweise ein Programm zur Navigation schreiben und mit Geo-Daten experimentieren wollen.

Standort und Sicherheit

Ihr Tablet weiß, wo Sie sich aufhalten. Mit dem integriertem GPS-Modul wird ständig Ihr Standort per Satellit ermittelt. Ihr Standort wird aber auch über eine bestehende WLAN-Verbindung gefunden.

Mit dem GPS-Modul können Sie viele Dienste, wie Google Maps, nutzen und sich Informationen über Ihren Standort anzeigen lassen. Wenn Sie wissen möchten, wo in der Nähe die nächste Pizzeria ist oder wann der nächste Bus kommt: Mit den richtigen Apps können Sie sich auch in einer fremden Stadt wie zu Hause fühlen. Sie haben aber immer die Möglichkeit, diesen Dienst in *Mein Standort* zu deaktivieren.

Stromspar-Tipp

Wenn Sie den Ortungsdienst im Einstellmenü deaktivieren, können Sie den Energieverbrauch Ihres Tablets drosseln und länger damit arbeiten.

Mit der *Displaysperre* können Sie Ihr Tablet vor unbefugter Nutzung schützen. Sie haben verschiedene Möglichkeiten, die Sperre einzurichten: entweder über eine PIN, ein Passwort oder ein Muster.

Sobald das Tablet in seinen Ruhemodus fällt, wird der Lockscreen nicht mehr durch einen Wisch, sondern durch eine Eingabeaufforderung entsperrt. Alternativ können Sie auch ein Muster mit dem Finger auf dem Tablet zeichnen, um die Sperre aufzuheben.

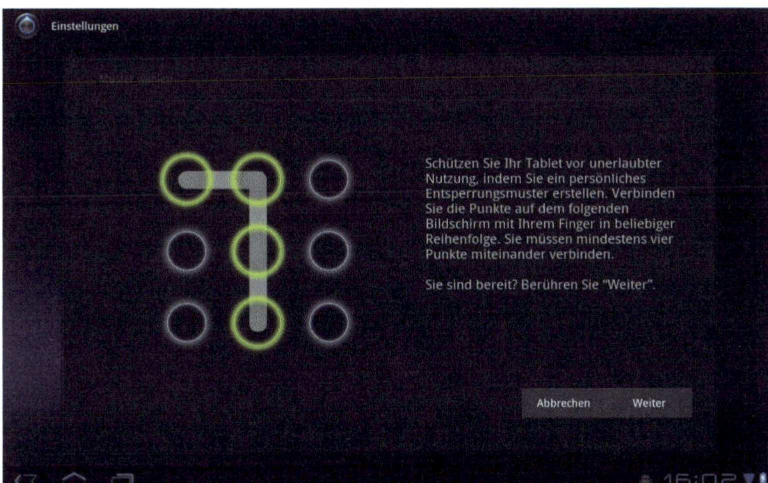

Ein gemaltes Muster auf dem Display ersetzt die Passworteingabe am Tablet.

Als weitere Sicherheit können Sie Ihre Konten, Einstellungen, heruntergeladene Anwendungen mit allen dazugehörigen Daten und Medien auf dem *Tablet verschlüsseln*. Die Displaysperre lässt sich nämlich durch eine USB-Verbindung mit dem PC umgehen.

Mit der Verschlüsselung ist jedoch bei jedem Einschalten des Tablets die Eingabe eines Passworts oder PINs erforderlich. Doch Vorsicht: Nicht nur, dass die Verschlüsselung der Daten etwa eine Stunde benötigt, in der das Tablet an seiner Stromversorgung angeschlossen sein muss, sie lässt sich auch nicht ohne Weiteres rückgängig machen. Das ist nur durch das Rücksetzen auf den Werkszustand möglich, bei dem sämtliche gespeicherten Daten verloren gehen.

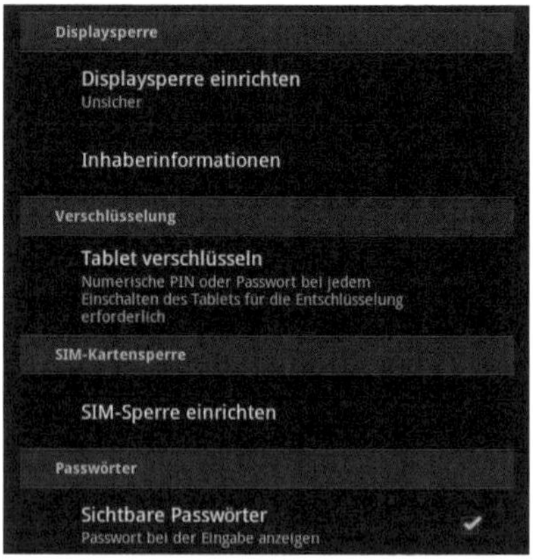

In dem Menü können Sie verschiedene Sicherheitseinstellungen vornehmen.

Unter dem Punkt *SIM-Kartensperre* können Sie Ihre PIN ändern und das Tablet so einstellen, dass bei jedem Einschalten eine PIN-Eingabe erforderlich ist. Mit einem Häkchen im Punkt *Passwörter* können Sie kurzeitig die eingetippten Symbole sehen, die sich dann in Sternchen verwandeln.

Durch die Aktivierung der *Geräteverwaltung* erlauben Sie speziellen Apps die Kontrolle über Ihr Tablet. So können einige Apps das Gerät überwachen, z. B. wie oft jemand versucht hat, mit einer falschen PIN an die gespeicherten Daten zu kommen. Nach mehreren Versuchen ist es sogar möglich, sämtliche Daten auf dem Tablet automatisch zu löschen.

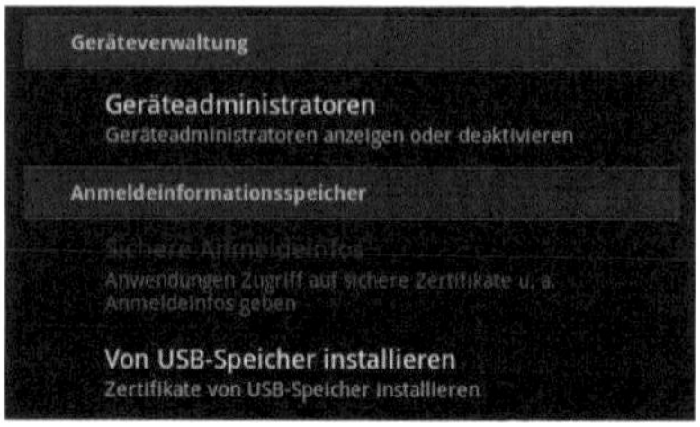

Einstellungen für den Einsatz von Tablet-PCs in Unternehmen.

Der *Anmeldeinformationsspeicher* ist in erster Linie für Unternehmen interessant, die das Tablet für interne Applikationen nutzen und die Sicherheit des Firmennetzwerks nicht gefährden möchten.

Der Systemadministrator der Firma hat damit die Möglichkeit, spezielle Zertifikate auf dem Gerät zu installieren, die nötig sind, um spezielle Anwendungen im Unternehmensnetzwerk nutzen zu können. Bei manchen Tablet-PCs wird dieser Menüpunkt auch Berechtigungsspeicher genannt.

Konten und Synchronisation

Bei Ihrer ersten Anmeldung bei Ihrem Google-Mail-Konto haben Sie automatisch Zugriff auf Ihre gesamten persönlichen Daten wie E-Mails, Termine und Kontakte. Diese werden auch mit Ihrem Tablet synchronisiert. Wenn Sie mit Ihrem Tablet-PC, Computer oder Telefon Änderungen an den Kontakten eines Kontos vornehmen, wird diese Änderung auf allen Geräten übernommen. In diesem Menü können Sie die automatische Synchronisierung aktivieren.

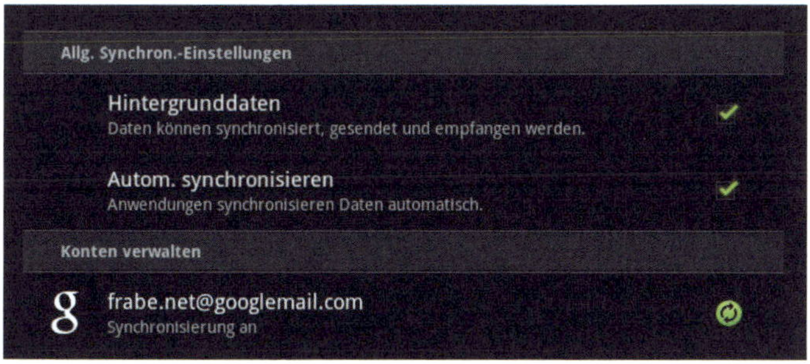

In diesem Menüpunkt lassen sich alle Nutzerkonten auf dem Tablet vernetzen.

Datenschutz

Mit dem Google-Konto werden nicht nur Ihre E-Mails, Termine und Kontakte gesichert, Sie können auch alle Anwendungsdaten, WLAN-Passwörter und andere Einstellungen auf dem Google-Server sichern. Unter dem Menüpunkt *Persönliche Daten* können Sie Ihr Tablet auf dem Werkszustand zurücksetzen. Achtung: Bei dieser Aktion werden sämtliche Daten auf dem Tablet unwiderruflich gelöscht. Wenn Sie dann Ihr Tablet erneut einschalten, verhält es sich so wie bei der ersten Benutzung nach dem Auspacken.

Speicher

Hier können Sie in einer Grafik sehen, wie viel Speicher von Anwendungen und anderen Medien belegt wird. Wenn der Speicher irgendwann mal knapp wird, können Sie so schneller eine Entscheidung treffen, einige Medien zugunsten einer neuen App vom Tablet zu entfernen.

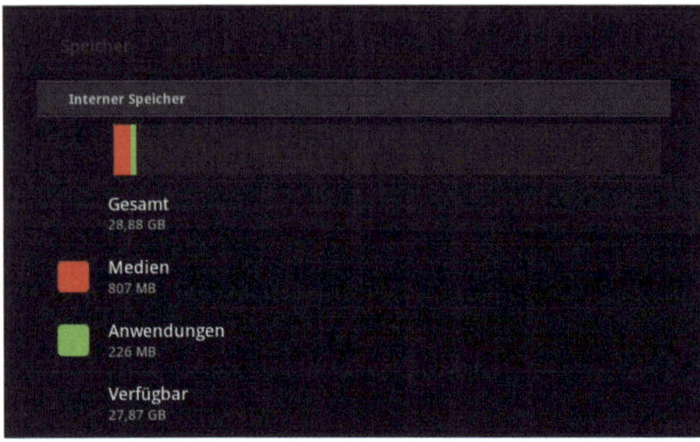

Sprache und Eingabe

Der Menüpunkt bietet Ihnen alle Einstellungen zu Ihrer bevorzugten Landessprache. Neben den *Spracheinstellungen* können Sie auch Einstellungen zur *Spracherkennung* und zur *Sprachausgabe* vornehmen. Auch die *Tastatureinstellungen* werden in diesem Menüpunkt vorgenommen.

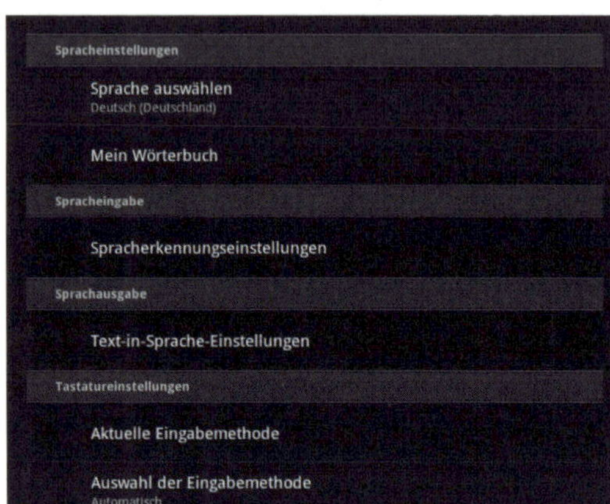

Eingabehilfen

Hier werden Anwendungen angezeigt und aktiviert, die den Nutzer bei der Bedienung des Tablets unterstützen. So unterstützt beispielsweise die App TalkBack sehbeeinträchtigte Menschen, indem das Programm verschiedene Aktionen auf dem Tablet mit Sprache beschreibt.

Tablet-Info

Neben Informationen zum Stromverbrauch und zu bestehenden Netzwerkverbindungen finden Sie hier auch Angaben zu der installierten Android-Version der Firmware und anderen Konfigurationsprogrammen. Darüber hinaus können Sie in diesem Teil des Einstellmenüs das System Ihres Tablets aktualisieren, wenn beispielsweise eine neue Version von Android verfügbar ist.

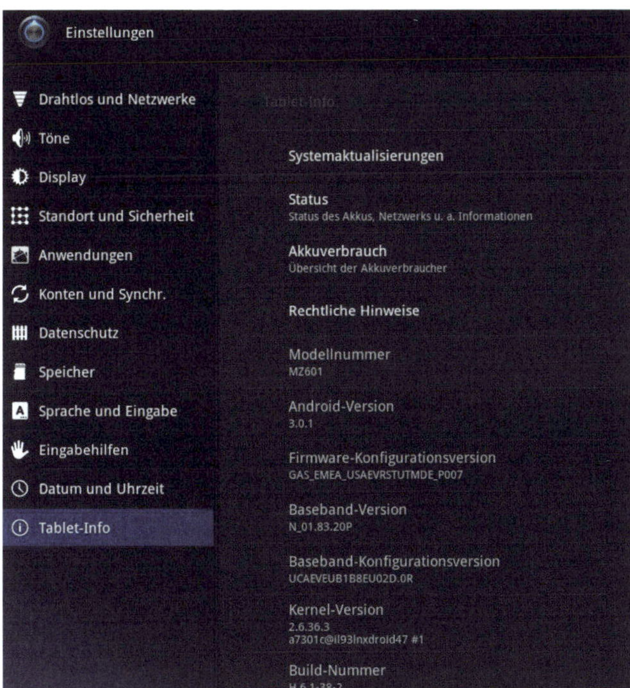

1.5 Der Datenaustausch

Häufig ist der heimische PC bereits gefüllt mit Musik, Videos und Dokumenten, die Sie auch gern auf dem Tablet nutzen möchten. Doch wie gelangen die Daten vom Computer am einfachsten aufs Tablet?

Hierzu bieten sich gleich mehrere Möglichkeiten an. Sie können die gewünschten Dateien entweder per Kabelverbindung zum PC übertragen oder ausgewählte Daten per E-Mail empfangen. Alternativ können Sie auch Onlinespeicherdienste nutzen, um Musik, Filme und andere Dokumente über das Internet auf Ihren Tablet-PC zu schicken.

Die Datenübertragung mit dem Kabel

In den meisten Fällen gehört zum Lieferumfang eines Tablet-PCs ein USB-Datenkabel, um Daten vom PC auf das Tablet übertragen zu können. Sobald Sie Ihr Tablet mit dem USB-Kabel an Ihren PC anschließen, wird im Windows-Explorer der Tablet-PC als Wechseldatenträger erkannt.

Falls Ihr Computer den Tablet-PC nicht erkennt, müssen Sie manuell den entsprechenden Gerätetreiber installieren. Den passenden Treiber finden Sie in der Regel auf der Internetseite des Geräteherstellers oder Sie suchen in Google den USB-Treiber für Ihr Tablet.

Geben Sie für die Suche in der Adresszeile des Browsers das Tablet-Modell, das verwendete Betriebssystem sowie den Begriff *USB-Treiber* ein. Sobald Sie den richtigen Gerätetreiber gefunden haben, laden Sie ihn von der Webseite runter und installieren das Programm.

Wenn Sie nun Ihr Tablet am PC anschließen, sehen Sie im Explorer das Verzeichnis Ihres Tablets mit allen Ordnern, in denen Ihr Gerät die Programme und Dateien verwaltet. Wenn Sie lediglich Multimediadateien wie Fotos, Musik und Videofilme auf das Tablet übertragen wollen, können Sie diese in den bereits vorhandenen Ordnern *Movies*, *Music* und *Pictures* kopieren. Alle Dateien und Dokumente, die Sie als Download aus dem Anhang einer E-Mail erhalten haben, finden Sie im Ordner *Download* wieder. Wenn Sie zusätzliche Dokumente wie Word- oder PDF-Dateien auf Ihr Tablet übertragen möchten, können Sie dafür auch einen neuen Ordner erstellen, um diese speichern.

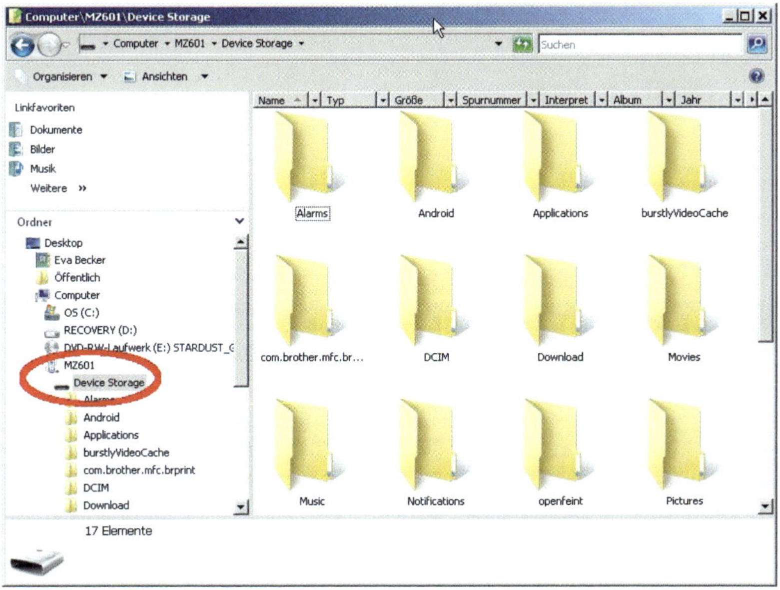

Nach dem Anschluss an den PC wird das Tablet als Datenträger im Explorer erkannt.

Doch oftmals ist das Datenkabel nicht sofort zur Hand. In diesem Fall können Sie auch ohne Kabelverbindung Ihr Tablet mit Daten füttern. Dazu nutzen Sie die drahtlose Funktechnik Ihres Geräts.

Der Datenempfang per Mail

Die wohl einfachste Möglichkeit, einzelne Dateien vom PC aus drahtlos zum Tablet-PC zu übertragen, funktioniert per E-Mail. Da Sie schon bei der Inbetriebnahme Ihres Tablets einen Google-Mail-Account eingerichtet haben, können Sie sich selbst eine E-Mail mit den entsprechenden Dateien im Anhang schicken.

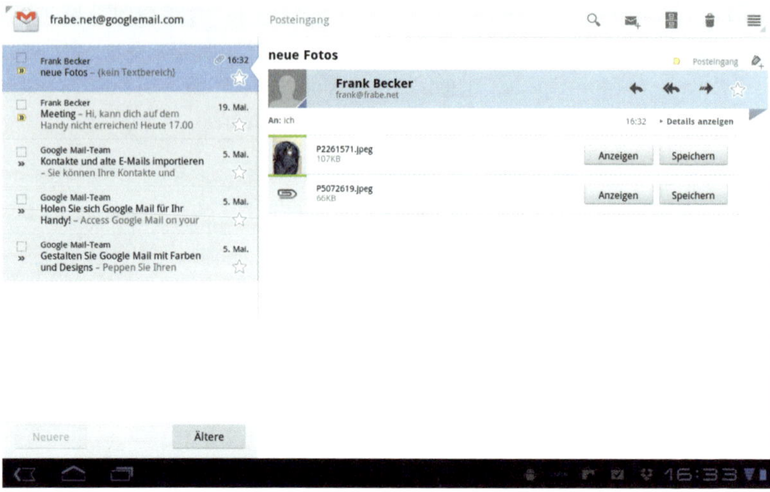

Die empfangenen Daten und Dokumente befinden sich im Anhang der E-Mail.

Auf dem Tablet-PC speichern Sie den Anhang einfach in das Verzeichnis, das für den Datentyp vorgesehen ist. So wird beispielsweise ein MP3-Musikstück im Ordner *Music* abgelegt. Hier setzt allerdings die Dateigröße schnell die Grenzen. Für gelegentlich einzelne Fotos und Musikstücke mag das auch ganz gut funktionieren. Doch für größere Dateien, wie eine ganze Musiksammlung oder einen Hollywood-Streifen, ist die Datenübertragung per E-Mail nicht praktikabel.

Daten aus dem Onlinespeicher

Eine besonders praktische App sowohl für die Datenübertragung per Internet als auch zur Datensicherung ist Dropbox. Damit können Sie Daten wie Fotos, Musik und Office-Dokumente von Ihrem heimischen Computer auf das Tablet übertragen. Dabei werden die Daten lediglich vom PC online auf einem Server von Dropbox gespeichert. Die Datenübertragung zwischen PC und Tablet kommt ganz ohne Kabelverbindung oder USB-Speicherstick aus. Lediglich eine Internetverbindung muss zur Verfügung stehen.

Dropbox ist ein kostenloser Service, mit dem Sie alle Ihre Fotos, Videos und Dokumente immer zur Hand haben. Alle Dateien, die Sie in Ihrer Dropbox speichern, werden automatisch auch auf allen anderen Computern, Handys und auf der Dropbox-Internetseite gesichert.

Selbst wenn Ihr Tablet durch eine Kaffeedusche beschädigt wird oder der PC zu Hause abgestürzt ist, lassen sich alle Dateien, die bei Dropbox gespeichert sind, jederzeit wiederherstellen. Besonders praktisch: Sie können sogar versehentlich gelöschte Dateien retten oder Änderungen in Dokumenten wieder rückgängig machen. Diese Aktionen lassen sich allerdings nicht auf dem Tablet vornehmen, sondern nur über das Browser-Fenster der Dropbox-Internetseite.

Nachdem Sie die App aus dem Android Market auf das Tablet geladen haben, müssen Sie sich online mit einem persönlichen Benutzernamen und Passwort registrieren. Bei der Einrichtung müssen Sie nur den Anweisungen auf dem Tablet-Display folgen. Nach erfolgreicher Installation stehen Ihnen zwei GByte Speicherplatz für Daten aller Art zur Verfügung.

Natürlich lässt sich bei Bedarf der Speicherplatz erweitern. Dieser wird allerdings monatlich in Rechnung gestellt. Ein kleiner Tipp: Wer Freunde oder Kollegen für die Nutzung von Dropbox wirbt, erhält für sich und den neuen Nutzer jeweils 250 MByte zusätzlichen Speicherplatz geschenkt. Maximal lassen sich bis zu 24 Bekannte für eine kostenlose Speichermenge von insgesamt acht GByte werben.

Damit die in Dropbox gespeicherten Daten auch auf Ihrem PC immer zur Verfügung stehen, muss auf dem Computer ebenfalls das Dropbox-Programm installiert sein. Dropbox ist für alle gängigen Betriebssysteme wie Windows, Mac und Linux unter *www.dropbox.com* erhältlich. Nachdem Sie Dropbox auch auf dem PC eingerichtet haben, ist sichergestellt, dass alle Ihre Daten immer synchronisiert sind – ganz gleich, wo Sie arbeiten.

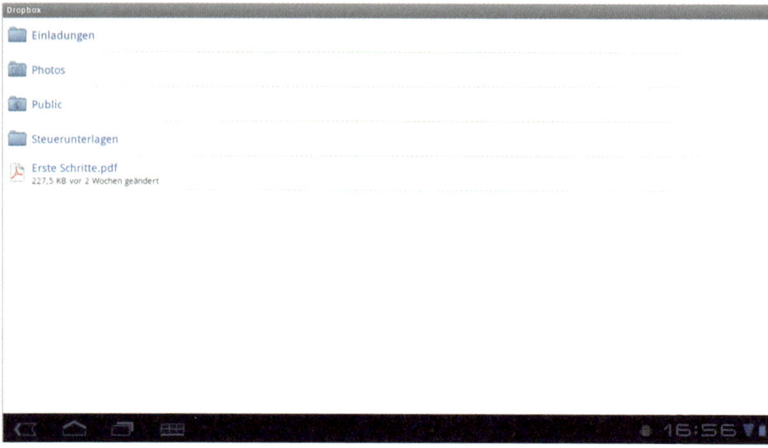

Dropbox-Ordner in der Ansicht auf dem Tablet-PC.

So können Sie beispielsweise einen Brief mit dem Tablet-PC unterwegs anfangen und zu Hause am Rechner fertigstellen und ausdrucken.

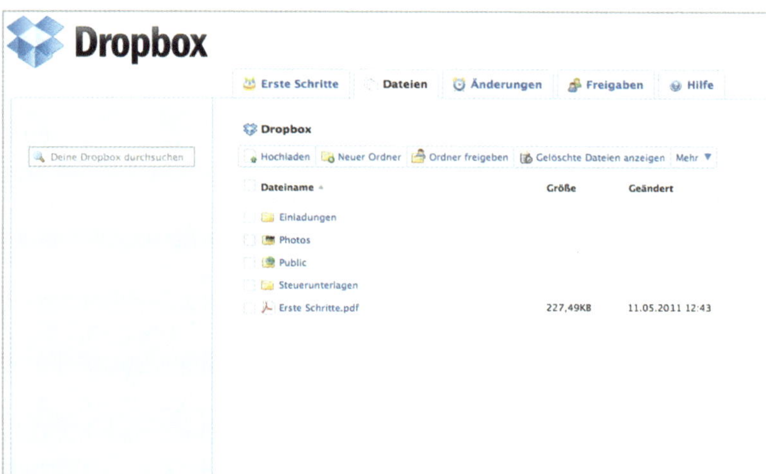

Dropbox-Ordner in der Browser-Ansicht auf dem PC.

Alternativ können Sie aber auch von einem fremden PC aus auf Ihre gespeicherten Daten zugreifen. Dazu melden Sie sich einfach über einen Browser auf der Internetseite von Dropbox mit Ihren Benutzerdaten an.

Nach der Anmeldung können Sie Ihre gespeicherten Dateien in einer übersichtlichen Bildschirmmaske sehen, einzelne Dokumente runterladen oder neue Dateien in Dropbox hinzufügen.

Sie können auch einzelne Ordner mit anderen Personen teilen, um beispielsweise Urlaubsfotos Ihrer letzten Reise zu zeigen. Die Personen erhalten von Ihnen per E-Mail einen Link, um im Browser Ihre freigegebenen Dokumente zu betrachten.

2. Internet

Steuerung des Browsers
Seitendarstellung
Browsereinstellungen

Das große Display der Tablet-PCs mit Android Honeycomb ist ideal, um bequem auf der Couch im Internet zu surfen. Ob Sie nun Tickets für Veranstaltungen bestellen, online einkaufen oder Nachrichten lesen – mit dem Tablet können Sie es sich richtig gemütlich machen und müssen nicht steif am Schreibtisch vor dem Computer sitzen. Die App für den Internetbrowser finden Sie entweder durch die Werkseinstellungen Ihres Tablet bereits auf dem Homescreen, oder Sie erreichen den Browser über das Menü der Apps in der Aktionsleiste. Sobald Sie den Browser starten, können Sie Ihr Tablet wahlweise im Hoch- oder Querformat zum Surfen nutzen.

Browserdarstellung auf dem Tablet im Querformat.

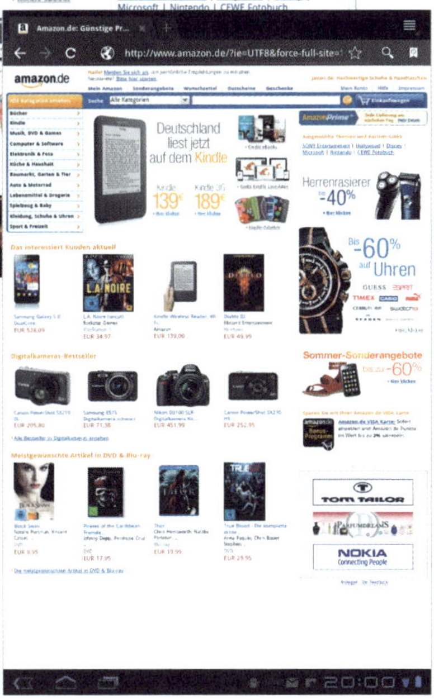

Browserdarstellung auf dem Tablet im Hochformat.

2.1 Die Steuerung des Browsers

Der Internetbrowser Ihres Tablets besitzt eine übersichtliche Benutzeroberfläche und bietet für die Steuerung mit dem Finger gut zu bedienende Aktionstasten. Sie können mit dem Finger in Internetseiten scrollen und durch einen Tipp auf dem Bildschirm verlinkte Seiten öffnen. Steuersymbole und Einstellmenüs finden Sie oben in der Aktionsleiste sowie in der Adresszeile.

Die Adresszeile

Oberhalb des Browsers finden Sie eine Leiste mit Steuerelementen sowie die Adresszeile, in der Sie gezielt eine Internetadresse eingeben können. Mit den Pfeilsymbolen auf der linken Seite können Sie beim Surfen zurück- beziehungsweise in den Internetseiten wieder vorblättern.

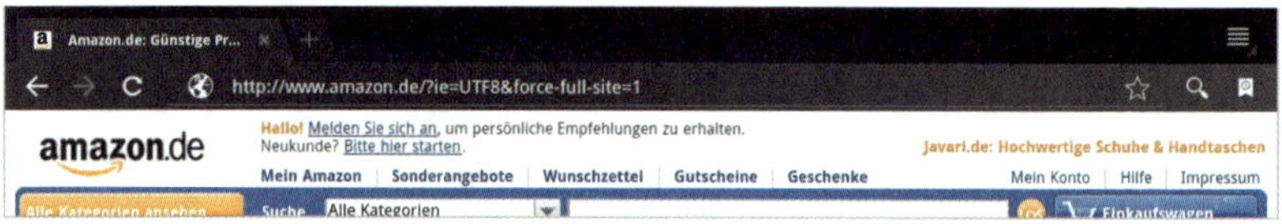

Mit der Adresszeile und Aktionsleiste können Sie alles im Browser steuern.

Das Icon mit dem Kreis dient dazu, die dargestellte Seite zu aktualisieren. Das ist praktisch, wenn Sie sich beispielsweise längere Zeit auf einer Nachrichtenseite mit Tagesmeldungen befinden oder Bundesliga-Ergebnisse verfolgen. Durch die Aktualisierung werden neue Nachrichten hinzugefügt.

Damit Sie nicht für Ihre häufig besuchten Internetseiten jedes Mal die Adresse neu eingeben müssen, können Sie durch einen Tipp auf den Stern neben der Adresszeile die geöffnete Seite als Favorit speichern. Ihre gespeicherten Favoriten erreichen Sie durch eine Berührung des kleinen Fähnchens auf der rechten Seite. In einem neuen Fenster werden alle gespeicherten Internetadressen mit Vorschaubild angezeigt.

Oben in der Aktionsleiste können Sie von den Favoriten zum Verlauf besuchter Internetseiten wechseln.

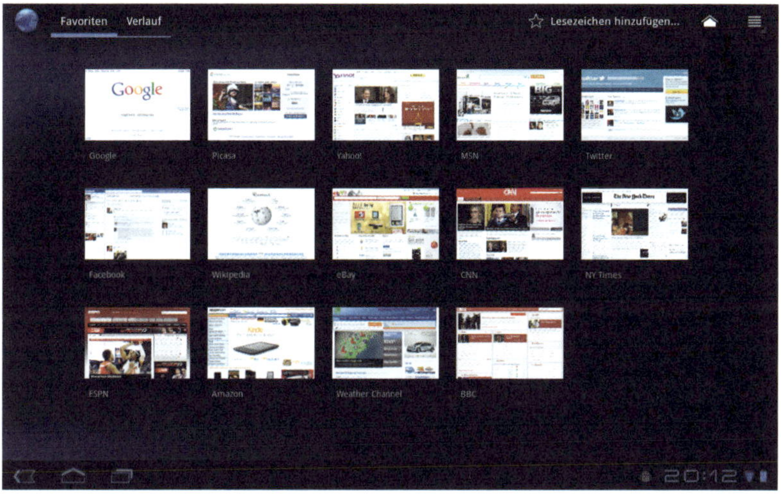

Die Ansicht der gespeicherten Favoriten mit Vorschaubild der Internetseiten.

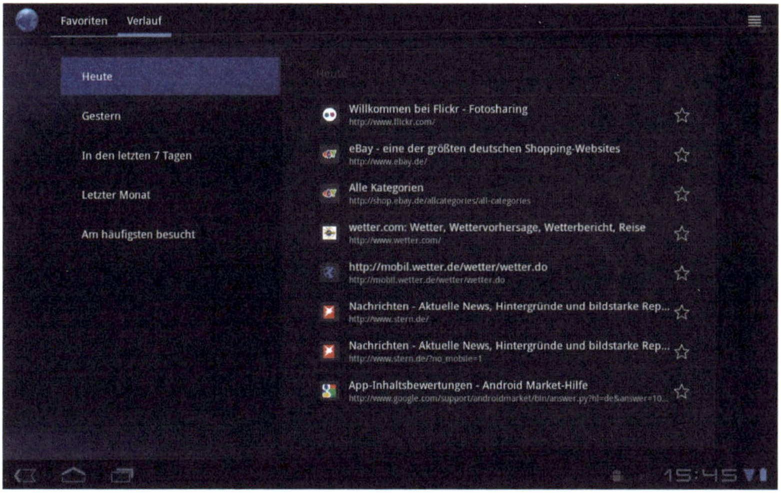

Im Browserverlauf können Sie alle besuchten Seiten zurückverfolgen.

Schnelles Surfen mit Tabs

Oberhalb des Bildschirms in der Aktionsleiste werden Registerkarten, auch Tabs genannt, angezeigt. Der Android-Browser unterstützt mehrere Tabs wie ein Internetbrowser am PC. Damit surfen Sie komfortabel durch das Web und müssen nicht für jede Seite ein neues Fenster öffnen. Dazu drücken Sie auf das +-Zeichen im Tab der aktuellen Seite, und ein neuer Tab öffnet sich.

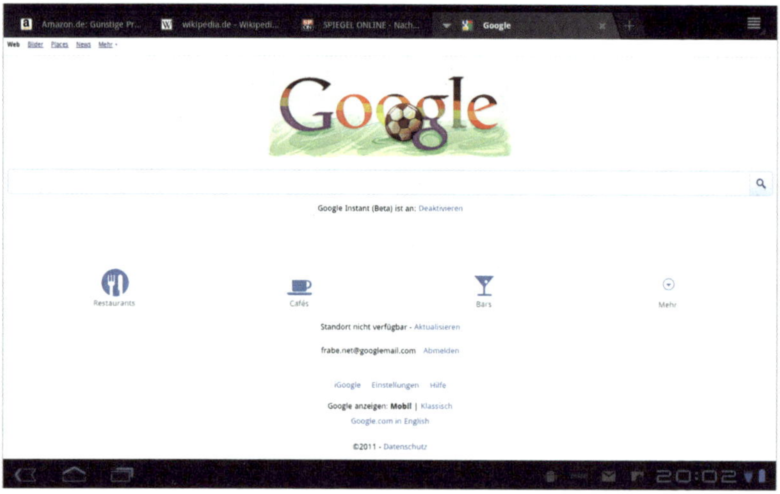

Oben in der Aktionsleiste sehen Sie die Register aller geöffneten Internetseiten.

Um einen Link in einem neuen Tab zu öffnen, halten Sie den Link mit dem Finger auf dem Bildschirm gedrückt und wählen aus dem geöffneten Pop-up-Fenster *In neuem Tab öffnen*.

Surfen, ohne dass die besuchten Seiten im Verlauf auftauchen, ist im Inkognitomodus möglich. Das ist praktisch, wenn das Tablet in der Familie oder dem Kollegenkreis von mehreren Personen benutzt wird. So können Sie beispielsweise heimlich im Internet Weihnachtsgeschenke für Ihre Lieben einkaufen, ohne dass eine Spur davon auf dem Tablet-PC zurückbleibt. In dem geöffneten Inkognito-Tab befindet sich oben im Register das Symbol eines Spions mit hochgestelltem Mantelkragen.

Aktivieren Sie im Menü der Optionen den Inkognitomodus für unsichtbares Surfen.

Zum Aktivieren der Funktion drücken Sie das Optionensymbol rechts oben in der Aktionsleiste und wählen dort im Menü *Neuer Inkoknito-Tab* aus.

Sie sehen daraufhin einen Hinweis auf dem Bildschirm, dass Sie nun inkognito surfen und besuchte Seiten nicht im Verlauf erscheinen. Um den Inkognitomodus wieder zu verlassen, müssen Sie einfach nur den entsprechenden Tab wieder schließen.

2.2 Die Seitendarstellung

Im Hochformat sehen Sie sehr viel von den dargestellten Inhalten. Allerdings werden dabei Textpassagen recht klein abgebildet. Im Querformat hingegen werden Texte größer und lesefreundlicher dargestellt. Dafür müssen Sie mehr scrollen. Bei der Nutzung des Browsers sollten Sie daher abhängig von den Inhalten das Tablet mal hoch und mal quer in der Hand halten.

Zoomen in Internetseiten

Wenn Ihnen die ein oder andere Seite zu klein erscheint, können Sie durch einen Doppeltipp auf dem Bildschirm einen gewählten Bereich vergrößern und durch einen erneuten Doppeltipp wieder verkleinern. Alternativ können Sie auch in den Internetseiten manuell zoomen, indem Sie mit zwei Fingern auf dem Display das angezeigte Bild langsam spreizen, bis es in der gewünschten Größe dargestellt ist.

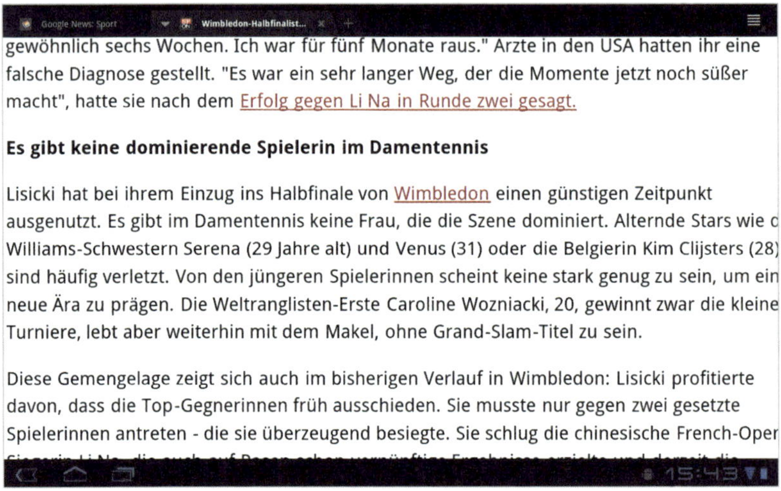

Hier sehen Sie die Darstellung im Browser einer vergrößerten Internetseite.

Desktop- und Mobilmodus

Der Bildschirm der Tablet-PCs mit Honeycomb ist mit einer Bildschirmdiagonalen von 10,1 Zoll (in etwa 25,7 Zentimeter) groß genug, um Internetseiten vollständig wie auf dem heimischen Computer anzuzeigen. Sie werden jedoch beim Aufruf von Internetseiten eine etwas ungewohnte Darstellung sehen.

Die Begründung: Die mobile Nutzung von Internetinhalten erlebte Ihre Geburtsstunde mit der Markteinführung der ersten Smartphones. Da in Smartphones ein deutlich kleinerer Bildschirm genutzt wird, sind die Seitenbetreiber dazu übergegangen, ihre Inhalte für mobile Geräte zu optimieren.

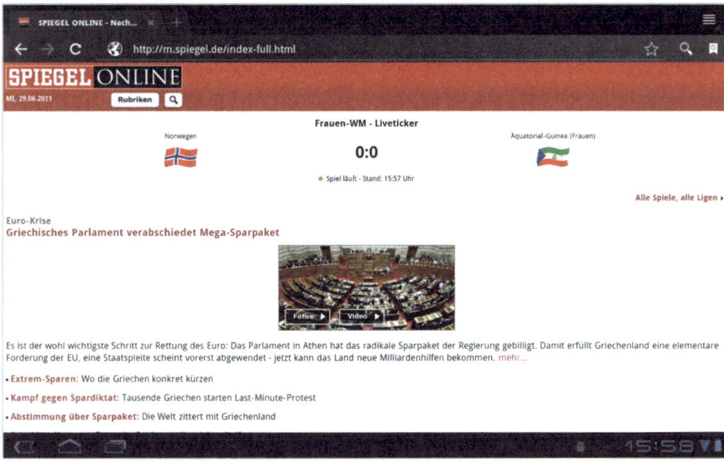

Anzeige einer Internetseite im Mobilmodus.

Anzeige einer Internetseite im Desktopmodus.

Das bedeutet: Bilder und Texte sind auf Mobilgeräten anders angeordnet, um auch mit einem kleinen Bildschirm alle Informationen übersichtlich darzustellen. Daher ruft der Android-Browser, der ursprünglich von Smartphones stammt, in Ihrem Tablet immer erst die „mobile" Seite auf, sofern diese angeboten wird. Wenn Sie die Originaldarstellung bevorzugen, finden Sie am unteren Ende jeder betroffenen Internetseite einen Link zu der PC-Darstellung. Für eine dauerhafte Lösung, die immer nur die Desktop-Version der Internetseite startet, müssen Sie unter Android-Honeycomb einen Trick anwenden und Ihren Browser in den sogenannten Debugmodus versetzen.

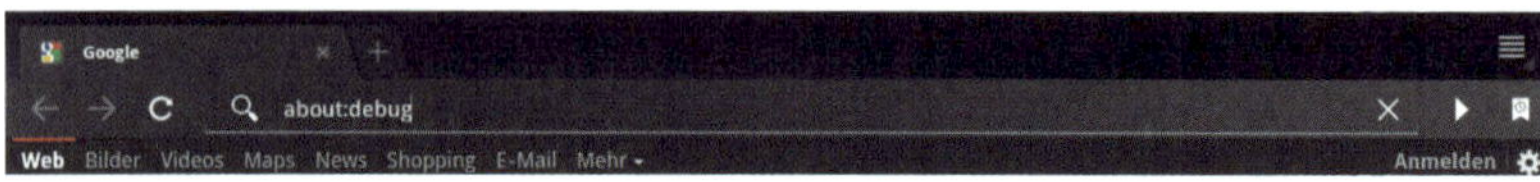

Geben Sie für den Debugmodus folgenden Befehl ein: about:debug.

Ein Debugmodus wird auch für den Anschluss des Tablets an einen PC mit USB-Kabel verwendet und bezeichnet ein Werkzeug für Softwareprogrammierer, um Programme zu analysieren. Um den Debugmodus in Ihrem Browser zu aktivieren, müssen Sie in die Adresszeile den Befehl *about:debug* eingeben und mit der Enter-Taste bestätigen. Nachdem der Debugmodus aktiviert wurde, erscheinen im *Optionen*-Menü neue Menüpunkte, die zuvor nicht zu sehen waren.

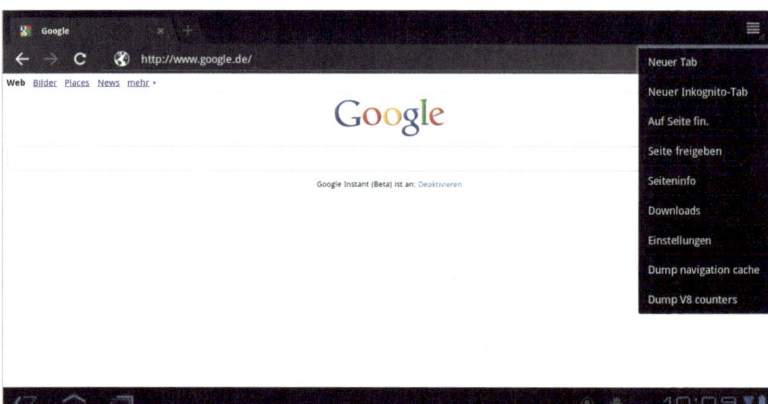

Im Debugmodus vom Browser erhalten Sie neue Menüpunkte.

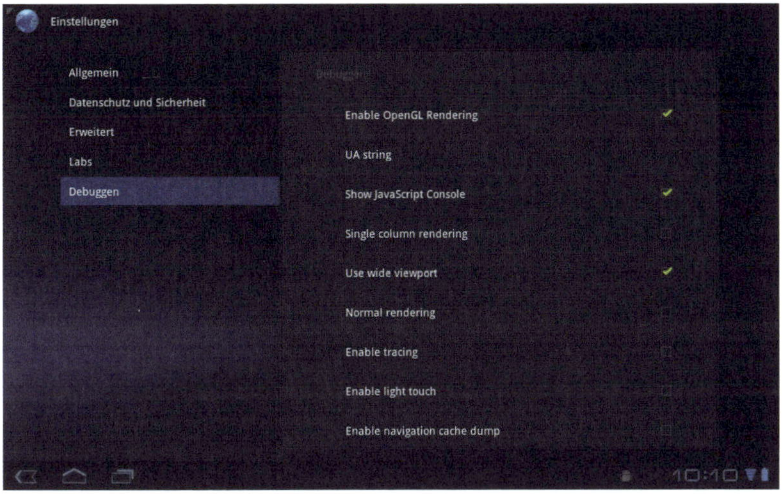

Für die Änderung der Browserdarstellung wählen Sie den Menüpunkt Debuggen.

Wählen Sie nun in den *Einstellungen* den Menüpunkt *Debuggen* und anschließend *UA String*. Hier können Sie nun die Darstellung der Internetseiten dauerhaft von Android auf Desktop umstellen.

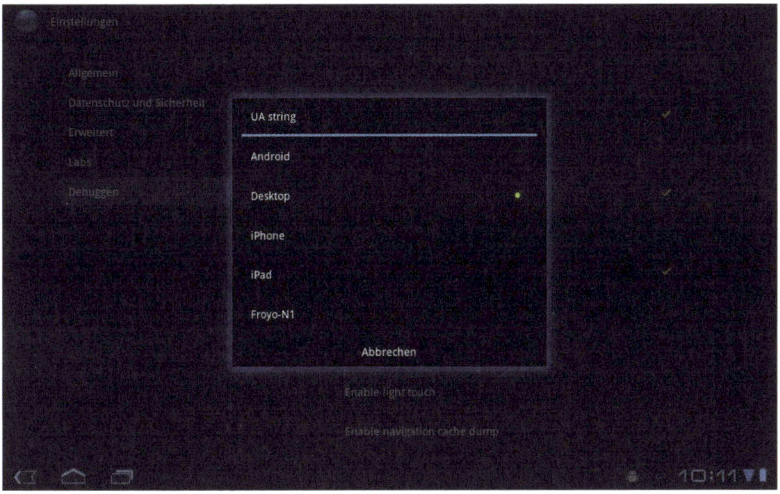

Hier stellen Sie die Browserdarstellung von Android auf Desktop um.

Die übrigen neuen Menüpunkte dienen Programmierern dazu, Veränderungen im System vorzunehmen. Diese sollten Sie einfach ignorieren. Der Debugmodus Ihres Browsers wird wieder aufgehoben, wenn Sie entweder den Befehl erneut in der Adresszeile eingeben oder das Tablet neu starten.

Vorsicht Abofalle

Ein weiterer nicht zu unterschätzender Nachteil der Browserdarstellung im Mobilmodus sind versteckte Abofallen. Hier stehen in erster Linie Smartphone-Nutzer im Visier, um über Werbung für Apps kostenpflichtige Abos zu generieren. Durch die Nutzung des Browsers im Mobilmodus können Sie auch mit dem Tablet ein potenzielles Ziel werden.

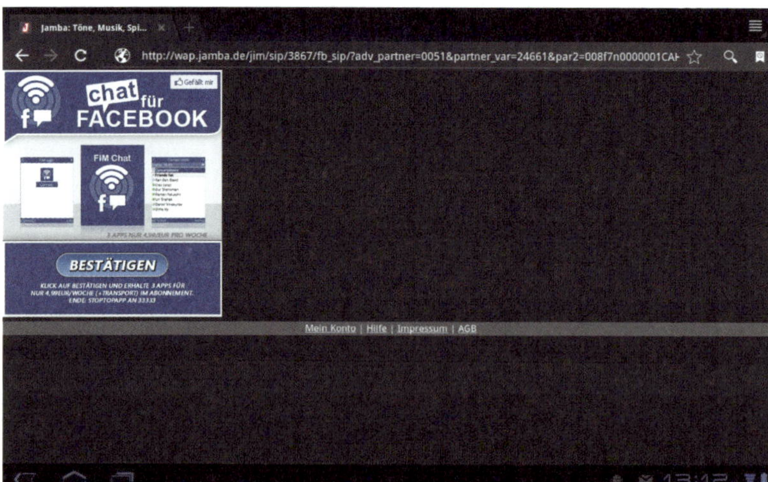

Im Test erschien beim Besuch der Facebook-Seite im Browser diese Abowerbung.

So wird beispielsweise bei der Eingabe einer Internetadresse eine Seite geöffnet, in der eine App als Werbung angepriesen wird. Ein unbedachter Klick auf das angezeigte Symbol reicht schon aus, um einen Abovertrag für verschiedene Apps abzuschließen.

Dabei sind Gebühren in Höhe von fünf Euro pro Woche keine Seltenheit. Das Fatale daran: Sie merken es erst bei der nächsten Telefonrechnung für Ihren mobilen Internetanschluss.

2.3 Die Browsereinstellungen

Im Einstellmenü des Browsers können Sie verschiedene Parameter zur Darstellung von Internetseiten sowie die Sicherheit Ihres Tablets verändern. So wird die Browsernutzung auf Ihre persönlichen Vorlieben angepasst.

Allgemein

Im Menüpunkt *Homepage festlegen* können Sie angeben, welche Internetseite beim Start des Browser auf dem Bildschirm angezeigt wird. Standardmäßig erscheint die Suchmaschine von Google auf dem Display. Sie können alternativ auch eine andere Webseite beim Start anzeigen lassen. Mit einem Klick auf dem Menüpunkt erscheint ein Eingabefenster, in dem Sie Ihre bevorzugte Internetseite eintragen können.

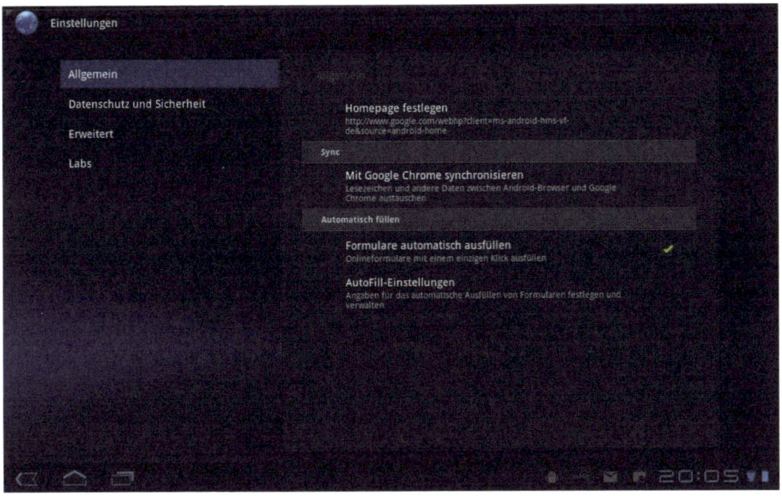

Mit der Browsereinstellung können Sie Ihre Vorlieben beim Surfen anpassen.

Falls Sie auf Ihrem heimischen PC als Internetbrowser Google Chrome verwenden, können Sie im Menüpunkt *Mit Google Chrome synchronisieren* alle Lesezeichen von Ihrem Computer auf Ihren Tablet übertragen.

Der Menüpunkt *Formulare automatisch ausfüllen* unterstützt Sie im Internet bei der Eingabe von Adressdaten bei Bestellungen oder der Anmeldung an Onlineportalen.

Die im Tablet gespeicherten Informationen werden in Formularen automatisch eingesetzt. Damit können Sie sich das manuelle Tippen ersparen und vermeiden zusätzlich Fehler.

Datenschutz und Sicherheit

Während Sie im Internet surfen, werden im Speicher Ihres Tablets alle Informationen wie besuchte Seiten und Bilder automatisch gespeichert. Diese Sicherung dient dazu, eine Internetseite bei einem erneuten Besuch schneller zu laden. Doch diese Informationen können auch andere Personen, die Ihr Tablet nutzen, sehen. Nur im Inkognitomodus werden diese Daten nicht gesichert.

Sie können mit *Cache leeren* und *Verlauf löschen* nicht nur sensible Informationen über besuchte Internetseiten entfernen. Durch das Löschen dieser Daten wird auch der interne Speicher vom überflüssigen Datenmüll bereinigt, der sonst wichtigen Speicherplatz unnötig belegt. Daher sollten Sie ohnehin alle paar Wochen Cache und Verlauf leeren.

Durch die Aktivierung des Menüpunkts *Sicherheitswarnungen anzeigen* erhalten Sie eine Meldung vom Browser, wenn ein Problem mit der Sicherheit einer Internetseite besteht. Eine solche Meldung erscheint, wenn Sie beispielsweise eine verschlüsselte Internetseite besuchen, die unverschlüsselte Elemente enthält.

Im Menüpunkt *Automatische Google-Anmeldung* können Sie festlegen, ob Sie mit dem Öffnen Ihres Browsers automatisch an Ihrem Google-Konto angemeldet werden oder nicht.

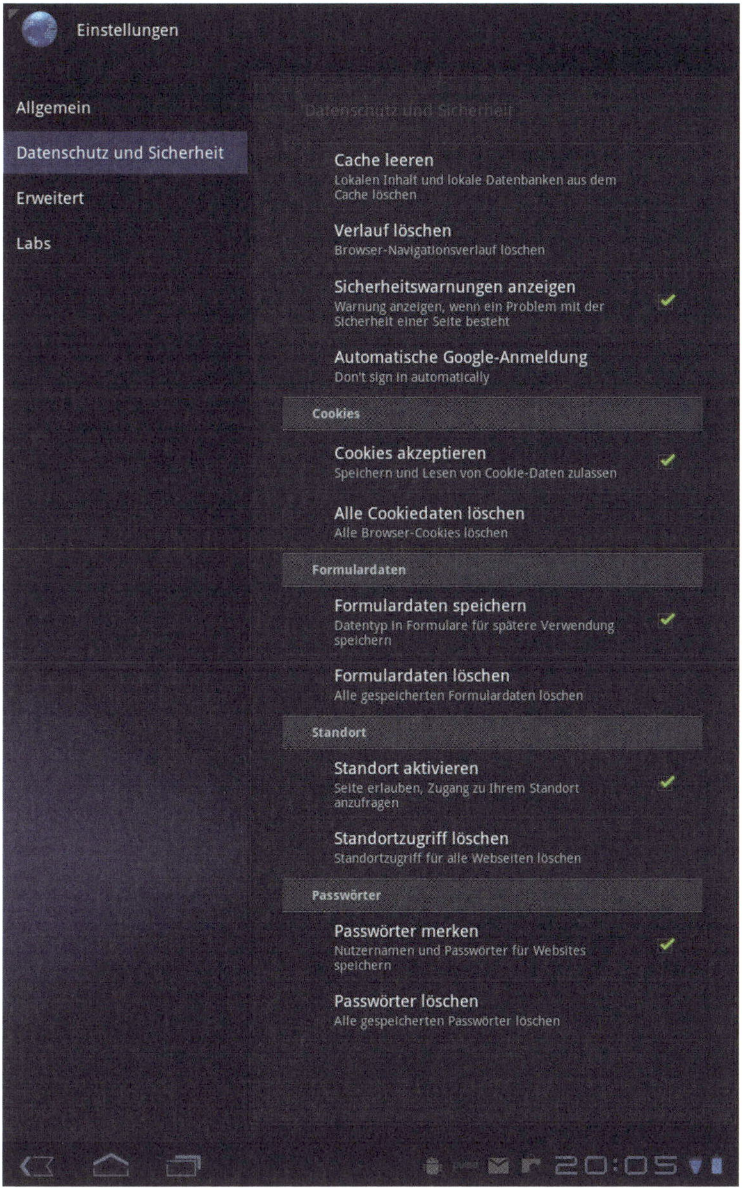
Einstellungen
Allgemein
Datenschutz und Sicherheit
Erweitert
Labs
Cache leeren
Lokalen Inhalt und lokale Datenbanken aus dem Cache löschen
Verlauf löschen
Browser-Navigationsverlauf löschen
Sicherheitswarnungen anzeigen
Warnung anzeigen, wenn ein Problem mit der Sicherheit einer Seite besteht
Automatische Google-Anmeldung
Don't sign in automatically
Cookies
Cookies akzeptieren
Speichern und Lesen von Cookie-Daten zulassen
Alle Cookiedaten löschen
Alle Browser-Cookies löschen
Formulardaten
Formulardaten speichern
Datentyp in Formulare für spätere Verwendung speichern
Formulardaten löschen
Alle gespeicherten Formulardaten löschen
Standort
Standort aktivieren
Seite erlauben, Zugang zu Ihrem Standort anzufragen
Standortzugriff löschen
Standortzugriff für alle Webseiten löschen
Passwörter
Passwörter merken
Nutzernamen und Passwörter für Websites speichern
Passwörter löschen
Alle gespeicherten Passwörter löschen
20:05

Die Cookie-Technik (Cookie, englisch für Keks) erlaubt es einem Webserver, auf Ihrem Tablet-PC Informationen zu hinterlegen. Mit *Cookies akzeptieren* und *Alle Cookiedaten löschen* können Sie kontrollieren, wann Server diese Informationen hinterlassen dürfen. Bei einigen Webservern können Sie sogar die Onlineangebote nur dann nutzen, wenn Sie die Annahme von Cookies zulassen.

Der Hintergrund: Wenn Sie eine Internetseite besucht haben, die einen Cookie auf Ihrem Tablet hinterlässt, ist es möglich, dass Sie beim nächsten Besuch dieser Seite verschiedene persönliche Angaben wie E-Mail-Adresse, Name und Kundendaten auf der Seite sehen, die Sie nicht wieder erst neu eingeben müssen.

Anhand vieler Cookies ist es allerdings möglich, Ihr Surfverhalten zu analysieren. Daher sollten Sie gelegentlich in Ihren Browser die gesammelten Cookies löschen.

In Menü für Datenschutz und Sicherheit können Sie darüber hinaus auch *Formulardaten* und *Passwörter* speichern oder löschen sowie dem Browser erlauben, Ihren *Standort* per GPS zu orten, um Ihnen Informationen aus Ihrer Umgebung anzubieten.

Erweitert

Im erweiterten Menü können Sie eine *Suchmaschine auswählen* und festlegen, ob Internetseiten die Sie über Links anwählen, *Im Hintergrund öffnen* und in einem separaten Tab erscheinen. In diesem Menü legen Sie auch die *Textgröße* für die Darstellung von Internetseiten fest.

Darüber hinaus können Sie die Webseiten an die Bildschirmgröße anpassen und für den Zoom den Vergrößerungsfaktor einstellen. Zusätzlich lassen sich auch *Pop-up-Fenster* mit Werbung blockieren und die Anzeige von Bildern und Fotos unterbinden.

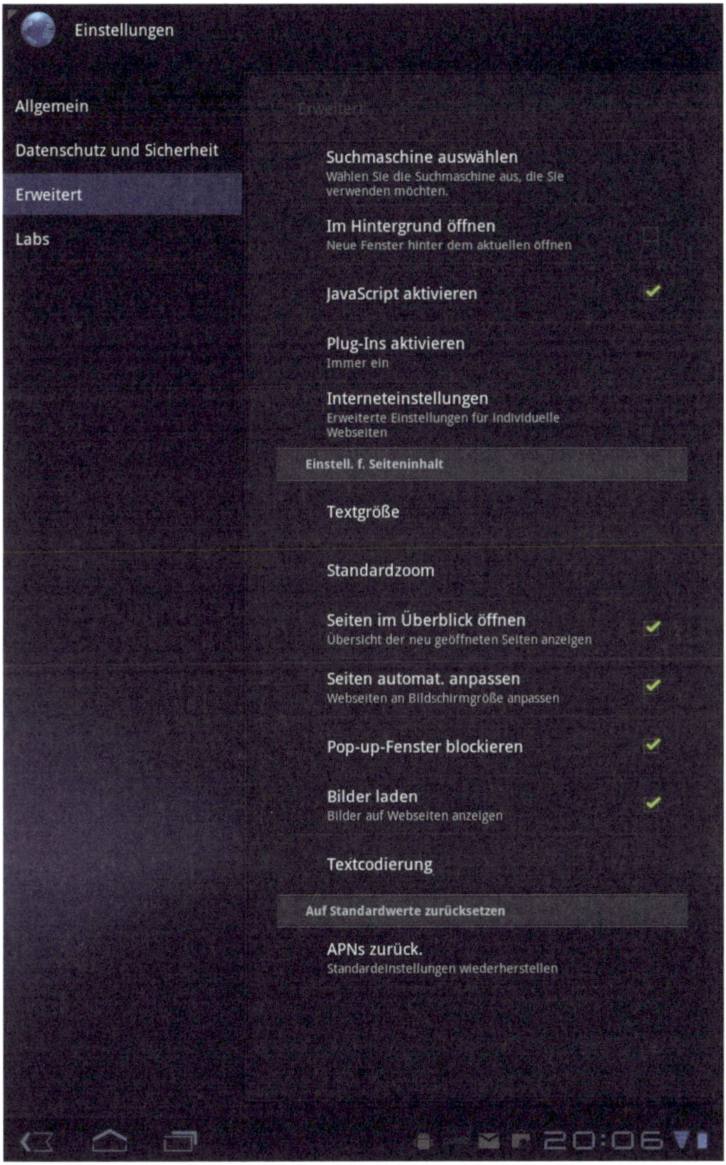
Einstellungen
Allgemein
Datenschutz und Sicherheit
Erweitert
Labs
Suchmaschine auswählen
Wählen Sie die Suchmaschine aus, die Sie verwenden möchten.
Im Hintergrund öffnen
Neue Fenster hinter dem aktuellen öffnen
JavaScript aktivieren
Plug-Ins aktivieren
Immer ein
Interneteinstellungen
Erweiterte Einstellungen für individuelle Webseiten
Einstell. f. Seiteninhalt
Textgröße
Standardzoom
Seiten im Überblick öffnen
Übersicht der neu geöffneten Seiten anzeigen
Seiten automat. anpassen
Webseiten an Bildschirmgröße anpassen
Pop-up-Fenster blockieren
Bilder laden
Bilder auf Webseiten anzeigen
Textcodierung
Auf Standardwerte zurücksetzen
APNs zurück.
Standardeinstellungen wiederherstellen
20:06

3. Apps

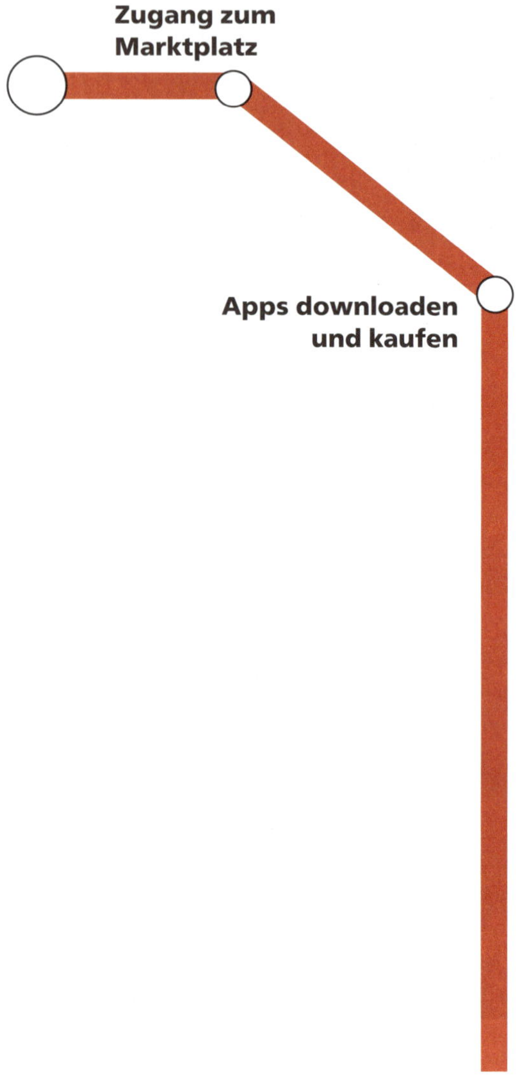

Ihr Tablet-PC lebt erst durch die Nutzung von Apps, die Ihnen im Alltag helfen, Sie unterhalten und Ihnen alle erdenklichen Informationen liefern. Der Android Market bietet Tausende kostenloser und kostenpflichtiger Apps für alle Lebenslagen und Stimmungen. Aber erst mit der Einrichtung des Google-Kontos haben Sie Zutritt auf die Apps.

3.1 Der Zugang zum Marktplatz

Der Zugang zum Marktplatz befindet sich im Bereich der gespeicherten Apps. Um dorthin zu gelangen klicken Sie auf dem Homescreen oben rechts auf *Apps*. In der darauffolgenden angezeigten Liste wählen Sie das Programm *Market* durch Antippen aus und betreten den Marktplatz.

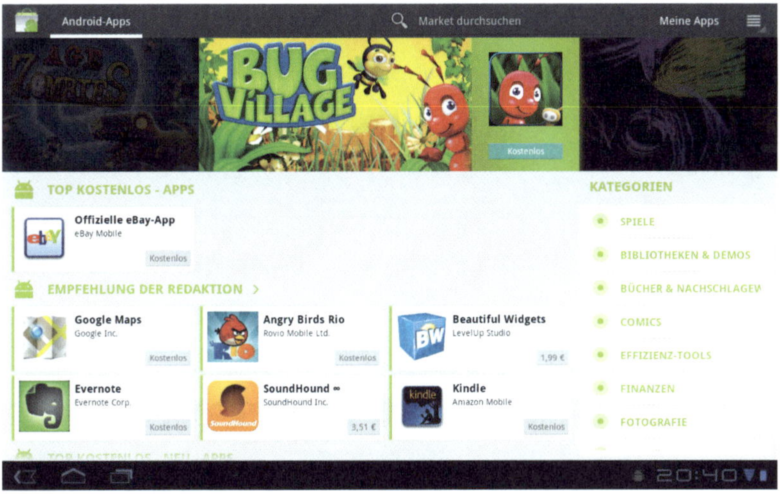

Der Android Market präsentiert sich bunt und verlockend.

Der Android Market präsentiert sich wie ein bunter Bonbon-Laden, wo man überall mal drauftippen möchte. Holen Sie sich alle Anwendungen, Spiele und Widgets, die Sie möchten, von Entwicklern und Autoren auf der ganzen Welt. Suchen Sie gezielt nach dem, was Sie benötigen, oder lesen die Empfehlungen zu der einen oder anderen App. Das Angebot ist riesig, und bei so vielen kostenlosen Programmen findet jeder etwas Passendes. Allerdings wird der Android Market nur im Querformat angezeigt. Wenn Sie Ihr Tablet im Hochformat halten, dreht sich der Bildschirm nicht mit.

Die Navigation im Market

Ganz oben in der Aktionsleiste können Sie mit dem Texteingabefeld in der Mitte gezielt nach bestimmten Programmen suchen. Auf der rechten Seite gelangen Sie zu Ihren bereits installierten Apps. Sobald Sie auf *Meine Apps* drücken, erscheint ein neues Fenster mit einer Liste auf der linken Seite, in der alle Ihre installierten Apps aufgeführt sind.

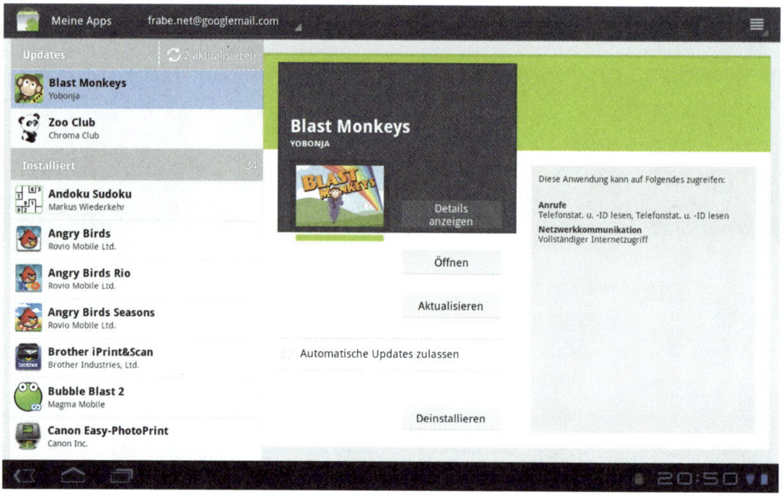

Ihr Tablet prüft automatisch Ihre installierten Programme auf Updates.

Wenn Sie sehr viele Programme installiert haben, können Sie innerhalb der Liste mit einem Fingerwisch scrollen. In dieser Programmverwaltung erhalten Sie nicht nur eine Übersicht, Sie können hier auch Programme vom Tablet wieder deinstallieren und Updates für einzelne Apps durchführen.

Durch Updates erhalten Apps erweiterte Funktionen, oder es werden kleine Fehler im Programm behoben. Sobald neue Updates erhältlich sind, erscheint zudem eine Meldung in der Systemleiste auf dem Homescreen. Sie können aber auch festlegen, dass sich vereinzelte Anwendungen automatisch aktualisieren. Dazu klicken Sie in der Liste auf eine App und setzen auf der rechten Seite einen Haken bei *Automatische Updates zulassen*.

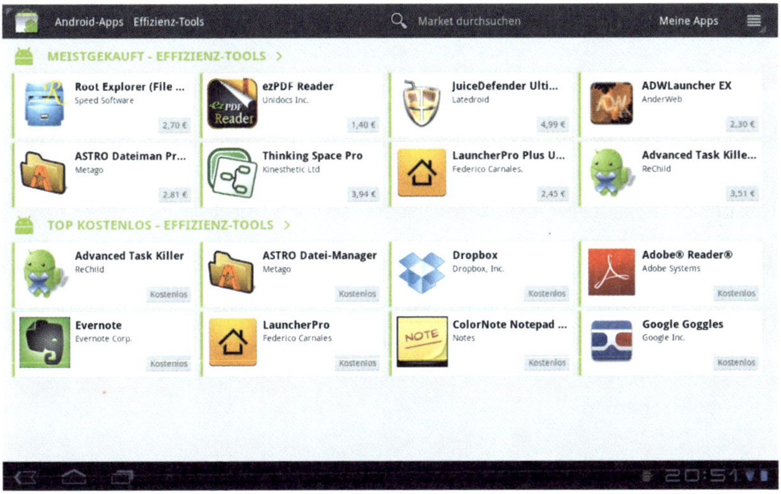

In den Kategorien werden kostenlose und kostenpflichtige Apps angezeigt.

Die Startseite vom Android Market zeigt im oberen Bereich animierte Angebote aktueller und beliebter Apps an. Im unteren Teil finden Sie die Empfehlungen der Redaktion. Wenn Sie nicht genau wissen, wonach Sie suchen sollen, können Sie auf der rechten Seite des Bildschirms zum Stöbern in einer Liste mit 27 verschiedenen Kategorien scrollen. Wenn Sie sich für eine Kategorie interessieren, klicken Sie einfach auf das Schlagwort. In einem neuen Fenster werden Ihnen dann zu dem gewählten Interessenbereich die meist gekauften sowie die besten kostenlosen Apps angezeigt.

Möchten Sie eine größere Auswahl haben, drücken Sie auf dem Bildschirm auf *MEISTGEKAUFT* oder *TOP KOSTENLOS*. Damit erhalten Sie Zugriff auf sämtliche angebotene Apps in dieser Kategorie.

Der Weg zur richtigen App

Leider ist noch ein großes Manko vom Android Market die fehlende Aufteilung zwischen Anwendungen für Smartphones und Tablet-PCs. Da Honeycomb noch ein sehr junges Betriebssystem für Tablet-PCs ist, ist das Angebot für Honeycomb optimierte Anwendungen noch recht überschaubar.

Um dennoch einigermaßen flott die richtige App für das Tablet zu finden, sollten Sie über die Suchfunktion in der Aktionsleiste nach den Schlagwörtern *Honeycomb*, *Tablet* und *HD* suchen. HD steht dabei für **H**igh **D**efinition und kennzeichnet Apps, die eine hohe Bildschirmauflösung unterstützen – daher auch passend für Ihr Tablet.

Sie müssen sich aber prinzipiell auch bei anderen Programmen keine Sorgen machen, dass die eine oder andere App nicht auf Ihrem Tablet läuft. Ihr Tablet-PC skaliert in der Regel die Darstellung der Apps, die ursprünglich für Smartphones gedacht sind, auf die Größe des Tablet-Bildschirms.

Gelegentlich kann es allerdings zu Einbußen in der Bildqualität kommen, oder es lassen sich einige Funktionen nicht nutzen. Probieren Sie nach dem Download das Programm einfach aus. Andernfalls können Sie die App wieder deinstallieren. Um ganz sicher zu sein, dass Sie nur geeignete Programme für Ihr Tablet laden, besuchen Sie vor der Installation den Android Market im Internetbrowser Ihres Computers. Hier finden Sie zu den einzelnen Apps weiterführende Informationen, die Ihnen auf dem Tablet im Market nicht zur Verfügung stehen.

Geben Sie dazu in der Adresszeile Ihres Browsers *market.android.com* ein. Die Internetseite ist ähnlich aufgebaut wie der Market auf Ihrem Tablet. Wenn Sie jedoch auf ein App-Symbol klicken, finden Sie rechts neben der Programmbeschreibung auch, welche Android-Version für die Nutzung erforderlich ist. Manchmal finden Sie auch eine Information im Reiter *Neue Funktionen,* dass die App für die Nutzung auf Honeycomb-Tablets optimiert wurde.

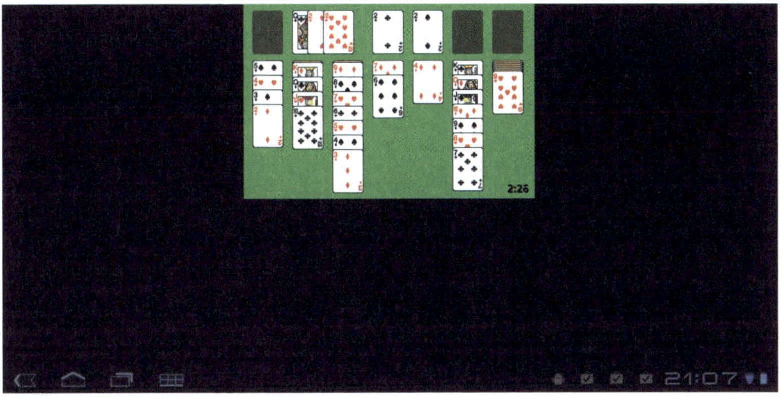

Hier ein Beispiel für eine App (Solitaire), die nicht für Tablet-PCs optimiert ist.

Darüber hinaus können Sie auf der Internetseite Ihre Anwendungen auf allen Ihren Android-Geräten verwalten – Ihr Android-Smartphone eingeschlossen.

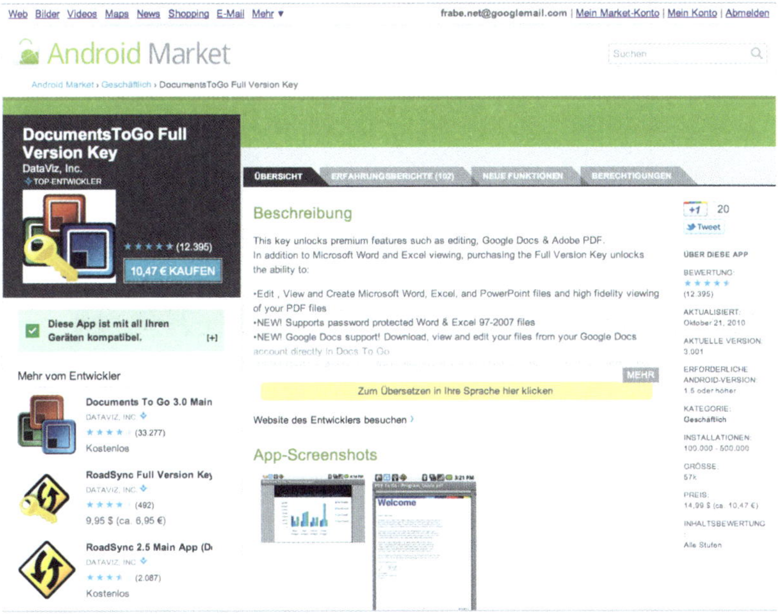

Der Android Market in der Browserdarstellung am PC.

Klicken Sie dazu auf die Schaltfläche *Mein Market Konto*. Sie erhalten dort eine Liste aller kostenlosen und kostenpflichtigen Apps, die Sie auf Ihren Geräten installiert haben.

3.2 Apps downloaden und kaufen

Wenn Ihnen eine App gefällt, drücken Sie auf das dazugehörige Programmsymbol, um nähere Informationen zu dem Programm zu erhalten. In einer neuen Bildschirmansicht erhalten Sie neben der Möglichkeit zum Download beziehungsweise Kauf auch Informationen zum Programm sowie mehrere Screenshots und Kundenbewertungen von Usern, die das Programm bereits nutzen und Ihre Erfahrungen damit online posten.

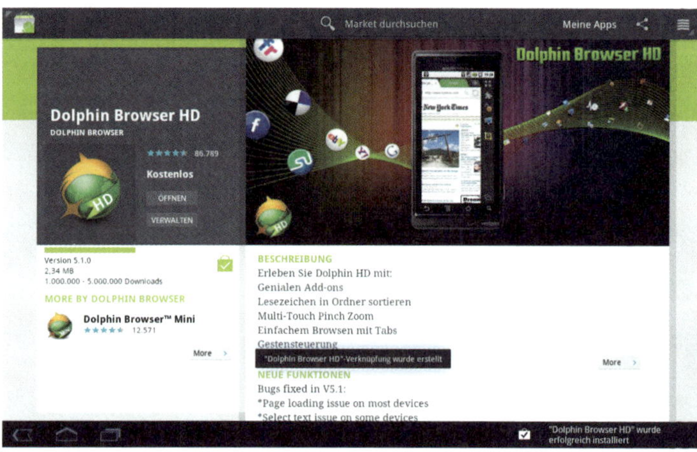

Im Market werden neben dem Download noch nützliche Informationen angezeigt.

Merkwürdigerweise können Sie mit Android 3.0 selbst keine Bewertungen erstellen. Hier müssen die Entwickler noch nachbessern, denn bei Android-Smartphones gehört diese Funktion schon lange zum Standard. Der Android Markt bietet einen großen Vorteil: Sie benötigen für das Herunterladen von kostenlosen Apps keine Kreditkarte. Sie müssen nur die Schaltfläche *Installieren* drücken, und der Download wird gestartet.

Apps kaufen

Sie kaufen eine App, indem Sie auf die Schaltfläche *Kaufen* tippen. Bezahlen können Sie allerdings wie in vielen anderen Internetportalen nur mit einer Kreditkarte. Der Android Market akzeptiert für die Bezahlung gültige Karten von den Kreditinstituten Visa, Mastercard, Amex und Discover.

Nachdem Sie auf *Kaufen* gedrückt haben, erscheint beim ersten Einkauf auf dem Bildschirm ein Pop-up-Fenster, in dem Sie aufgefordert werden, Ihre persönlichen Kreditkarten-Informationen sowie Ihre Postadresse einzugeben. Für nachfolgende Einkäufe bleiben diese Informationen bei Google gespeichert. Sobald der Bezahlvorgang abgeschlossen wurde, startet der Download, und die gewünschte App steht Ihnen in wenigen Minuten auf dem Tablet zum Start bereit.

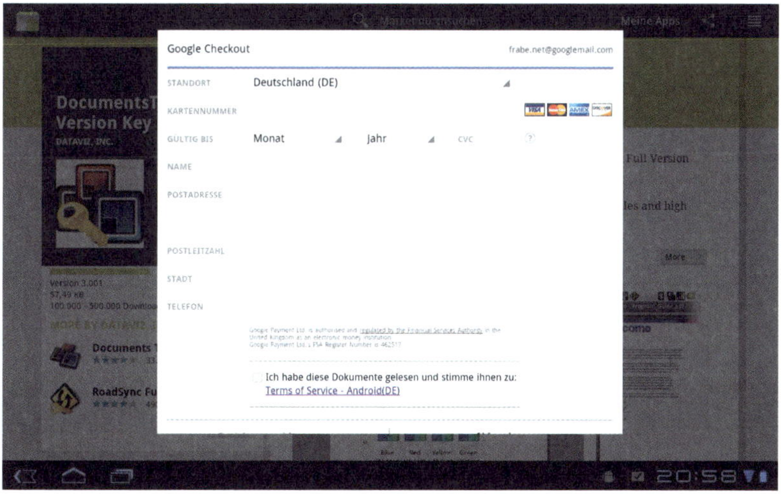

Im Market können Sie Ihre Apps mit allen gängigen Kreditkarten bezahlen.

Nach dem Kauf sollten Sie Ihre neue App auch sofort starten und alles kurz ausprobieren. Denn sollte Ihnen plötzlich das Programm nicht gefallen oder es funktioniert mit Android Honeycomb nicht richtig, können Sie es innerhalb von 15 Minuten wieder deinstallieren, und Ihnen wird der Kaufpreis zurückerstattet.

Für die Rückgabe der gekauften Apps drücken Sie im Android Market oben in der Aktionsleiste auf *Meine Apps*. Dort wählen Sie Ihr gekauftes Programm aus und klicken auf die Schaltfläche *Deinstallieren und Rückerstatten*.

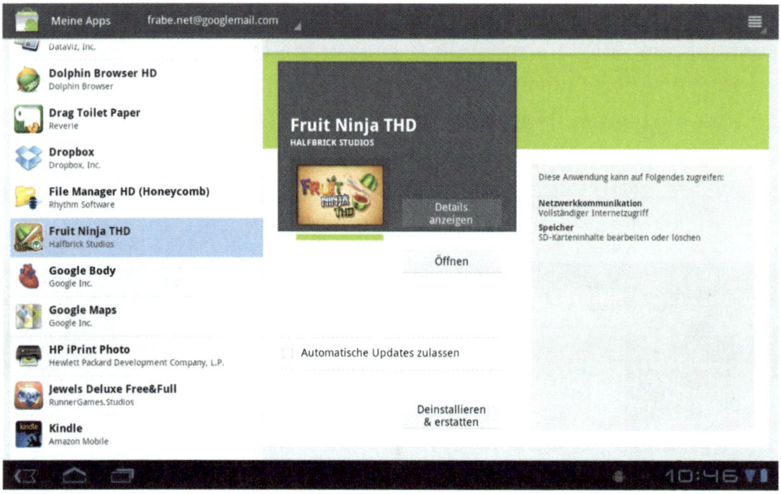

Nach dem Kauf einer App haben Sie 15 Minuten Zeit, um diese zurückzugeben.

Achtung: Wenn die Frist abgelaufen ist, steht Ihnen die Auswahl für die Rückerstattung nicht mehr zur Verfügung. Wenn Sie aus Speicherplatzmangel oder geringem Interesse gekaufte Apps wieder deinstallieren, bleiben diese in Ihrem Google-Konto gespeichert. Das bedeutet, dass Sie diese Programme zu einem späteren Zeitpunkt wieder auf Ihrem Tablet installieren können.

Überlegte Auswahl

Apps machen Spaß, und Sie finden für jede Anwendung das richtige Programm. Aber denken Sie daran, Ihre Anwendungen sorgfältig auszuwählen. Sonst können Sie, ohne es zu merken, Schadprogramme auf Ihr Tablet laden, die Ihre gespeicherten Daten gefährden oder ihre Privatsphäre beeinträchtigen.

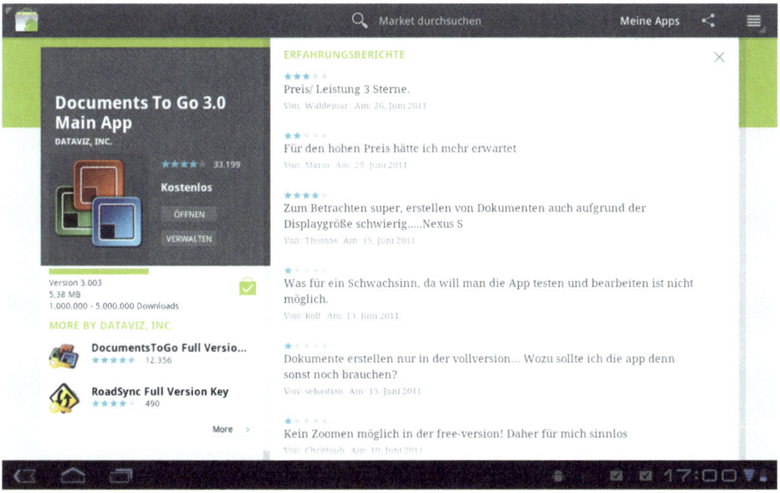

Lesen Sie vor dem Download die Bewertungen anderer Nutzer.

Überprüfen Sie im Android Market die Bewertungen und Kommentare zu den Anwendungen, bevor Sie diese installieren. So können Sie die beste App für Ihre Zwecke auswählen. Falls Sie sich nicht sicher sind, ob ein Programm vertrauenswürdig ist, lassen Sie vorsichtshalber die Finger davon.

Wie alle Anwendungen benötigen heruntergeladene Apps Speicherplatz und Akkuleistung. Einige Programme sind dabei ressourcenintensiver als andere. Ein einfaches Einstellungs-Widget verbraucht beispielsweise weniger Ressourcen als eine neue App zum Abspielen Ihrer Musikdateien.

Wenn Sie eine Anwendung installiert haben und mit der Speicher- oder Akkunutzung nicht zufrieden sind, deinstallieren Sie sie. Sie können die App jederzeit neu aufspielen.

4. Google-Account

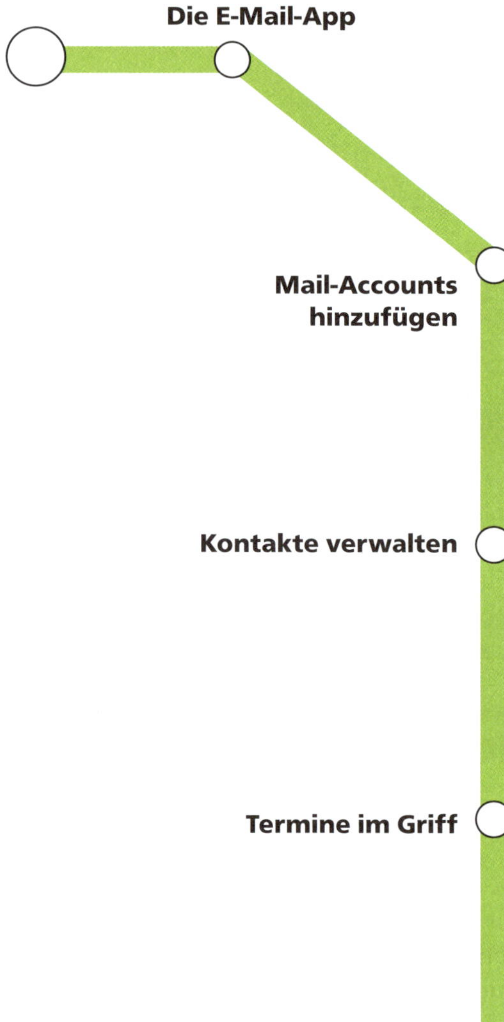

Das Versenden und Empfangen von E-Mail-Nachrichten ist wohl das wichtigste Mittel für die elektronische Kommunikation. Mit der Einrichtung Ihres Tablet-PCs haben Sie bereits von Google eine E-Mail-Adresse erhalten, mit der Sie Nachrichten verschicken und empfangen können. Der E-Mail-Account dient auch zur Verwaltung Ihrer Kontakte und Termine.

Für jede der drei Funktionen finden Sie im Menü der Apps ein eigenständiges Programm. In den meisten Fällen finden Sie das Briefumschlagsymbol der Mail-Anwendung bereits auf dem Startbildschirm. Andernfalls können Sie bei Bedarf die eine oder andere App bei häufiger Nutzung auf den Homescreen holen.

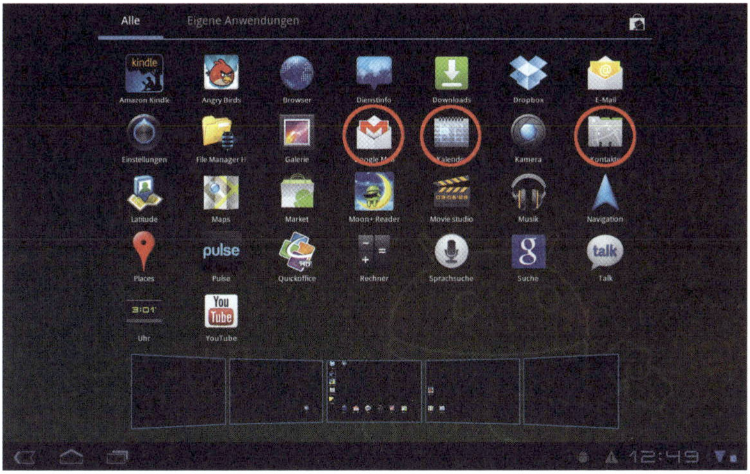

Die markierten Programmsymbole sind Bestandteil vom Google-Account.

4.1 Die E-Mail-App

Die Google-Mail-App ist zwar praktisch und übersichtlich aufgebaut, doch ist es stellenweise etwas umständlich zu bedienen, denn alle wichtigen Einstellungen zu Ihrem Postfach lassen sich nur über die Anmeldung im Internetbrowser vornehmen. Das können Sie auch mit Ihrem Tablet erledigen.

Sie müssen allerdings darauf achten, dass die Browser-Darstellung auf *Desktop* geschaltet ist und nicht auf *Mobil*. Sonst haben Sie keinen Zugriff auf die gewünschten Optionen. Sie finden die Umschaltung dafür als kleinen Link am unteren Ende der Webseite. Notfalls müssen Sie ein Stück in der Seite herunterscrollen.

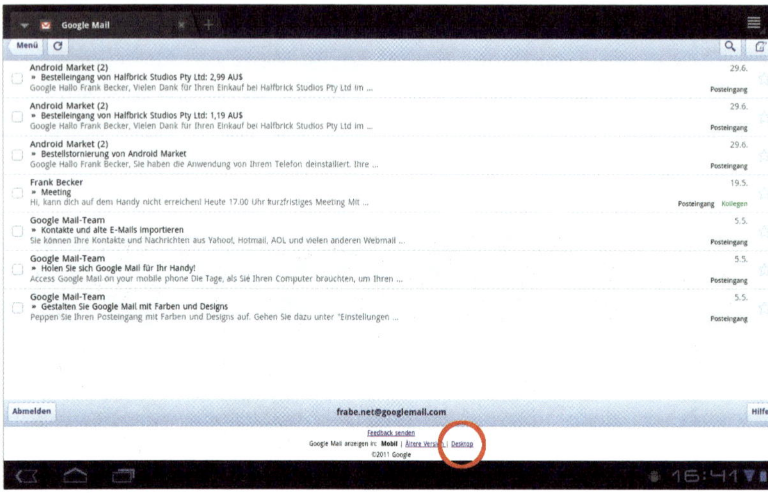

Die Markierung zeigt die Umschaltung zum Desktopmodus.

Am komfortabelsten funktionieren die Einstellungen jedoch am PC. Obwohl es scheinbar keinen Unterschied macht, ob Sie sich mit dem Browser auf dem Tablet an Ihrem Google-Mail-Konto anmelden oder am Computer, mit dem Tablet stehen Ihnen nicht alle Einstellparameter zur Verfügung. So können Sie beispielsweise nicht alle Kontaktlisten oder bestehende Terminkalender importieren – das funktioniert nur am PC.

E-Mails empfangen

Unmittelbar nach der Einrichtung Ihres Google-Mail-Kontos erhalten Sie bereits die ersten E-Mails vom Google-Mail-Team mit einigen Tipps für die Nachrichtenverwaltung und das Design. Als kleine Anmerkung: Diese Tipps beziehen sich nicht auf die Mail-App auf Ihrem Tablet, sondern sind nur für die Nutzung am PC interessant, wenn Sie sich an Ihrem Google-Mail-Konto über den Webbrowser anmelden.

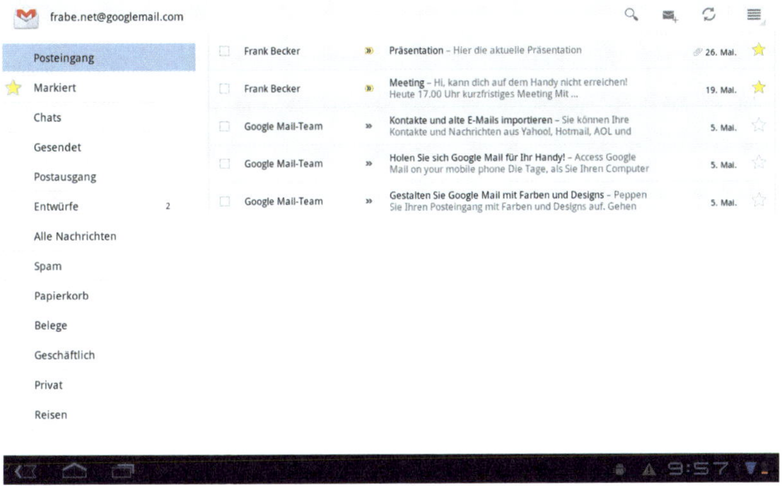

Hier sehen Sie die Mail-App in der Übersicht auf dem Tablet-PC.

Nachdem Sie Ihre E-Mail-App auf dem Tablet gestartet haben, sehen Sie auf der linken Seite des Bildschirms verschiedene Ordner (auch Labels genannt), um Ihre E-Mails zu verwalten. Neben den üblichen Ordnern wie *Posteingang*, *Postausgang*, *Gesendet*, *Spam* und *Papierkorb* werden Ihnen für die Archivierung Ihrer Nachrichten zusätzliche Ordner angeboten.

Diese hat Google *Belege*, *Geschäftlich*, *Privat* und *Reisen* genannt. So können Sie wichtige E-Mails sortiert ablegen und schnell wiederfinden. Falls Ihnen die Bezeichnungen der Labels nicht zusagen oder Sie weitere hinzufügen möchten, können Sie diese Einstellungen jederzeit ändern, wenn Sie sich an Ihrem Mail-Konto über den Browser anmelden.

In der Aktionsleiste oberhalb des Displays können Sie gespeicherte Nachrichten suchen, neue E-Mails verfassen, Ihr Konto zum Abruf neuer Nachrichten aktualisieren und gelangen ganz rechts zu den Einstellungen.

Hier legen Sie fest, welche Kontoinformationen synchronisiert werden sollen, ob Sie eine Benachrichtigung beim Erhalt neuer Nachrichten wünschen und ob Ihre versendeten Mails eine persönliche Signatur erhalten.

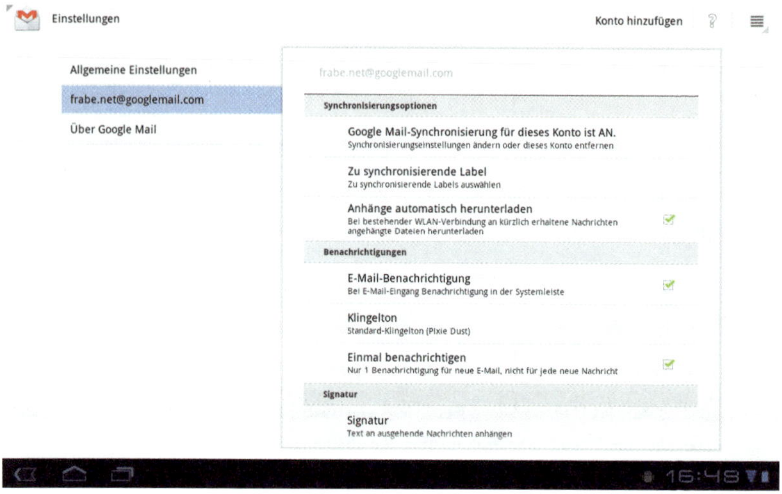

In der Hauptansicht werden auf der rechten Seite des Bildschirms die E-Mail-Nachrichten aus den jeweils ausgewählten Ordnern angezeigt. Sobald Sie auf eine E-Mail tippen, verschiebt sich der Bildschirm nach links, um die vollständige Nachricht anzuzeigen.

Mit nur einem Klick auf dem Display können Sie nun die Nachricht löschen, sofort eine Antwort schicken, die Nachricht weiterleiten oder, falls die Nachricht mehrere Empfänger hat, allen Adressaten antworten. Besonders wichtige Nachrichten lassen sich zusätzlich mit einem Stern markieren.

Unterhalb des Absenders werden die Dateianhänge wie Fotos, Musik und andere Dokumente angezeigt. Sie können Anhänge bei Bedarf auf dem Tablet speichern oder nur kurz Anzeigen lassen, um sie anschließend samt der Nachricht wieder zu löschen.

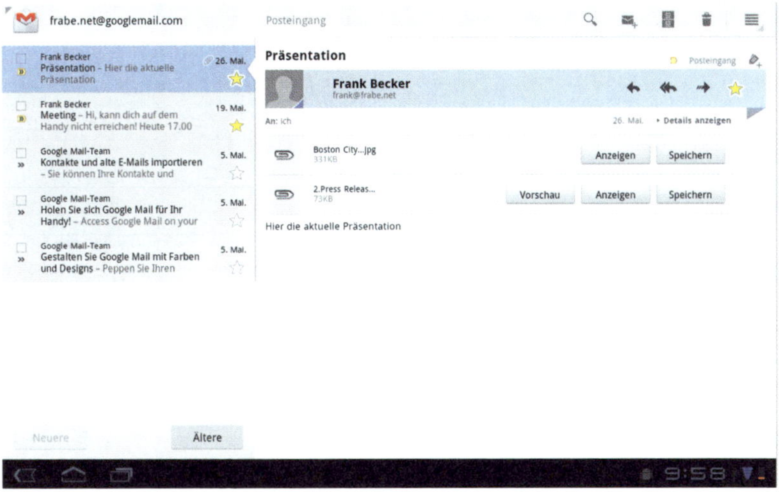

Alle E-Mail-Nachrichten werden mit Datei-Anhängen auf dem Tablet angezeigt.

Oberhalb des Absenders sehen Sie den Ordner, in dem die E-Mail-Nachricht gespeichert ist. Bei einer Nachricht aus dem Posteingang sehen Sie dort ein kleines Fähnchen mit der Beschriftung *Posteingang*. Wenn Sie die Nachricht in einem anderen Ordner ablegen wollen, berühren Sie das Fähnchen, und es erscheint ein Kontextmenü mit den vorhandenen Ordnern. Markieren Sie nun die Labels, in denen die Nachricht liegen soll. Sie können dabei auch mehrere Ordner angeben. Alternativ können Sie aber auch einzelne Nachrichten per Drag & Drop in einen anderen Ordner verschieben. Die Nachrichten lassen sich hier wie beim PC direkt mit dem Finger in einen Ordner ziehen.

Wenn Sie mit mehreren E-Mail-Nachrichten eine identische Aktion durchführen möchten, beispielsweise in den gleichen Ordner verschieben, löschen oder als unerwünschte Werbung (Spam) melden, nutzen Sie einfach die Kontrollkästchen auf der linken Seite neben jeder Nachricht. Nachdem Sie alle betreffenden Mails markiert haben, werden alle auf einmal bearbeitet. Oben in der Aktionsleiste erhalten Sie dafür eine Auswahl an Funktionen.

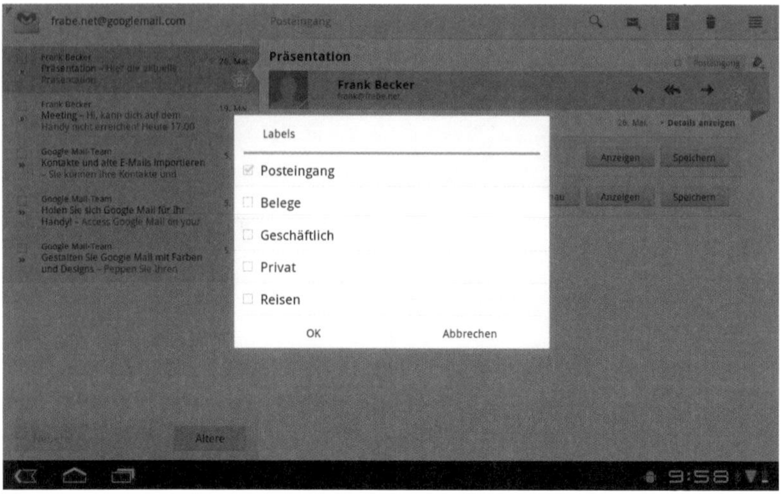

Sie können Ihre E-Mails in verschiedene Labels ablegen.

Nachrichten versenden

Zum Erstellen einer neuen E-Mail-Nachricht klicken Sie auf das Briefumschlagsymbol in der Aktionsleiste. Geben Sie in dem neuen Fenster die E-Mail-Adresse des Empfängers ein und schreiben Sie mit der virtuellen Tastatur die dazugehörige Textnachricht. Anschließend können Sie noch durch einen Klick auf die Büroklammer eine Datei als Anhang mitschicken. Hierbei ist der Tablet-PC mit Android 3.0 Honeycomb lediglich auf das Anhängen von Fotos beschränkt. Eine Möglichkeit, um auch andere Dateien direkt in der Google-Mail-App anzuhängen, wird werkseitig nicht geboten. Mit einem kleinen Trick funktioniert es aber.

Damit Sie auch Dateien anhängen können, die Sie beispielsweise aus anderen E-Mail-Nachrichten gespeichert oder per USB-Kabel vom PC auf das Tablet übertragen haben, müssen Sie ein kleines Programm wie den File Manager HD aus dem Android Market auf dem Tablet-PC installieren. Sie können damit die Verzeichnisse Ihres Tablets durchstöbern, gezielt Dateien kopieren, verschieben und löschen und wie im benötigtem Fall auch einzelne Dateien als E-Mail-Anhang versenden.

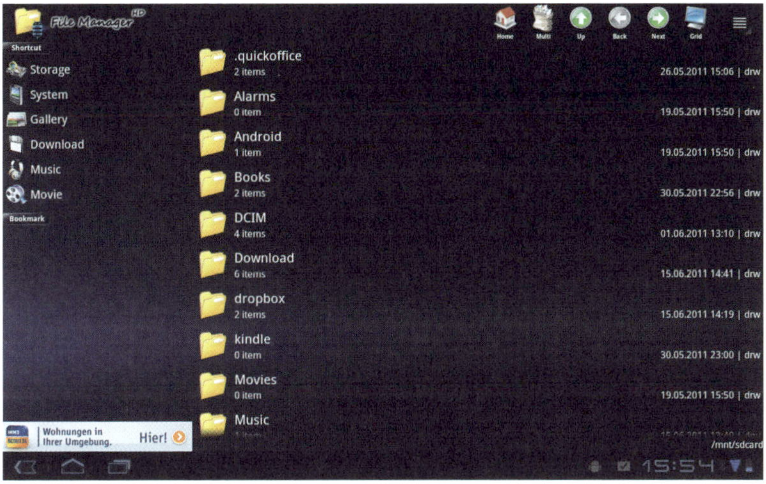

Der File Manager bietet den direkten Zugriff auf alle gespeicherten Dateien.

Wenn Sie nun nach der Installation vom File Manager HD auf die Büroklammer in der Mail-App klicken, wird Ihnen neben der Galerie für Fotos auch der File Manager als Programm angeboten, um Dateien an Ihre E-Mail-Nachricht anzuhängen.

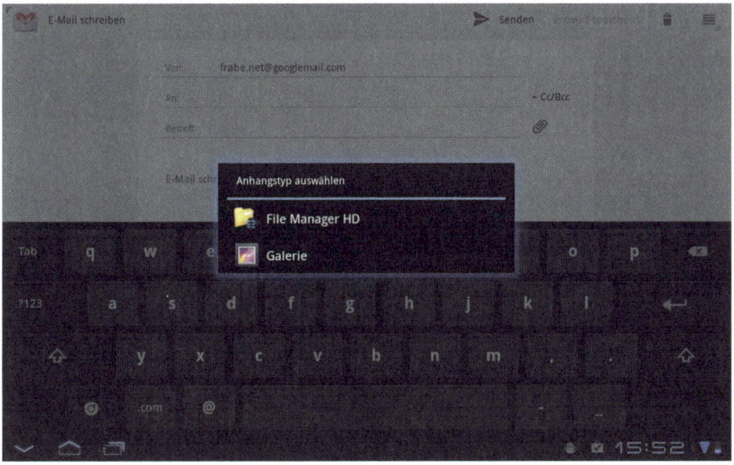

Mit einem Dateimanager können Sie neben Fotos auch andere Dateien übertragen.

Nachdem Sie den File Manager gewählt haben, können Sie gezielt das Verzeichnis öffnen, in der die benötigte Datei gespeichert ist, und tippen diese an. Jetzt befindet sich die Datei im Anhang, und mit einem Fingertipp auf *Senden* macht sich Ihre elektronische Post auf dem Weg zum Adressaten – inklusive Ihrem Dateipaket.

4.2 Mail-Accounts hinzufügen

Neben Ihrer neuen E-Mail-Adresse bei Google-Mail können Sie auch weitere Mail-Accounts auf dem Tablet-PC einrichten. Falls Sie bereits bei einem anderen Internet-Dienstleister eine E-Mail-Adresse für Ihre Nachrichten am heimischen PC verwenden, können Sie diese mit ein paar kleinen Einstellungen auch auf Ihrem Tablet nutzen.

Zur Einrichtung einer zusätzlichen E-Mail-Adresse wählen Sie im Menü der gespeicherten Apps die Anwendung *E-Mail*. Dort geben Sie Ihre E-Mail-Adresse sowie das Passwort für die Serveranmeldung ein und tippen anschließend auf *Weiter*. Im nächsten Schritt müssen Sie nur noch angeben, welchen Kontotyp Sie nutzen – dann können Sie auch schon loslegen.

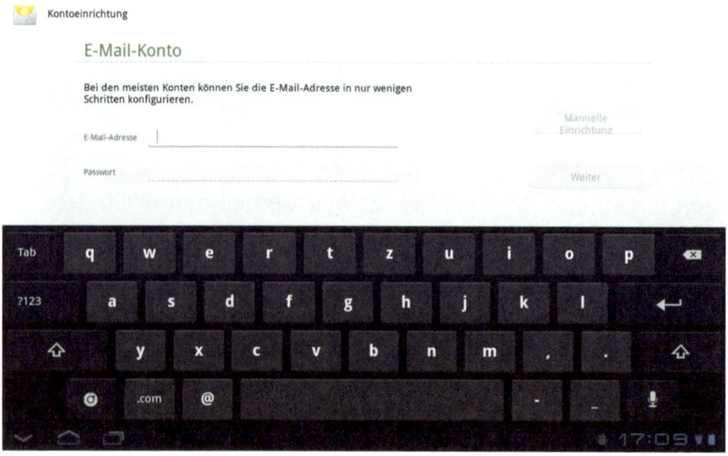

Mit der App E-Mail können Sie bestehende Konten auf dem Tablet einrichten.

Welcher Kontotyp sind Sie?

Jeder Mail-Provider bietet für seine Kunden, die einen E-Mail-Account nutzen, einen oder mehrere Kontotypen an. Dabei wird in erster Linie zwischen dem sogenannten **P**ost **O**ffice **P**rotocol (POP) und dem **I**nternet **M**essage **A**ccess **P**rotocol (IMAP) unterschieden. Damit werden die für E-Mails wichtigen Posteingangsserver bezeichnet. Je nach genutztem Kontotyp wird festgelegt, was Sie mit Ihren eingegangenen E-Mail-Nachrichten machen können.

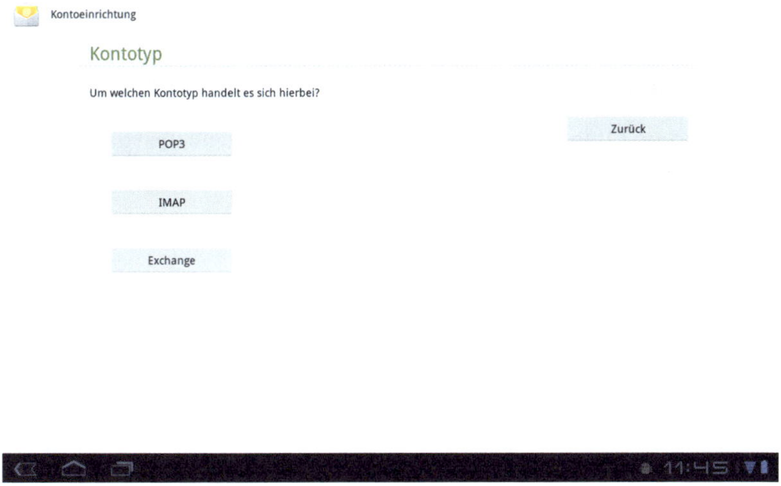

Wenn Sie Ihr Tablet für geschäftliche Zwecke im Unternehmen einsetzen wollen, ist der Kontotyp *Exchange* interessant. Damit können Sie Ihr Tablet mit einem Exchange-Server im Unternehmen verbinden.

Posteingangsserver festlegen

Bei der Verwendung eines POP-Kontos werden alle E-Mails von Ihrem Posteingangsordner abgerufen und auf dem Tablet gespeichert. Sie können allerdings mit diesem Kontotyp Ihre E-Mails nicht verwalten. Das bedeutet, Sie sehen auf dem Tablet nur Ihren Posteingang und können Nachrichten nicht in angelegte Archivordner verschieben. Das funktioniert nur, wenn Sie sich online über Ihren Webbrowser am Postfach anmelden. Auch können Ihnen E-Mail-Nachrichten entgehen, die von Ihrem Provider als Spam eingestuft wurden. Sie erhalten zwar oftmals automatisch eine Nachricht mit einer Übersicht aller Spam-Mitteilungen, dort übersieht man allerdings schnell eine wichtige E-Mail. So bleibt Ihnen nichts anderes übrig, als häufiger zwischen dem Mailprogramm auf dem Tablet und dem Internetportal hin und her zu wechseln.

Ein weiteres Problem besteht, wenn Sie das POP-Konto auch auf dem PC verwenden. Je nach Einstellung des verwendeten Mailprogramms wie Outlook auf dem heimischen Computer werden nach Erhalt der E-Mails die Nachrichten auf dem Server automatisch gelöscht. Die Folge: Sie haben die E-Mails zwar auf dem PC gespeichert, können diese aber mit dem Tablet nicht mehr lesen. Sie können jedoch in den Einstellungen des Mailprogramms festlegen, dass die Nachrichten auf dem Server gespeichert bleiben.

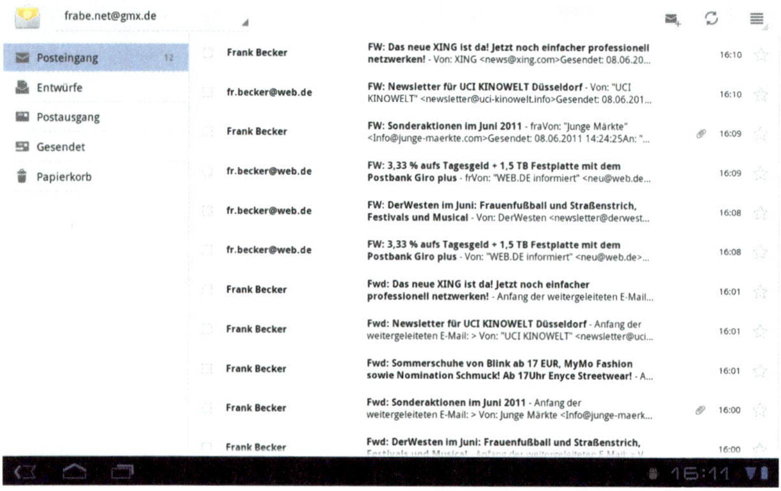

Beispiel eines POP-Kontos.

All die genannten Schwierigkeiten und Umstände haben Sie bei der Verwendung eines IMAP-Kontos nicht. Ihr Google-Mail-Account unterstützt neben POP auch IMAP. Allerdings bieten einige Freemail-Anbieter wie GMX und WEB.DE diesen Kontotyp nur kostenpflichtig an. Mit IMAP bleiben Ihre E-Mails immer auf dem Server gespeichert. Mit dem Mailprogramm auf dem Tablet wird quasi ein Abbild der Nachrichten auf dem Server erstellt. Wenn Sie mit der E-Mail-App eine Nachricht lesen, beantworten, verschieben oder löschen, werden diese Aktionen gleichzeitig auf dem Server durchgeführt.

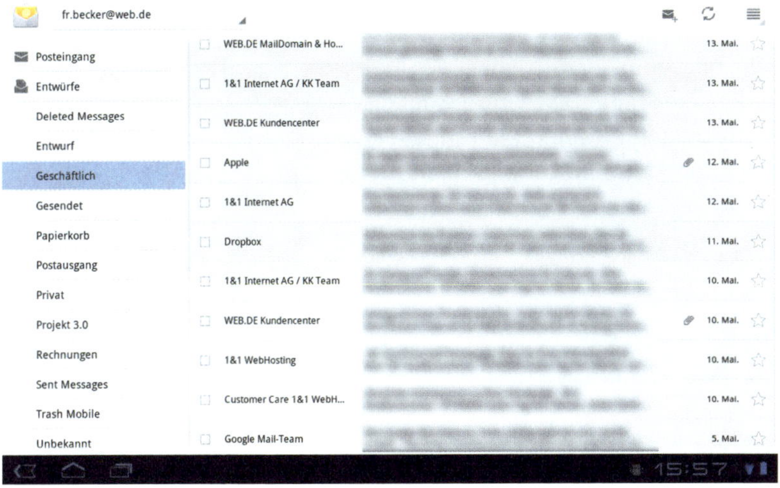

Beispiel eines IMAP-Kontos mit Verzeichnissen zur E-Mail-Verwaltung.

Problembehandlung

Gelegentlich kann Ihre E-Mail-App die benötigten Adressen für den Posteingangs- und Postausgangsserver nicht automatisch erkennen. Dann müssen Sie die Server manuell eintragen. Die Bezeichnung der Adressen finden Sie aber in den Einstellungen Ihres E-Mail-Kontos, wenn Sie sich über den Webbrowser bei Ihrem Mail-Anbieter anmelden.

Ganz gleich mit welchem Gerät oder Programm Sie Ihr E-Mail-Konto betrachten, alles wird identisch dargestellt. Eine kleine Einschränkung: Mit dem Tablet-PC können Sie keine neuen Unterordner für die Mailarchivierung anlegen. Hierzu müssen Sie sich entweder über den Browser an das Postfach anmelden oder den Ordner zu einem späteren Zeitpunkt am PC erstellen. Wenn Sie ein Problem mit dem Server Ihres E-Mail-Anbieters haben, eine Verbindung aufzubauen, liegt es oftmals daran, dass sich ein Tippfehler bei der Eingabe der Daten eingeschlichen hat.

4.3 Kontakte verwalten

Wenn Sie eine Nachricht per E-Mail verschicken wollen, müssen Sie natürlich die Mailadresse Ihres Kontakts eintragen. Das funktioniert wesentlich komfortabler und schneller, wenn Sie ein Adressbuch mit Ihren Kontakten anlegen. Im Menü der App finden Sie die Anwendung *Kontakte*.

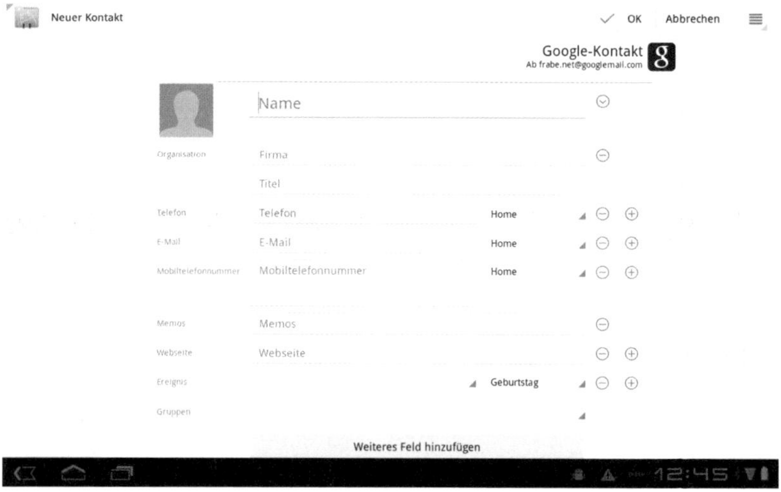

In der Adresskarte können Sie alle Informationen zu Ihrem Kontakt eintragen.

Durch einen Tipp oben in der Aktionsleiste auf *Neu* erscheint eine Registerkarte, in der Sie alle Adressdaten Ihres Kontakts eingeben können. Angaben, die Sie nicht wissen, lassen Sie einfach frei oder drücken auf das Minussymbol, um die Zeile zu entfernen.

Andersherum können Sie mit dem Plussymbol weitere Telefonnummern oder Mailadressen hinzufügen. Wenn Sie beim Ausfüllen der Registerkarte versehentlich eine Zeile gelöscht haben, die Sie aber nutzen wollten, können Sie diese mit einem Fingertipp auf *Weiteres Feld hinzufügen* wieder einsetzen.

Wenn Sie viele Kontakte anlegen möchten, benötigen Sie natürlich auf diese Weise viel Zeit und Geduld, bis Ihr Adressbuch gefüllt ist. Einfacher geht es, wenn Sie vorhandene Kontakte in das Adressbuch importieren und im Anschluss hier und da ein paar Ergänzungen vornehmen. Sie haben die Möglichkeit, vorhandene Kontakte aus Ihrem Mobiltelefon oder aus vorhandenen Mailprogrammen auf dem PC auf das Tablet zu übertragen.

Kontakte aus vorhandenen Accounts nutzen

Um Kontakte aus einem Mailprogramm wie Outlook oder Thunderbird auf Ihr Tablet zu übertragen, müssen Sie Ihre vorhandenen Adressdaten an Ihrem Computer exportieren. Dabei wird die komplette Adressdatenbank in eine einzige Datei umgewandelt. Abhängig von Ihrem genutzten Mailprogramm werden Ihnen beim Export Ihrer Kontakte verschiedene Dateiformate angeboten. Achten Sie darauf: Das Google-Mail-Konto, in dem Sie diese Kontakte speichern wollen, unterstützt nur Adressdaten mit den Formatendungen *.csv* und *.vcf*.

Falls Ihr Mailprogramm einen Export in *.vcf* (auch vCard genannt) unterstützt, funktioniert die Übertragung der Kontakte auf Ihr Tablet ganz einfach. In nur vier Schritten haben Sie alle Kontakte auf dem Tablet-PC gespeichert:

1 Exportieren Sie Ihre Kontakte auf dem PC als vCard-Datei. Öffnen Sie dazu den Windows-Explorer und wählen Sie dort den Ordner *Kontakte* aus. Klicken Sie anschließend im oben dargestelltem Menü auf die Schaltfläche *Exportieren*. Da jeder Kontakt als einzelne vCard erstellt wird, sollten Sie vorher einen Ordner im Explorer anlegen, in den Sie die Kontakte exportieren.

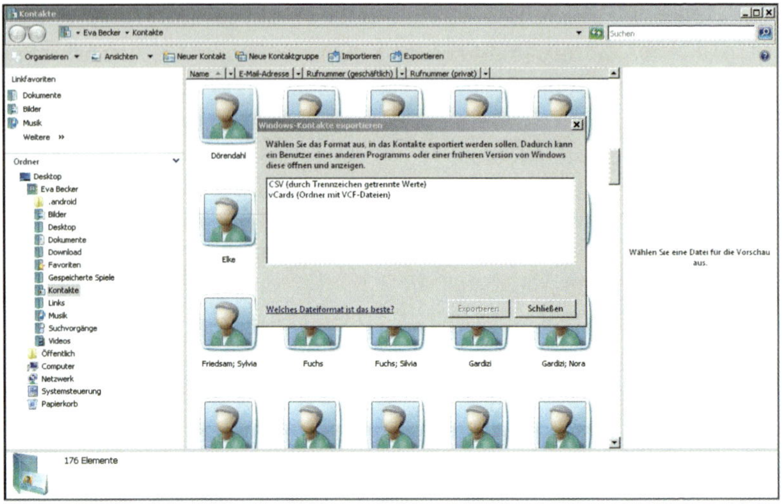

2 Senden Sie die vCard-Dateien vom Computer aus als Anhang einer E-Mail an Ihre Google-Mail-Adresse. Dabei spielt es keine Rolle, ob Sie die Nachricht mit Ihrem Google-Account verschicken oder eine andere Mailadresse verwenden.

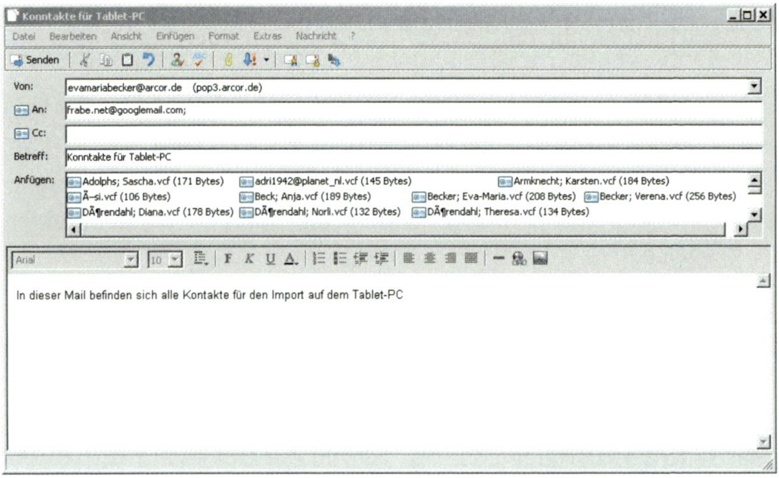

3 Sobald Sie die E-Mail auf dem Tablet empfangen haben, speichern Sie die einzelnen Anhänge auf dem Tablet.

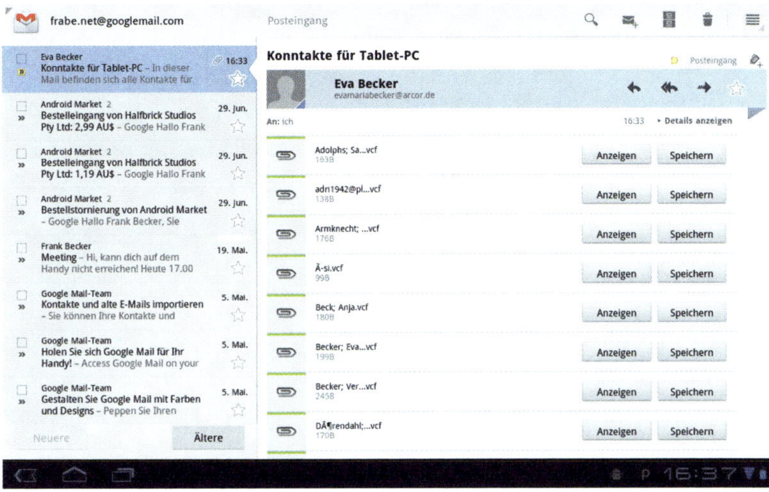

4 Starten Sie anschließend die Anwendung *Kontakte* im Menü der App und öffnen Sie das Einstellmenü ganz oben rechts in der Aktionsleiste. Wählen Sie dort den Menüpunkt *Import/Export* aus und klicken Sie anschließen auf *Kontakte von SD-Karte importieren*. Fertig!

Für den Fall, dass Ihr Mailprogramm die Adressdaten nur als *.csv*-Datei exportieren kann, können Sie die Kontakte bei Google-Mail nur über die Google-Webseite im Browser Ihres heimischen PCs importieren. Nach der Anmeldung an Ihr Google-Konto finden Sie auf der linken Seite ein Auswahlmenü.

Wählen Sie hier den Menüpunkt *Kontakte*. Im darauffolgenden Kontextmenü klicken Sie dann auf *Kontakte importieren*. Es erscheint ein separates Fenster auf dem Bildschirm, mit dem Sie die Adressdatei auf Ihrer Festplatte auswählen können. Sobald die Adressdatei übertragen wurde, befinden sich die Kontakte nach der nächsten Synchronisierung auch auf Ihrem Tablet-PC.

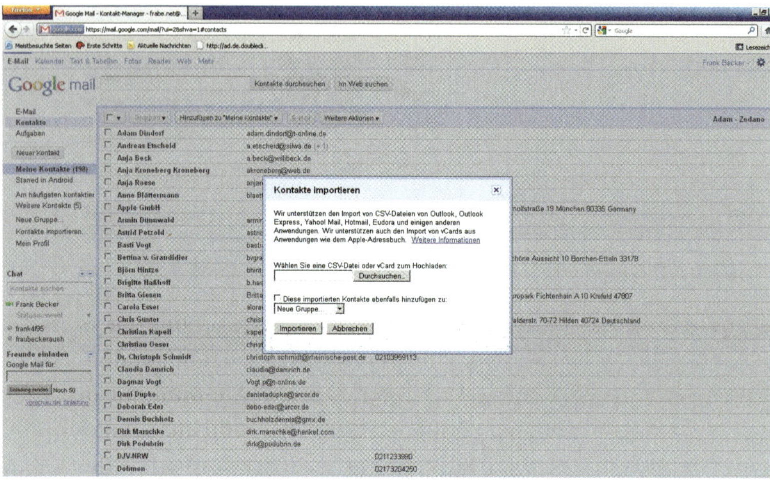

Im Browserauftritt von Google-Mail können Sie CSV-Dateien importieren.

Kontakte vom Handy importieren

Sie haben zwei Möglichkeiten, Ihre Kontakte auf das Tablet zu übertragen: direkt mit einer SIM-Karte oder über eine Onlinesynchronisation. Die Übertragung von Kontaktdaten von einer SIM-Karte setzt allerdings voraus, dass Ihr Tablet mit einem G3-Modul ausgerüstet ist und somit die Möglichkeit bietet, eine SIM-Karte in das Gerät legen zu können.

Nachdem Sie eine SIM-Karte eingelegt haben, wählen Sie in den Einstellungen den Menüpunkt *Konten und Synchronisation*. Dort wählen Sie unter *Konten verwalten* Ihre Google-Adresse aus. Vergewissern Sie sich, dass dort im Punkt *Daten und Synchronisation* ein Häkchen bei *Kontakte synchronisieren* gesetzt ist. Nach der Synchronisation sind die Kontakte im Tablet-PC gespeichert, auch wenn Sie die Karte wieder entfernen.

Nach der Synchronisation sind die Kontakte von der SIM-Karte im gespeichert.

Noch komfortabler funktioniert die Synchronisation mit der Google-Sync-App. Wenn Sie ein Smartphone als Handy nutzen, können Sie Ihre gespeicherten Kontakte vom Telefon in Google-Mail mit der App Google-Sync importieren und durch Synchronisation auf allen Geräten immer aktuell halten. Allerdings müssen Sie zuerst die Google-Sync-App auf Ihrem Handy installieren. Google bietet seine Anwendung für alle gängigen Smartphones wie Android, BlackBerry, iPhone und Nokia an. Allerdings ist die Installation für Handyplattformen, die kein Android nutzen, ein wenig umständlich, denn Sie finden die App oftmals nicht im App Store des jeweiligen Telefonherstellers.

Um Google-Sync auf Ihrem Handy zu installieren, müssen Sie einen kleinen Umweg in Kauf nehmen, der sich aber lohnt: Denn bei Verlust oder Diebstahl Ihres Handys bleiben alle Kontakte zukünftig auf einem Google-Server gespeichert. So finden Sie die Google-Sync-App: Öffnen Sie den Browser Ihres Handys und rufen Sie die

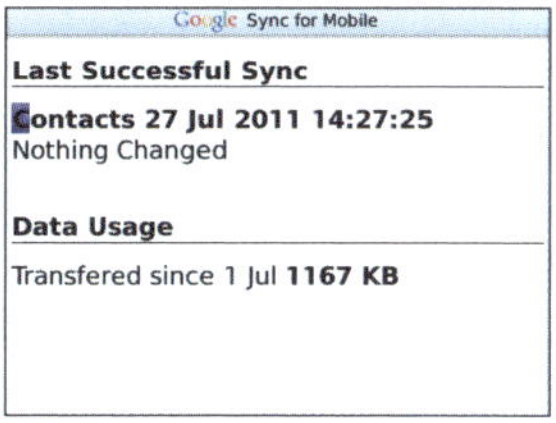

Bildschirm eines Blackberry-Handys mit Google Sync nach der Aktualisierung.

Google-Startseite unter *www.google.de* auf. Dort tippen Sie oben im Menü auf *mehr* und finden dort eine Auswahl an Google-Apps für Handys.

Tippen Sie dort auf *Sync* und anschließend auf *Installieren*. Nach der Installation starten Sie die App und geben Ihre Google-Zugangsdaten mit Benutzernamen und Passwort ein. Anschließend werden automatisch alle auf dem Telefon befindlichen Kontaktdaten von Freunden, Familienmitgliedern und Kollegen auf Ihr Google-Konto übertragen. Mit Ihrem Tablet-PC können Sie nun die Kontakte noch weiter bearbeiten, indem Sie E-Mail-Adressen, Postanschrift oder sogar ein Foto des Freundes hinzufügen.

Doch Vorsicht: Sollten Sie sich irgendwann mal von Ihrem Google-Mail-Konto verabschieden und Ihren Account löschen, verschwinden auch Ihre Kontakte im Handy und in Ihrem Tablet-PC. Um das zu verhindern, sollten Sie zuvor alle Kontakte auf Ihre Handy-SIM-Karte übertragen. Zudem sollten Sie wie beim Hinzufügen von Kontakten aus einem Mail-Account die gespeicherten Adressdaten bei Google-Mail als Datensatz exportieren, um diesen beispielsweise in Outlook auf dem PC wieder einzusetzen.

4.4 Termine im Griff

Der Terminkalender von Google Mail ist ein besonders nützliches Tool, um Ihr persönliches Zeitmanagement in den Griff zu bekommen. Täglich muss man sich neue Termine merken. Arzttermine, Termine zur rechtzeitigen Kündigung von Verträgen aller Art, Geburtstage sowie Verabredungen mit Freunden und Familie.

Hinzu kommen natürlich noch alle beruflichen Termine und Verpflichtungen, die oftmals mit einer Deadline verbunden sind. Auf das Jahr gerechnet kommt da schon einiges zusammen, und nicht selten wird der ein oder andere Termin vergessen, mit kleineren aber auch größeren Konsequenzen. Mit dem Google Kalender halten Sie alle Ihre privaten und beruflichen Termine im Griff. Ihre Kalenderereignisse können Sie sich auf verschiedene Arten anzeigen lassen.

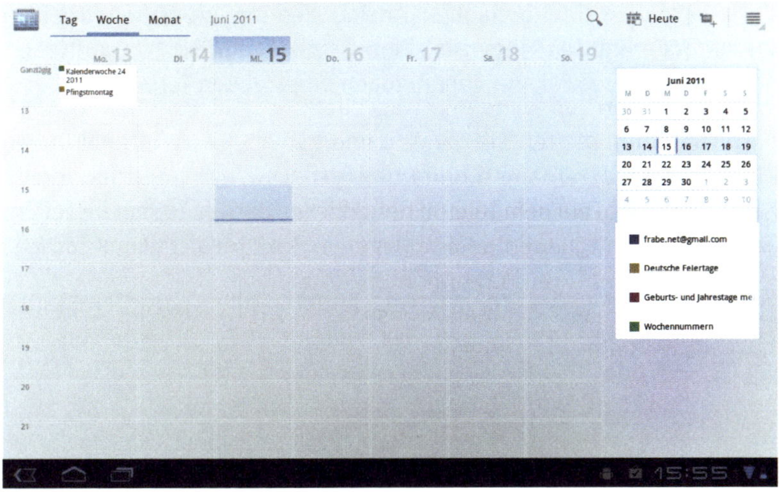

Mit dem Kalender haben Sie alle privaten und beruflichen Termine im Blick.

Dazu berühren Sie einfach oben in der Aktionsleiste *Tag*, *Woche* oder *Monat*. Wenn Sie ein Ereignis im Kalender antippen, werden zusätzliche Informationen angezeigt. Um einen Kalendertermin hinzuzufügen,

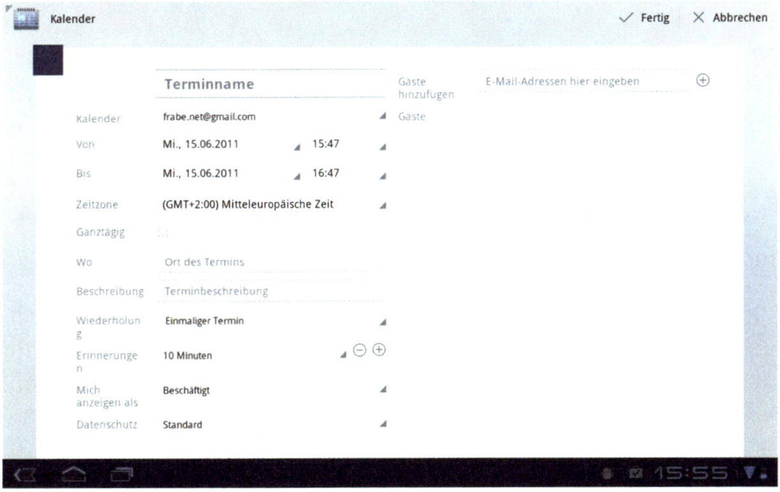

In der Registerkarte können Sie alle Informationen zum Termin eintragen.

berühren Sie in einer beliebigen Ansicht den Tag und halten für einen kurzen Moment den Finger auf dem Display gedrückt. Daraufhin erscheint ein neues Fenster zum Anlegen eines neuen Termins.

Geben Sie nun die Startzeit des Termins und weitere Informationen ein. Sie können auch eine Erinnerung festlegen, damit Sie den Termin nicht vergessen. Wenn Sie alle Informationen, die den Termin betreffen, eingegeben haben, drücken Sie oben in der Aktionsleiste auf *Fertig*.

Wenn Sie später etwas ergänzen oder ändern wollen, berühren Sie den entsprechenden Termin, tippen im Kontextmenü auf *Details* und anschließend oben in der Aktionsleiste auf *Bearbeiten*.

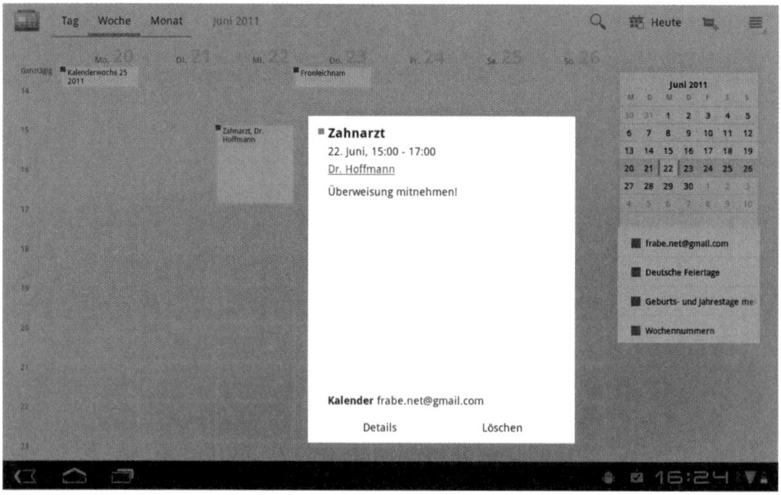

Wenn Sie bereits einen Terminkalender in einem Mailprogramm verwenden, können Sie die Einträge in Ihren Google Kalender importieren. Ihr Google-Account unterstützt allerdings nur Termindateien vom Microsoft-Outlook-Kalender, Apple-iCal-Kalender sowie den Yahoo!-Kalender. Die Vorgehensweise funktioniert wie beim Import von Kontakten aus anderen Mailprogrammen.

Nachdem Sie Ihre Kalenderdatei exportiert haben, melden Sie sich über Ihren Browser am Google-Konto an.

Tippen Sie in Google Kalender auf der linken Seite des Bildschirms auf *Hinzufügen* und wählen Sie die Option *Kalender importieren*. Tippen Sie auf *Durchsuchen* und wählen Sie die exportierte Datei aus.

Anschließend tippen Sie auf *Importieren*, um den Importvorgang abzuschließen. Nach der nächsten Synchronisation Ihres Tablets haben Sie Ihre Termine aus dem Mailprogramm auf Ihrem Tablet.

5. Chatten

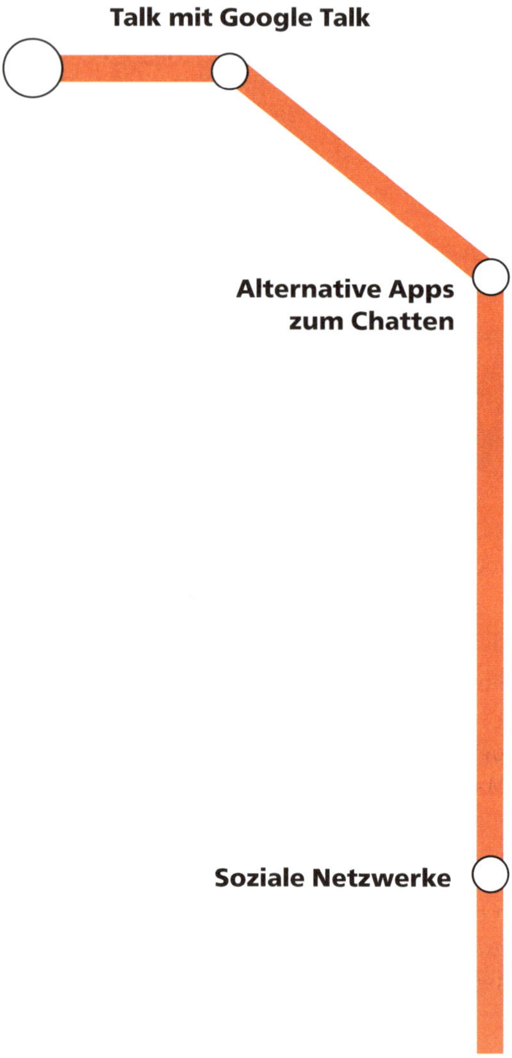
Talk mit Google Talk
Alternative Apps zum Chatten
Soziale Netzwerke

Ihr Tablet-PC ist ein echtes Kommunikationstalent. Sie können damit Freunde und Familienmitglieder auf unterschiedlichen Kommunikationswegen erreichen – nicht nur per E-Mail. Voraussetzung dafür ist allerdings, dass Ihre Kontakte über das ein oder andere Programm verfügen, mit dem Sie eine Verbindung aufbauen möchten.

Zu den typischen Mitteilungswegen zählen neben E-Mail, Chat und Videotelefonie auch soziale Netzwerke wie Facebook. So können Sie mit Ihrem Tablet-PC Mitteilungen verschicken, Fotos teilen, Daten und Dokumente austauschen und sogar mit der Webcam in Ihrem Tablet Ihre Kontakte live aus Ihrem Urlaubsort grüßen.

5.1 Talk mit Google Talk

Neben E-Mail ist ein Chat-Programm, auch Instant Messanger genannt, ein praktisches und schnelles Mittel, um Informationen auszutauschen und Verabredungen zu treffen. Der englische Begriff Instant Messaging bedeutet „sofortige Nachrichtenübermittlung".

Auf Ihrem Tablet ist bereits der Messanger Google Talk vorinstalliert, mit dem Sie wahlweise per Texteingabe, Sprache oder Video mit anderen Google-Talk-Benutzern chatten können.

Chat einrichten

Sofern die App mit dem Namen Talk nicht bereits auf dem Homescreen vorhanden ist, finden Sie sie im Menü der Apps wieder. Sobald Sie das Programm starten, sehen Sie auf der linken Seite des Bildschirms Ihre E-Mail-Adresse mit einer persönlichen Statusmeldung. Auf der rechten Seite des Bildschirms können Sie Ihren Status einstellen.

Abhängig davon, ob Sie mit anderen Kontakten kommunizieren wollen oder nicht, können Sie Ihren Status in *Verfügbar*, *Nicht verfügbar* und *Unsichtbar* einstellen. Auch können Sie eine Statusnachricht verfassen, die für alle Kontakte als Begrüßung sichtbar ist.

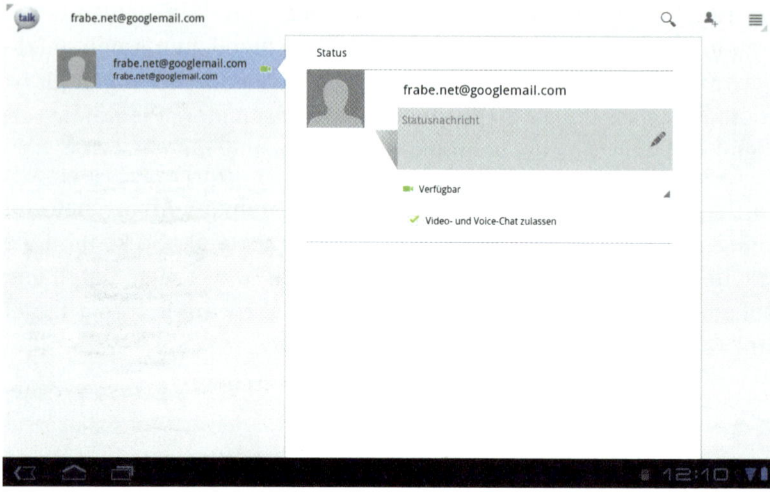

In Google Talk wird Ihr Profil angezeigt, und Sie können ihren Status einstellen.

Darüber hinaus können Sie entscheiden, ob Sie einen Video-Chat zulassen wollen oder nicht. Dazu reicht eine kurze Berührung des Kontrollkästchens.

Ihr Foto können Sie allerdings nur einfügen, wenn Sie sich am PC über Ihren Browser am Google-Mail-Konto anmelden. Ihr Foto können Sie in den E-Mail-Einstellungen auf den Google-Server hochladen.

Sie können für Ihre Kontakte auch ein Foto anzeigen lassen.

Nun können Sie Gesprächspartner zu einem Chat einladen. Nachdem Sie die Einladung verschickt haben, erhält der Empfänger eine Mitteilung, ob die Kontaktanfrage gewünscht wird.

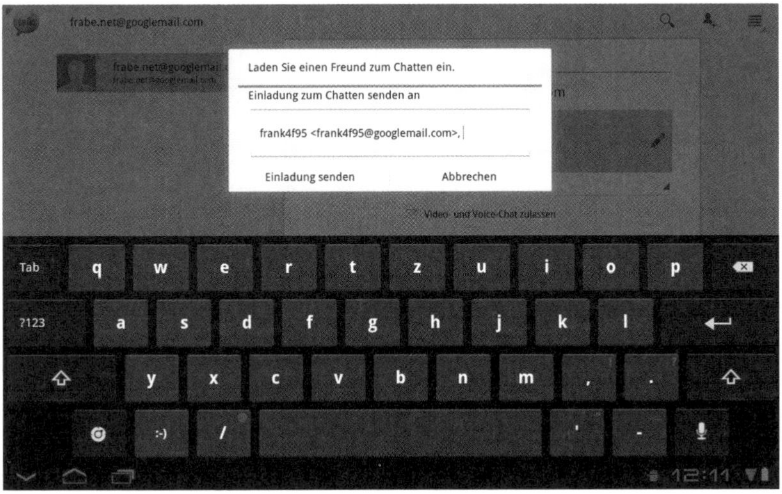

Laden Sie mit Google Talk Freunde und Kollegen zum Chat ein.

Sobald Ihr Kontakt die Anfrage positiv bestätigt hat, erscheint auf dem Bildschirm Ihres Tablets der neue Gesprächspartner. Auf diese Weise können Sie nach und nach weitere Freunde, Familienmitglieder und Kollegen zu Ihrem Google-Talk-Konto hinzufügen.

Nun können Sie sich sofort mit Ihrem neuen Kontakt über die Texteingabe unterhalten. Berühren Sie dazu lediglich den Namen. Es erscheint ein Texteingabefenster, und mit der virtuellen Tastatur schreiben Sie die Nachricht.

Zur besseren Übersicht wird in dem Feld über der Texteingabe der Gesprächsverlauf angezeigt. Auf diese Weise können Sie mit Ihren Kontakten weltweit in Verbindung bleiben.

Als Hinweis: Wenn Sie Google Talk an Ihrem PC nutzen möchten, finden Sie den Chat bei der Anmeldung an Ihrem Online-Account im E-Mail-Ordner.

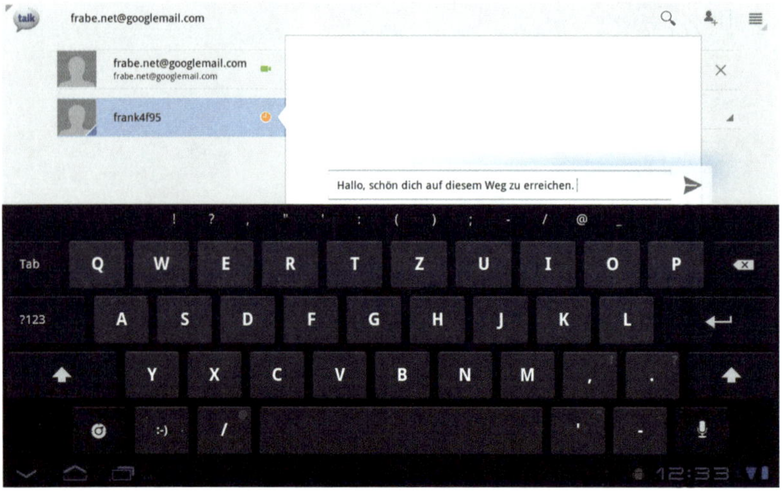

Mit der virtuellen Tastatur können Sie Ihre Nachrichten im Chat eingeben.

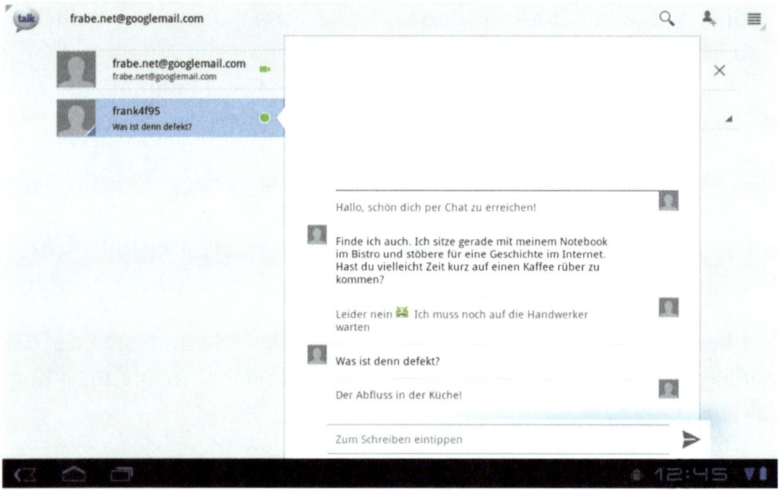

Im Verlauf können Sie das gesamte Gespräch noch einmal lesen.

Video-Chat

Noch spannender ist es, wenn Sie Ihren Gesprächspartner auch noch sehen und sich einfach mit ihm unterhalten können, ohne die Tastatur zu nutzen. In einem Chat ist es einfach nicht dasselbe, nur das Wort „lol" zu lesen oder den Gesprächspartner wirklich über einen Witz lachen zu hören. Mit den Voice- und Videofunktionen von Google Talk wird der Chat zum Videotelefonat, bei dem Sie Ihren Kontakt auch noch sehen können.

So sieht der Video-Chat aus.

Falls Ihre Gesprächspartner keinen Tablet-PC mit Android haben, sondern Google Talk am heimischen Computer nutzten, können Sie natürlich auch dorthin eine Verbindung herstellen. Als Voraussetzung dafür muss allerdings Ihre Kontaktperson am PC nicht nur eine Webcam haben, es müssen auch die Voice- und Videofunktionen von Google auf dem Computer installiert sein.

Ob Ihre Gesprächspartner den Video-Chat bereits eingerichtet haben, können Sie am Kamerasymbol neben dem Namen sehen. Unter der Internetadresse *www.google.com/chat/video* finden Ihre Kontakte das benötigte Plug-in. Auf der Seite befindet sich ein Button mit der Beschriftung *Voice- und Video-Chat installieren*.

Im Internet finden Sie das Browser-Plug-in für den Video-Chat am PC.

Mit einem Mausklick wird die Software automatisch auf dem Rechner installiert. Nach erneuter Anmeldung am Google-Mail-Konto ist die nächste Verbindung als Videotelefonat bereit.

Um einen Gesprächspartner direkt als Videoanruf zu kontaktieren, berühren Sie auf dem Tablet den Teilnehmer, der Videoanrufe unterstützt. Auf der rechten Seite des Bildschirms drücken Sie anschließend neben dem Gesprächsverlaufsfenster auf das Kamerasymbol. Sofort wird eine Verbindung aufgebaut, und es klingelt bei Ihrem Gegenüber.

Wenn Ihr Gesprächspartner den Anruf entgegennimmt, steht die Video- und Tonverbindung, und Sie können das Gespräch starten. Ihr Gesprächspartner wird Sie nun durch die Frontkamera am oberen Bildschirmrand Ihres Tablets sehen.

Übrigens: Wenn Sie mit einem Kontakt nur telefonieren möchten, drücken Sie das Mikrofonsymbol anstelle der Kamera. Die Verbindung wird dabei genauso aufgebaut wie im Video-Chat, nur dass die Kamera am Tablet abgeschaltet bleibt.

Die Hersteller haben den neuen Tablet-PCs gleich zwei Kameras spendiert. Eine Kamera auf der Vorderseite und eine auf der Rückseite des Tablet-Gehäuses für Foto- und Videoaufnahmen.

Die Kamera auf der Rückseite lässt sich aber auch für den Video-Chat nutzen, wenn Sie beispielsweise Ihrem Gesprächspartner gezielt etwas zeigen möchten. Die Kamera auf der Rückseite lässt sich jederzeit während des Gesprächs aktivieren.

Mit der Kamera auf der Rückseite des Tablets können Sie dem Chat-Partner andere Objekte leicht zeigen.

Durch einen Klick auf dem Bildschirm erscheint auf der rechten Seite des Displays ein Auswahlmenü, mit dem Sie wahlweise den Video-Chat beenden, das Mikrofon stummschalten, zur Texteingabe wechseln oder von der Frontkamera auf die Rückkamera umschalten können. Damit wird der Video-Chat viel lebendiger und macht richtig Spaß.

Tipp zum Video-Chat

Nutzen Sie die Funktion der Videotelefonie am besten nur, wenn Sie Ihr Tablet in einem WLAN-Netzwerk eingebunden haben, und nicht mit dem integriertem UMTS-Modul. Die Datenmenge für die Video- und Tonübertragung ist im Vergleich zu einfachen Textzeichen im Chat wesentlich größer und kann zu einer ruckeligen Videoübertagung führen. Zudem kann ein Video-Chat aus dem Urlaubsort im Ausland mit der mobilen Datenverbindung ein kostspieliger Spaß werden. Je nach anfallenden Roaming-Gebühren ist es weitaus günstiger, die nächste örtliche Telefonzelle zu besuchen.

5.2 Alternative Apps zum Chatten

Mit Google Talk haben Sie zwar ein mächtiges Werkzeug für Chat und Videotelefonie, doch nicht jeder Ihrer Kontakte nutzt zum Chatten Google. Häufig sind bereits andere Programme bei Ihren Bekannten im Einsatz, die auch oftmals noch von unterschiedlichen Anbietern stammen. Hier sind Lösungen gefragt, mit denen Sie sich von Google unabhängig machen können.

Als Alternative für den Video-Chat kommt sicherlich das weit verbreitete Programm Skype infrage. Jedoch unterstützt die App aus dem Android Market bisher keine Videoübertragung. Neben der Texteingabe können Sie damit nur noch zusätzlich einen Voice-Chat als Telefonoption starten. Für kostenlose Telefonate mit anderen Skype-Nutzern ist die App aber ein nützliches Tool.

Für die Unterhaltung mit der virtuellen Tastatur bieten sich zahlreiche Chat-Dienste an. Damit Sie nicht gleich drei oder vier verschiedene Chat-Apps auf Ihrem Tablet installieren müssen, um mit allen Freunden und Bekannten in Kontakt zu bleiben, empfiehlt sich ein sogenannter Multiprotokoll-Client für Instant-Messanger. Hinter dieser Bezeichnung verbirgt sich ein Programm, das die Kommunikation mit mehreren unterschiedlichen Chat-Diensten gleichzeitig ermöglicht.

Mit der App Trillian, die kostenlos im Android Market erhältlich ist, werden fast alle gängigen Chat-Anwendungen abgedeckt. Sie müssen natürlich bei den Portalen, die Sie mit Trillian nutzen wollen, auch ein Konto haben. Trillian unterstützt neben seinem eigenen Astra-Chat auch Google Talk, ICQ, jabber, Windows Live, MySpaceIM, Yahoo! sowie den Chat mit all Ihren Freunden auf Facebook.

Wo immer Sie bei den unterstützten Chat-Diensten ein Konto haben, Sie sehen auf dem Bildschirm sofort, wer bei welchem Dienst im Augenblick online ist. Sobald Sie einen Ihrer Kontakte auf dem Bildschirm berühren, erschein ein Texteingabefenster, und der Chat ist eröffnet.

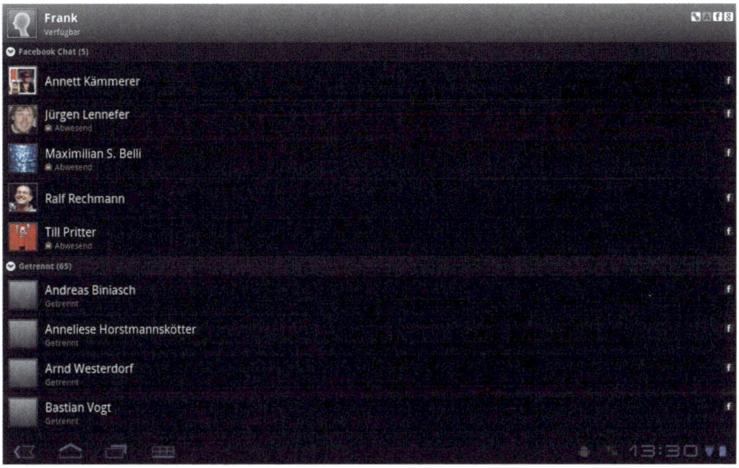

Die App Trillian zeigt auf dem Bildschirm alle Kontakte an, die online sind.

5.3 Soziale Netzwerke

In sogenannten sozialen Netzwerken treffen sich auf verschiedenen Internetplattformen Interessengemeinschaften, um Themen zu diskutieren, Nachrichten auszutauschen und Verabredungen zu treffen. Facebook gehört dabei zu den populärsten sozialen Netzwerken. Nach Unternehmensangaben hat Facebook weltweit mehr als 500 Millionen Nutzer registriert.

Allein in Deutschland nutzen rund 20 Millionen Menschen diese Plattform (Stand Juni 2011). Facebook hat mittlerweile einen so großen gesellschaftlichen Stellenwert erreicht, dass besondere Ereignisse auch in den weltweiten Nachrichten für Aufsehen sorgen. Sei es die Organisation von Volksaufständen oder die versehentliche Einladung tausender Facebook-Mitglieder zu einer kleinen Geburtstagsfeier. Mit Ihrem Tablet-PC können Sie bequem von der Couch aus Mitglied in der weltweit größten Community werden. Mit Facebook können Sie mit Ihren Freunden ganz leicht in Verbindung bleiben und Informationen aller Art mit ihnen teilen. Sie können Statusmeldungen posten, Nachrichten austauschen, Fotos und Videos hochladen, Internetlinks zeigen und Ihren Freunden durch das integrierte GPS-Modul sogar mitteilen, wo Sie sich mit Ihrem Tablet-PC befinden.

Facebook-Account einrichten

Ihren Account für Facebook können Sie entweder über Ihren Browser am Tablet unter *www.facebook.de* oder mit der Facebook-App aus dem Android Market einrichten.

Nachdem Sie sich bei Facebook angemeldet haben, können Sie im nächsten Schritt Ihr eigenes Benutzerprofil bearbeiten. Auf dieser Profilseite können Sie sich selbst vorstellen sowie Fotos und Videos hochladen.

Auf der Pinnwand des Profils können nun Freunde und Besucher Ihnen öffentlich sichtbare Nachrichten hinterlassen.

Mit der Facebook-App können Sie bequem alle Beiträge lesen.

Alternativ zu den öffentlichen Nachrichten können Sie auch an Freunde persönliche Nachrichten schicken oder live mit ihnen chatten. Zudem haben Sie die Möglichkeit, Gruppen zu bilden und Freunde dazu einzuladen, um spezielle Themen wie die Planung einer Geburtstagsfeier zu besprechen. Die dort hinterlassenen Nachrichten sind dann auch nur den Nutzern dieser Gruppe zugänglich.

Browser oder App?

Sie können Facebook entweder über Ihren Internetbrowser aufrufen oder eine kostenlose App aus dem Market nutzen. Welcher Weg der beste ist, bleibt letztendlich Geschmacksache. Die App bietet gegenüber der Browsernutzung eine übersichtlichere Darstellung der Inhalte.

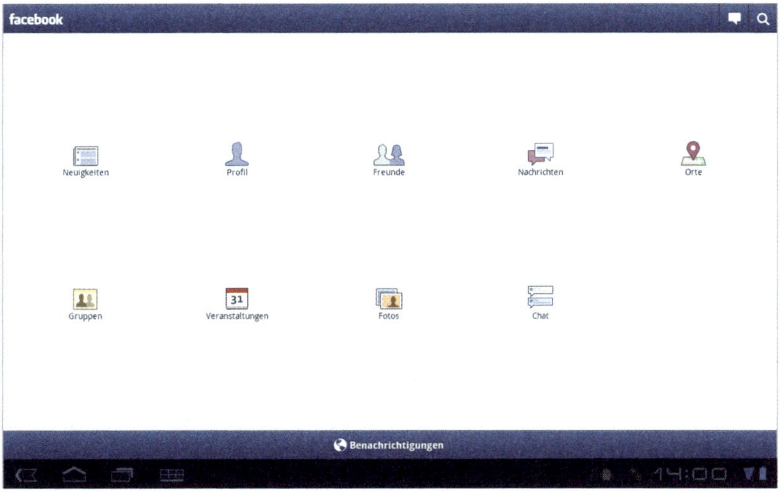

Die Facebook-App bietet eine übersichtliche Darstellung der Funktionen.

Die Benutzeroberfläche der Facebook-App wirkt sehr aufgeräumt, und Sie finden für alle angezeigten Inhalte wie Neuigkeiten aus dem Freundeskreis, persönliche Nachrichten, Chat, Freunde oder Profileinstellungen eine separate Bildschirmanzeige.

Im Webbrowser hingegen geht durch die Menge der dargestellten Informationen die Übersicht etwas verloren. Sie können die Darstellung zwar im Webbrowser vergrößern, sodass Sie bequem alle Links anwählen können, dafür müssen Sie allerdings die angezeigte Internetseite in alle Richtungen scrollen.

Verhaltensregeln für Facebook

Millionen Deutsche nutzen Facebook, um über das Internet Kontakte zu knüpfen und Freundschaften zu pflegen. Ihr persönliches Profil, in dem Sie auch Informationen über Hobbys, Familienverhältnisse sowie beruflichen Werdegang eintragen können, ist je nach Einstellung des Benutzerkontos für alle im Internet sichtbar.

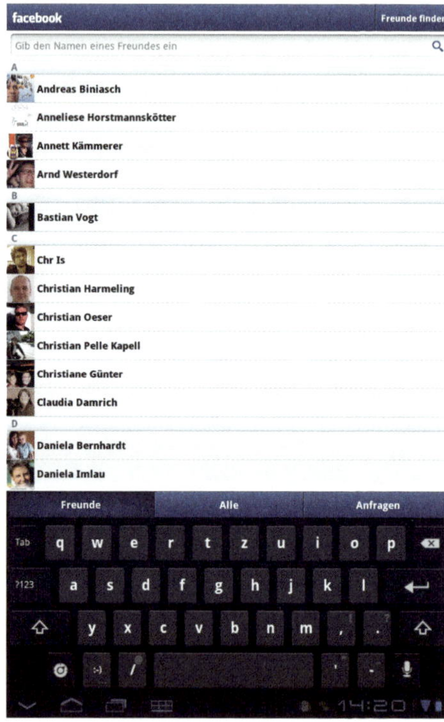

Die App zeigt Ihnen eine übersichtliche Sortierung Ihrer Freunde an.

Seien Sie sich daher auch der damit verbundenen Gefahren bewusst. Denn soziale Netzwerke vergessen nichts. Informationen, die Sie über soziale Netzwerke verbreiten, bleiben für immer im Netz. Selbst wenn Sie Ihren Account löschen, so ist es fast unmöglich, Verlinkungen und Kommentare in anderen Profilen zu entfernen.

Veröffentlichen Sie also keine Informationen, die Sie später bereuen könnten. Das Bundesamt für Sicherheit in der Informationstechnik hat dazu einige Empfehlungen ausgesprochen, wie Sie Ihre Privatsphäre in sozialen Netzwerken im Griff halten können.

Unter der Internetadresse *www.bsi-fuer-buerger.de* finden Sie dazu zahlreiche Tipps für Verhaltensregeln und Sicherheitsmaßnahmen, die Sie in Ihrem Nutzer-Account einstellen können.

Google+

Im Juni 2011 hat Google sein eigenes soziales Netzwerk Google+ ins Leben gerufen. Auf dieser Internetplattform können Sie sich wie in Facebook mit Freunden, Bekannten und Kollegen austauschen, chatten sowie Fotos und Videos mit anderen teilen. Google+ steht mit seinem Dienst in direkter Konkurrenz zu Facebook. Innerhalb von nur drei Wochen hatte Google+ bereits 20 Millionen Mitglieder.

Um Teil des neuen sozialen Netzwerks zu werden, müssen Sie sich mit dem Internetbrowser auf der Seite *www.plus.google.com* mit Ihren Google-Kontodaten anmelden. Auf der Internetseite werden Sie als Erstes aufgefordert, Ihr Google-Profil zu vervollständigen, falls Sie noch keins haben. Mit dem Profil wissen andere Mitglieder bei Google+, wer Sie sind.

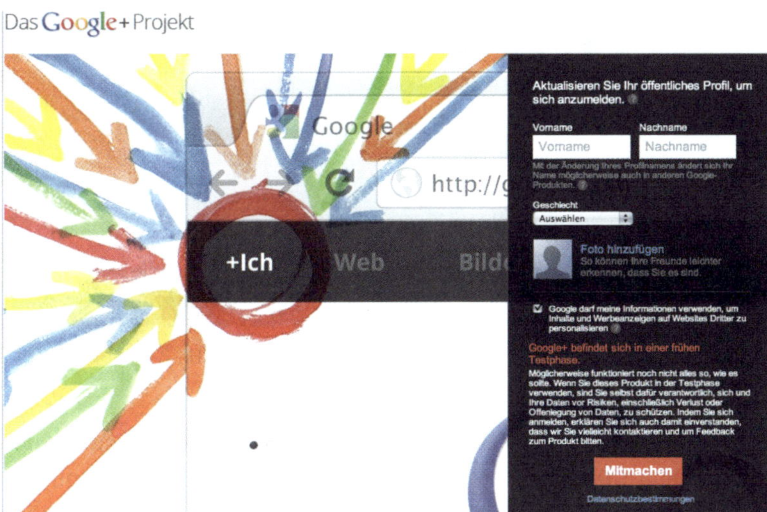

Nachdem Sie Ihre Eingaben bestätigt haben, können Sie sofort als neues Community-Mitglied neue Kontakte hinzufügen. Am Anfang erhalten Sie dazu Vorschläge aus Ihrem Google-Mail-Kontakten, die bereits Google+ nutzen. Die App für das neue soziale Netzwerk können Sie anschließend kostenlos im Android Market für Ihr Tablet laden und nach der Anmeldung mit Ihren Nutzerdaten sofort loslegen.

Kontakte in Circles einteilen

Das Hauptmenü der Google+-App ist sehr übersichtlich gestaltet und bietet den schnellen Zugriff auf alle benötigten Funktionen. Der wichtigste Menüpunkt auf dem Bildschirm ist die Schaltfläche *Circles*. Hier verwalten Sie Ihre Kontakte und erweitern Ihr Netzwerk mit Freunden, Bekannten und Familienmitgliedern.

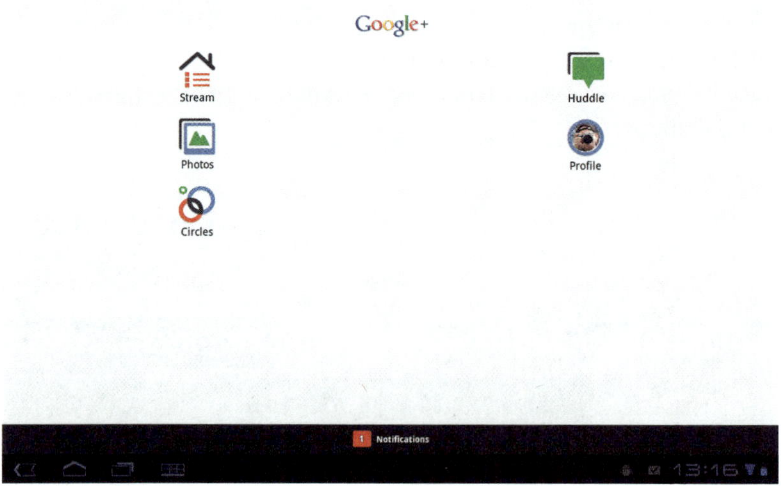

Im Hauptmenü von Google+ haben Sie Zugriff auf alle relevanten Funktionen.

Anders als bei Facebook sortieren Sie Ihre Kontakte bei Google+ schon beim Hinzufügen in sogenannte Circles. Diese stellen verschiedene Teilnehmergruppen dar, mit denen Sie Ihre Nachrichten, Fotos und Videos austauschen können.

Anfangs sind die Circles unterteilt in *Freunde*, *Familie* und *Bekannte*. Natürlich können Sie auch beliebige neue Freundeskreise wie *Arbeitskollegen* oder *Seminarteilnehmer* erstellen. Zusätzlich gibt es noch einen Circle mit der Bezeichnung *nur folgen*.

Hier können Sie Personen hinzufügen, die Sie eigentlich gar nicht kennen, deren Beiträge aber für Sie interessant sind, sofern die betreffende Person die Informationen öffentlich postet. Wenn Sie einen neuen Kontakt hinzufügen, müssen Sie schon am Anfang überlegen, welche Informationen Sie mit dieser Person teilen möchten. Bei jedem Foto oder Video, das Sie hochladen möchten, müssen Sie sich entscheiden, welchen Teilnehmerkreis Sie damit unterrichten möchten.

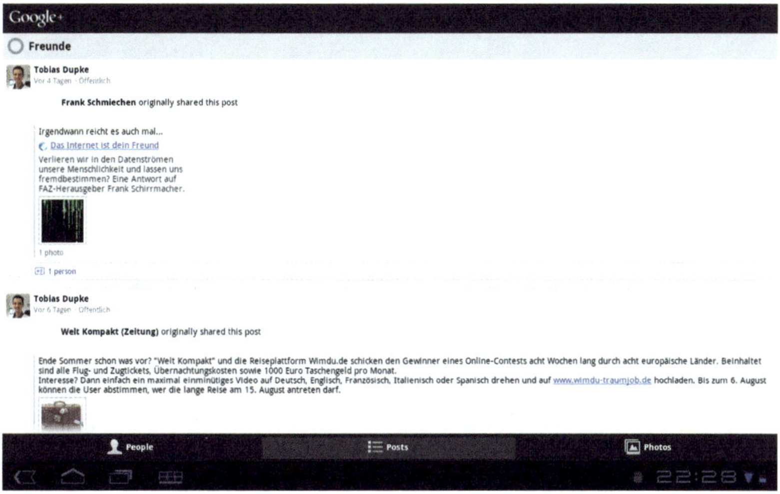

Sie können sich alle Nachrichten aus den Circles separat anzeigen lassen.

Praktisch: Sie können zu Ihren Circles auch Freunde hinzufügen und Nachrichten mit ihnen teilen, die kein Konto bei Google besitzen. Ihre Freunde erhalten alle geposteten Nachrichten einfach per E-Mail. Ihre Kontakte können Ihre Beiträge allerdings nicht kommentieren. Damit Sie auch Personen ohne Google-Konto erreichen können, müssen Sie diese Kontakte in Ihrem Google+-Konto am PC einrichten. Die Einrichtung für andere Kontakte ist mit dem Tablet nicht möglich.

Nachrichten lesen und schreiben

Wenn Sie auf der Startseite die Schaltfläche *Stream* berühren, sehen Sie alle Nachrichten Ihrer Freunde und Bekannten auf dem Bildschirm und können gepostete Fotos und Videos kommentieren oder Ihr Statement zu einer Diskussion abgeben. Um die Übersicht nicht zu verlieren, können Sie sich gezielt Nachrichten aus gewählten Circles anzeigen lassen.

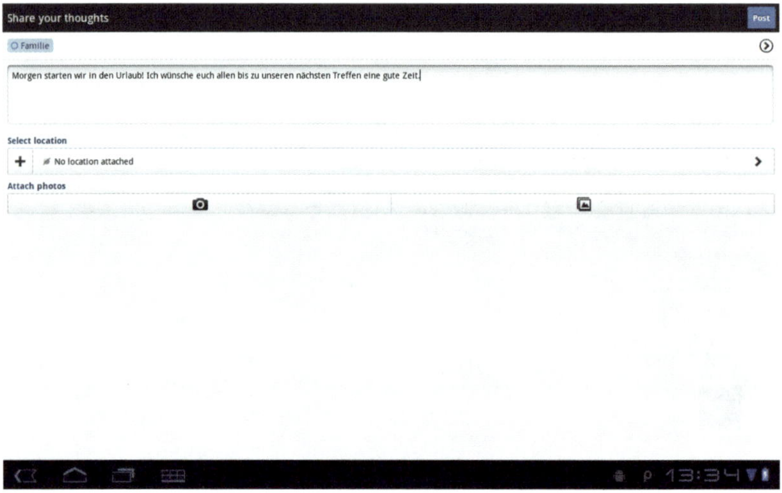

Wählen Sie beim Schreiben eines Beitrags den richtigen Freundeskreis aus.

Um selbst eine Nachricht zu verfassen, drücken Sie oben in der Aktionsleiste auf das Stiftsymbol. Daraufhin öffnet sich ein neues Fenster, in dem Sie Ihre Nachricht verfassen. Zusätzlich wählen Sie, für welchen Freundeskreis die Nachricht bestimmt ist, und können noch ein Foto anhängen.

Dabei können Sie wählen, ob Sie eine gespeicherte Aufnahme nehmen oder schnell ein Foto mit dem Tablet knipsen. Mit der Schalfläche *Photos* auf dem Startbildschirm teilen Sie Ihre gespeicherten Aufnahmen auf dem Tablet mit anderen Kontakten in Google+ und schauen sich auch Fotos von Freunden und Familienmitgliedern an.

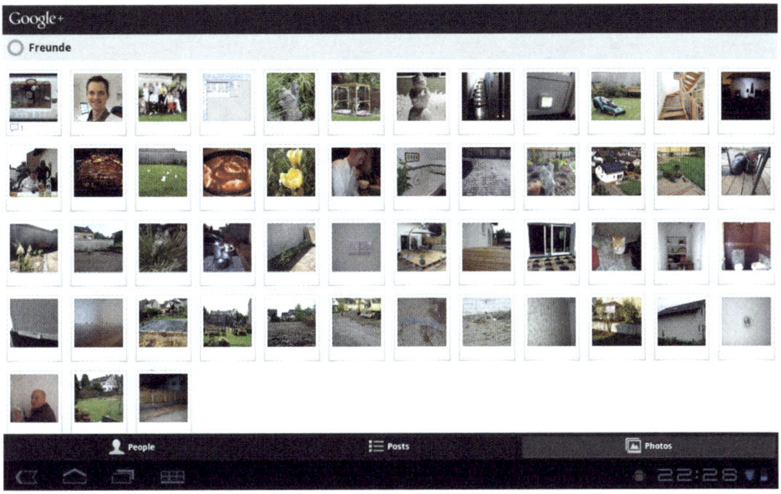

Sie können sich in Google+ alle Fotos Ihrer Kontakte ansehen.

Gruppen-Chat

Die Chat-Funktion heißt bei Google+ *Huddle*. Sobald Sie das Icon auf dem Bildschirm berühren, geben Sie oben im Bildschirm in der Eingabezeile einen oder mehrere Kontakte ein, mit denen Sie chatten wollen, um sich beispielweise zu verabreden.

Die Google+-App unterstützt nicht alle Funktionen, wie sie am heimischen Computer zur Verfügung stehen. So können Sie vom PC aus nicht nur einen Gruppen-Chat führen, sondern gleich eine Videokonferenz mit mehreren Teilnehmern starten.

6. Office

Das Office-Paket im Webbrowser
Office-Suite zum Installieren
Drucken mit dem Tablet

Ein Tablet-PC ist sicher kein vollwertiger Ersatz zum PC oder Notebook, um Dokumente zu erstellen und zu bearbeiten. Doch wer unterwegs mit dem Gerät mehr machen möchte, als mit der virtuellen Tastatur Notizen zu erstellen, kann mit verschiedenen Lösungen ein vollwertiges Office-Paket auf dem Tablet-PC für Briefe, Tabellenkalkulation und Präsentationen nutzen.

Die angebotenen Apps sind kompatibel zu Microsofts Office-Paket, und die erstellten Dokumente lassen sich ohne Weiteres auf den heimischen PC oder Notebook übertragen und weiterbearbeiten.

6.1 Das Office-Paket im Webbrowser

Die wohl einfachste Möglichkeit, mit dem Tablet-PC Dokumente zu erstellen und zu bearbeiten, bietet Google mit seinem Onlineprogramm Text & Tabellen. Durch die Erstellung Ihres Google-Kontos haben Sie automatisch alle Berechtigungen, das Programm zu nutzen.

Im Gegensatz zu anderen Office-Lösungen muss kein Programm auf dem Tablet installiert werden, sondern alles wird über den Internetbrowser ausgeführt. Allerdings müssen Sie darauf achten, dass Sie bei dieser webbasierten Lösung online arbeiten und Datenvolumen verbrauchen. Abhängig vom Vertrag des Mobilfunkanbieters können so zusätzliche Verbindungskosten entstehen.

Mit einer Flatrate entstehen solche Probleme nicht. Für die Nutzung von Text & Tabellen müssen Sie einfach nur den Browser öffnen und über die Google-Startseite den Link zu Text & Tabellen anklicken. Dieser befindet sich in der Navigationsleiste unter *Mehr*. Jetzt nur noch mit dem Google-Nutzerdaten einloggen und Sie können sofort loslegen.

Die Benutzeroberfläche bietet die Darstellung für mobile Endgeräte und Desktop. Wenn Sie die Einstellung *Mobil* wählen, können Sie zwar Texte schreiben, doch keine zusätzlichen Formatierungen vornehmen wie Fett, Kursiv, Schriftart oder Farbe.

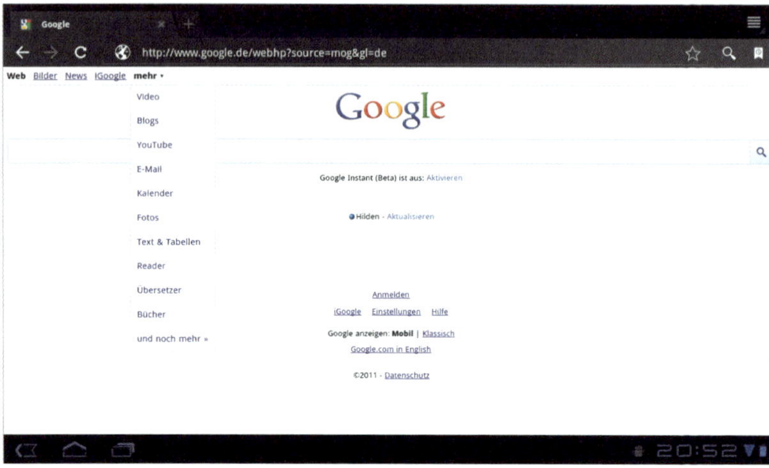

Mit dem Google-Konto haben Sie Zugang zum Office-Programm Text und Tabellen.

Erst bei der Desktopdarstellung erhalten Sie oberhalb des Dokuments entsprechende Formatierungsschaltflächen wie bei gängigen Office-Programmen. Allerdings lassen sich keine individuellen Formatvorlagen anlegen, und auch die Auswahl der Schriften ist nicht so groß wie bei einer Desktop-Office-Suite für den heimischen PC. Der angebotene Funktionsumfang reicht aber locker aus, um professionelle Schriftstücke und Tabellen zu erstellen. Sie können gespeicherte Dateien von Ihrem Tablet hochladen oder Dokumente, Tabellen, Formulare und Präsentationen direkt in Google Text & Tabellen erstellen. Beim Hochladen werden die Formate *.html*, *.txt*, *.doc*, *.rtf*, *.odt*, *.sxw*, *.ppt*, *.pps*, *.csv*, *.xls* und *.ods* unterstützt. Um ein fertiges Dokument aus dem Onlineprogramm auf dem Tablet-PC zu speichern, lassen sich die Dateien downloaden.

Für die Tabellenkalkulation bietet Google Text & Tabellen alle Basisfunktionen, mit denen Sie eine Tabelle erstellen und formatieren können. So können Sie auch unterwegs Ihre Unterlagen aktualisieren. Zudem steht Ihnen eine umfangreiche Formelsammlung zur Verfügung. Sie können in einem Excel-Dokument auch mehrere Tabellenblätter erstellen und die Inhalte sortieren. Für Statistiken lassen sich sogar Diagramme erstellen.

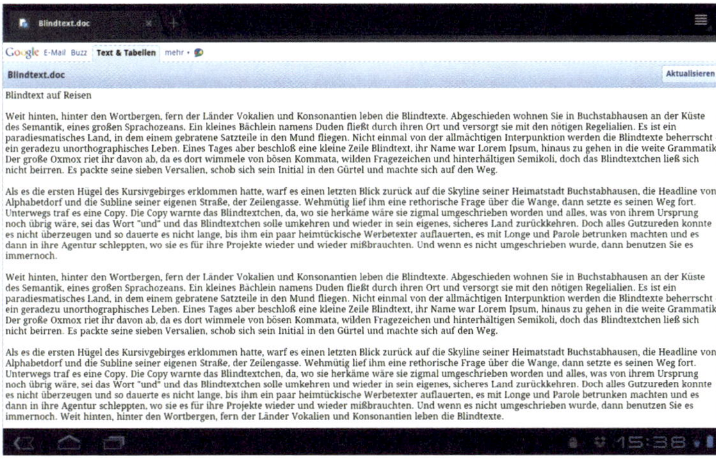

Bei der Darstellung im Mobilmodus wird viel Text gezeigt, jedoch sind kaum Formatierungsmöglichkeiten vorhanden.

Allen Nutzern steht für Dokumente ein kostenloser Speicherplatz von 1.024 MByte zur Verfügung. Bei Bedarf lässt sich zusätzlichen Speicherplatz mieten. So kosten beispielsweise 50 GByte zusätzlicher Speicherplatz rund 6,00 € im Monat.

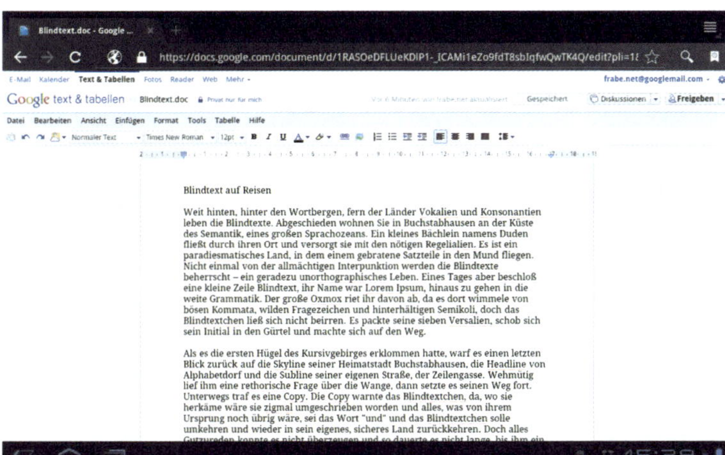

Erst im Desktopmodus zeigen sich die üblichen Textformatierungswerkzeuge.

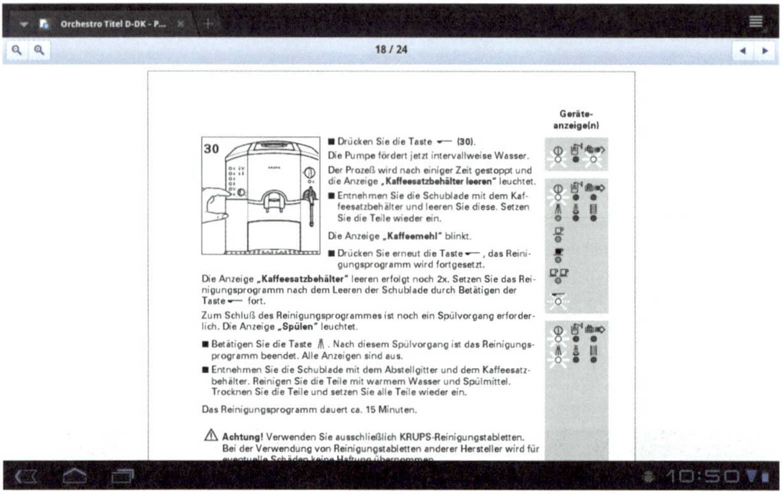

Öffnen Sie mit Google Text & Tabellen auch Dokumente wie Bedienungsanleitungen im PDF-Format, die Sie aus dem Internet geladen haben.

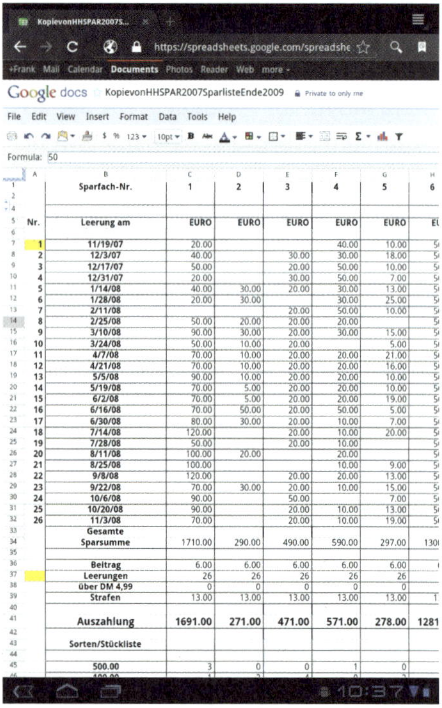

Sie können mit dem Tablet bequem Ihre Excel-Tabellen bearbeiten.

6.2 Die Office-Suite zum Installieren

Für Nutzer, die auf dem Tablet ohne Internetverbindung den vollen Funktionsumfang eines Office-Pakets nutzen wollen, empfiehlt sich der Besuch im Android Market, um eine entsprechende App wie Quickoffice Pro HD zu installieren.

Die Office-Suite ist speziell für die Nutzung auf Tablet-PCs unter Android 3.0 ausgelegt und bietet einen Funktionsumfang, der wie Googles Text & Tabellen den meisten Anforderungen genügt. Die angebotenen Formatierungen der Textverarbeitung beziehen sich in erster Linie auf Schriftgröße, Schriftart und Farbe.

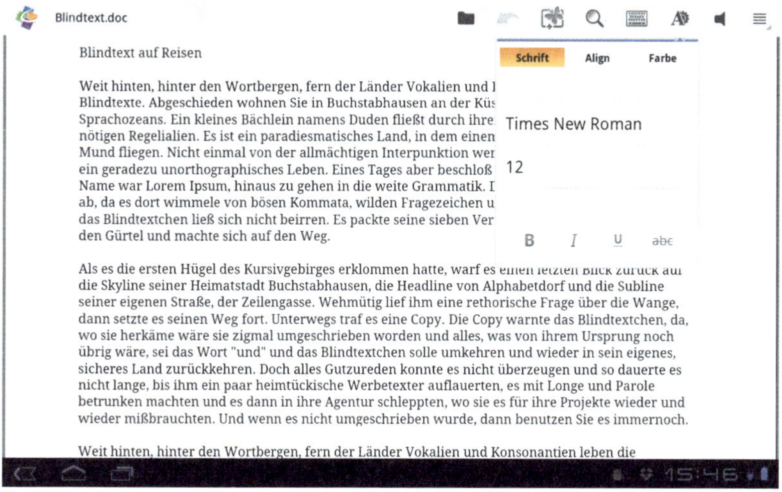

Textformatierungen befinden sich in einem Pull-down-Menü in der Aktionsleiste.

Dafür lassen sich zusätzlich Grafiken und Fotos einbinden. Sie können die erstellten Dokumente auf dem Tablet-PC speichern, per E-Mail verschicken oder die Daten auf einen PC übertragen.

Quickoffice Pro HD unterstützt sämtliche Office-Word-, -Excel- und -PowerPoint-Dokumente ab Office Version 97. Damit lassen sich auch Microsofts neue Dokumentenformate wie *.docx*, *.xlsx* und *.pptx* öffnen und speichern. Zusätzlich beinhaltet die Office-Suite einen Reader für PDF-Dokumente.

Einen praktischen Zusatznutzen bei der Verwendung von Quickoffice Pro HD erhalten Sie durch die Integration von Onlinespeicherdiensten wie Dropbox oder Googles Text und Tabellen. Damit haben Sie die Möglichkeit, mit nur einem Programm verschiedene Dienste zu nutzen, wo Sie Dokumente gespeichert haben.

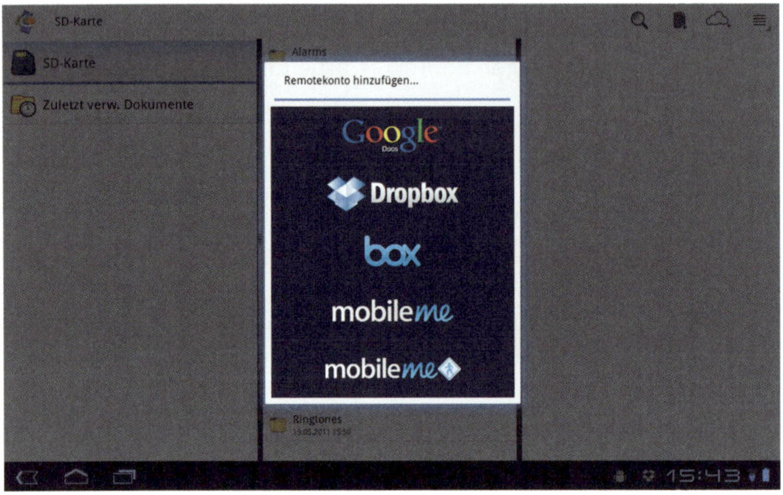

Mit der App können Sie auch Dokumente aus Onlinespeicherdienste bearbeiten.

6.3 Drucken mit dem Tablet

Erstellte und gespeicherte Dokumente können Sie zwar mit dem großen Bildschirm komfortabel darstellen und auch durch mehrseitige Unterlagen blättern, doch häufig entsteht der Wunsch nach lesefreundlichen Ausdrucken.

Wenn Sie beispielsweise Bedienungsanleitungen, Kochrezepte oder Verträge in digitaler Form auf dem Tablet liegen haben, ist der Ausdruck auf Papier wesentlich besser zu handhaben. Doch gerade diese Funktion ist bei den Tablet-PCs werkseitig nicht gegeben. Um dennoch direkt mit dem Tablet einen Ausdruck zu starten, müssen Sie spezielle Apps installieren.

Während für das iPad nahezu alle Druckerhersteller eine entsprechende App für Ihre Druckermodelle anbieten, werden Android-Nutzer ein wenig stiefmütterlich behandelt. Lediglich die Hersteller Brother, Canon HP und Samsung bieten Drucker-Apps für Tablet-PCs mit Android im Market an.

Hinzu kommt, dass diese Programme nicht flächendeckend alle Drucker und Multifunktionsgeräte der jeweiligen Hersteller unterstützen. Alternativ können Sie aber herstellerunabhängige Programme nutzen, um Ihre Dokumente direkt an den heimischen Drucker zu schicken.

Als technische Voraussetzung funktionieren diese Hilfsprogramme nur mit WLAN-fähigen Druckern, beziehungsweise mit Druckern, die in ein WLAN-Netz über einen Router eingebunden sind. Sie können prinzipiell jeden Drucker in einem WLAN-Funknetz betreiben. Der Router muss dazu allerdings Printserver-tauglich sein. Manche Geräte haben dafür eine USB-Schnittstelle, an der Sie Ihren Drucker einstecken können. Das praktische an dieser Drucklösung: Der PC am Arbeitsplatz muss nicht eingeschaltet sein.

Brother

Brother hat eine eigene App zum Drucken und Scannen für Android-Tablets entwickelt. Diese steht unter dem Namen Brother iPrint&Scan im Android Market kostenlos zur Verfügung. Mit der App lassen sich alle im WLAN-Netzwerk oder WLAN-fähigen Tinten-Multifunktionsgeräte von Brother ansteuern, die seit 2009 auf dem Markt sind.

Das Programm unterstützt neben dem Druck gespeicherter Fotos auch Office-Dokumente, die im PDF-Format vorliegen. Mit der Scan-Funktion können Sie Dokumente wie Bedienungsanleitungen, Preislisten und Fotos vom Vorlagenglas des Multifunktionsgeräts direkt auf den

Tablet-PC scannen. Im Anschluss sehen Sie die Dokumente ohne weiteren Zwischenschritt sofort auf dem Bildschirm. Sie haben im Anschluss die Wahl, ob die gescannten Dateien als JPG oder PDF abgespeichert oder direkt als Anhang einer Mail versendet werden.

Die App von Brother bietet neben dem Fotodruck auch eine Scan-Funktion.

Canon

Die Canon-App Easy Photo Print ist ebenfalls kostenlos im Android Market erhältlich. Die Anwendung ermöglicht den kabellosen Fotodruck auf allen aktuellen Multifunktionsgeräten der Modellreihe Pixma mit integrierter WLAN-Schnittstelle.

In der Übersicht können Sie mehrere Fotos, die Sie drucken möchten, markieren.

Nach der Installation soll das Programm automatisch alle wesentlichen Aufgaben übernehmen und erkennt unter der Voraussetzung, dass ein lokales Netzwerk vorhanden ist, die per WLAN angeschlossenen Canon-Multifunktionssysteme.

HP

HP bietet mit iPrint Photo eine kostenlose App, die für das schnelle und einfache Drucken von Fotos ausgelegt ist. Darüber hinaus können Sie auch gespeicherte Textdateien aus Office sowie PDF-Dokumente mit dem Tablet drucken.

Die App ermöglicht zudem die Übertragung von gescannten Dokumenten auf das Smartphone, die sich dort im JPG- oder PDF-Format speichern lassen. Fotos und Dokumente, die Sie auf dem Tablet gespeichert haben, lassen sich mit den meisten HP-Tintenstrahldruckern ausdrucken, sofern diese in einem lokalen WLAN-Netzwerk betrieben werden.

Vor dem Ausdruck lassen sich die gespeicherten Fotos mit der App bearbeiten.

Für einige HP-Modelle gibt es noch eine weitere Alternative für den Ausdruck Ihrer Dokumente. Drucker und Multifunktionsgeräte, die mit der ePrint-Technologie von HP ausgerüstet sind, besitzen eine eigene E-Mail-Adresse.

Wenn Sie ein Dokument drucken wollen, brauchen Sie nur eine E-Mail mit der gewünschten Datei im Anhang an das Gerät zu schicken, und der Anhang wird automatisch ausgedruckt.

Samsung

Auch Samsung ermöglicht Ihnen mit Mobileprint den mobilen Ausdruck von Dokumenten und Fotos und wird kostenlos im Market angeboten. Allerdings ist die App nicht für die Nutzung auf Tablets optimiert und lässt sich der Nutzung auf Smartphones entsprechend nur im Hochformat bedienen.

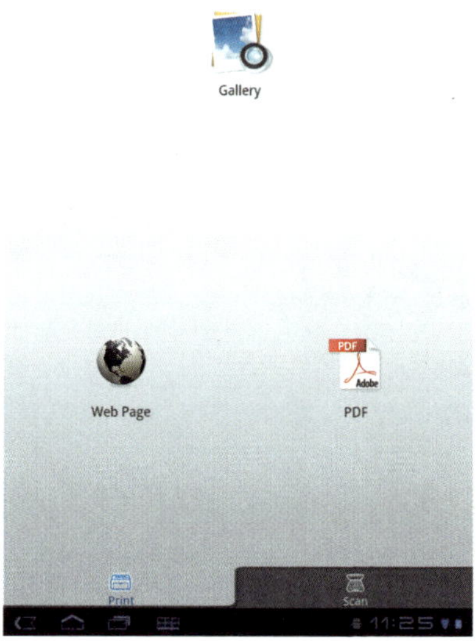

Mobileprint wird nur im Hochformat dargestellt.

Mobileprint funktioniert mit Druckern und Multifunktionsgeräten, die sich in einem WLAN-Netzwerk befinden. Nach der Installation werden automatisch vorhandene Samsung-Drucksysteme im Netzwerk gesucht, um schnell einen Ausdruck zu starten. Die App unterstützt dabei die meisten Geräte der Modellreihen CLP, CLX, ML und SCX.

Mit der App auf dem Tablet können Sie gespeicherte Fotos und Office-Dokumente im PDF-Format drucken. Der Ausdruck von Grafiken und Fotos erfolgt dabei direkt aus dem Fotoalbum. Mobileprint ist zudem in der Lage, Dokumente zu empfangen und zu bearbeiten, die auf Samsung-

Geräten eingescannt wurden. Mit der Scan-Funktion können Sie anschließend die Qualität des Scans anpassen, den Dateityp ändern oder auch zwischen Farb- und Schwarz-Weiß-Scans wählen.

Herstellerunabhängige Drucker-Apps

Für den Fall, dass vorhandene Drucker und Multifunktionsgeräte nicht von den angebotenen Hersteller-Apps unterstützt werden, bieten sich auch herstellerunabhängige Programme an. Diese werden auch zahlreich im Android Market angeboten.

Doch wie bei den Herstellerprogrammen ist hier nicht immer sichergestellt, dass der gefragte Drucker auch wirklich unterstützt wird. Stellenweise muss man lange suchen.

Eine besonders vielfältige Unterstützung der verschiedensten Drucksysteme finden Sie mit der App Cortado Workplace des Herstellers ThinPrint. Das Programm bietet den Anwendern die Möglichkeit, überall Dokumente an Geräten zu drucken, die sich in einem WLAN-Netzwerk befinden.

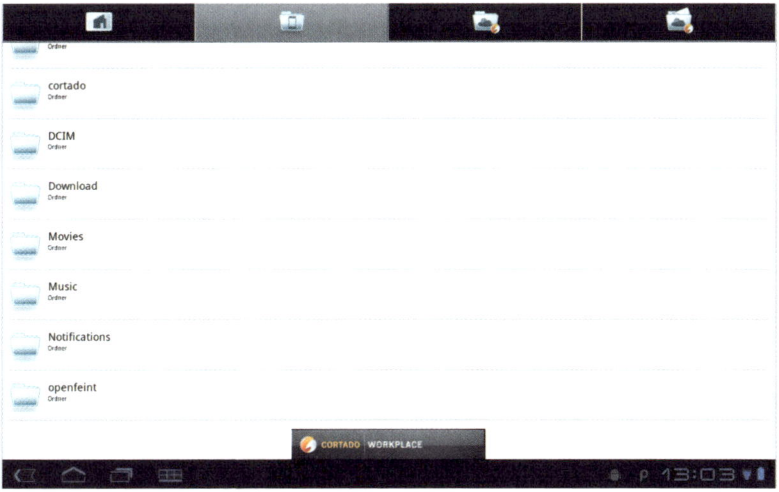

Die App zeigt sämtliche Ordner des Tablets mit den enthaltenen Dokumenten an.

Cortado Workplace arbeitet als Cloud-Printing-Dienst, bei dem die benötigten Druckertreiber im Cortado-Hostingcenter installiert und gewartet werden. Aktuell verwaltet Cortado rund 5.000 Druckertreiber. Sollte ein spezieller Druckertreiber fehlen, können Sie das auf der Internetseite des Herstellers unter *www.cloud-printing-alliance.de* melden, und der benötigte Treiber wird nachgerüstet. Für ein stets aktuelles Treiberangebot sorgen die Clout-Printing-Alliance-Partner. Zu den Partnern zählen die Drucker- und MFP-Hersteller Brother, Dell, Kodak, Konica Minolta, Kyocera, Lexmark, Oki und Toshiba. Für Drucksysteme dieser Hersteller werden die Gerätetreiber ständig aktualisiert. Natürlich bietet Cortado auch die Unterstützung anderer Druckeranbieter, jedoch kann hier und da mal ein Treiber fehlen.

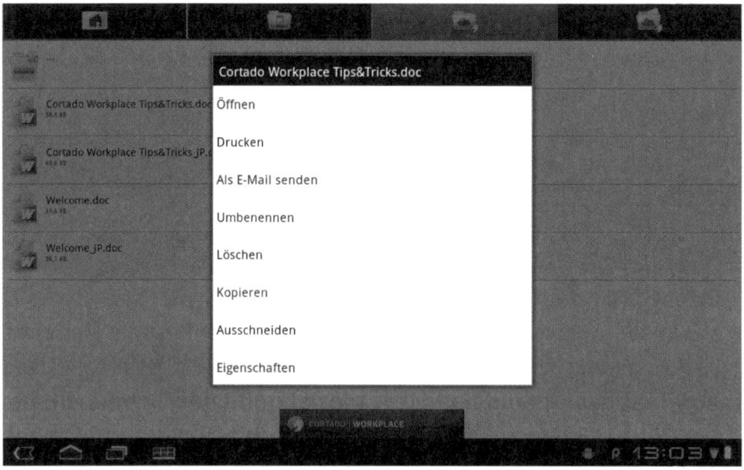

Nach der Auswahl können Sie mit der App gespeicherte Dokumente sofort drucken.

Da sich die Gerätetreiber auf dem Server von Cortado befinden, müssen Sie auf dem Tablet keine Treiber installieren und können den Ausdruck sofort starten. Allerdings müssen sich die zu druckenden Dokumente ebenfalls auf dem Cortado-Server befinden, damit dort der erforderliche Druckdatenstrom für das gewünschte Drucksystem erstellt werden kann. Dadurch spielt es auch keine Rolle, welches Dokumentenformat gedruckt werden soll.

7. Multimedia

Neben Internet, E-Mail und Chat ist Ihr Tablet-PC ein echter Alleskönner in Sachen Multimedia. Mit einem Fingertipp auf dem Bildschirm verwandelt sich Ihr Gerät in eine Digitalkamera für Fotoaufnahmen von der Familie, einen Camcorder für Videoaufnahmen einer Geburtstagsfeier, einen MP3-Player für Musik und Hörbücher oder in einem mobilen Videoplayer für abendfüllende Spielfilme.

Für die Nutzung der Multimediaanwendungen müssen Sie keine separaten Apps auf dem Tablet installieren – alles gehört zum Funktionsumfang von Android Honeycomb.

7.1 Fotos aufnehmen

Ein Tablet-PC ist sicher kein adäquater Ersatz für eine Digitalkamera. Dafür sind die Geräte zu groß und unhandlich. Doch für gelegentliche Schnappschüsse im Urlaub und daheim macht das Fotografieren mit dem Tablet-PC richtig Spaß.

Die Hersteller haben den Tablet-PCs gleich zwei Kameras spendiert. Die Kamera auf der Vorderseite, oberhalb des Bildschirms, dient in erster Linie für Video-Chats. Damit lassen sich aber auch schöne Selbstporträts aus dem Urlaub erstellen. Auf der Rückseite Ihres Tablet-PCs befindet sich die Standardkamera für Foto und Videoaufnahmen.

Steuerung der Kamera-App

Sie erreichen die Fotofunktion Ihres Tablets durch einen Klick auf das App-Symbol mit der Beschriftung *Kamera* im Verzeichnis Ihrer Apps. Nachdem Sie das Programm gestartet haben, verwandelt sich der Bildschirm Ihres Tablets in einen riesigen Sucher mit verschiedenen Steuerelementen auf der rechten Seite des Displays.

Das Hauptelement der Steuerung ist ein Kontrollrad, in dessen Mitte sich der Auslöser für die Fotoaufnahme befindet. Ein kurzer Klick auf das Symbol, und schon ist der Schnappschuss gespeichert.

Das Kamera-App bietet einen großen Sucher und einfache Bedienelemente.

Um das Kontrollrad herum finden Sie verschiedene Symbole für Einstellmöglichkeiten und Bearbeitungsfunktionen, mit denen Sie die Qualität Ihrer Fotoaufnahmen optimieren können.

Unterhalb des Kontrollrads sind zwei weitere Schaltflächen: Sobald Sie das Kamerasymbols auf der linken Seite betätigen, wechseln Sie von der Kamera auf der Rückseite des Tablets auf die vordere Kamera.

Damit können Sie sich selber im Sucher sehen und Selbstporträts aufnehmen. Auf der rechten Seite schalten Sie Ihr Tablet vom Fotomodus in den Camcordermodus für Videoaufnahmen um.

Einstellmodi für beste Fotoergebnisse

Um für die beste Bildqualität zu sorgen, bietet die Kamera-App verschiedene Einstellmöglichkeiten. Neben diversen Farbeffekten können Sie in mehreren Menüs alle Einstellungen vornehmen, um ein optimales Bildergebnis zu erhalten.

Blitzmodus

Damit Ihr Motiv auch in schlecht ausgeleuchteten Räumen oder abends im Freien im richtigen Licht steht, benötigen Sie einen Blitz. Ihr Tablet-PC besitzt dafür neben der Linse eine kleine LED-Lampe, die hell genug strahlt, um im Nahbereich gute Ergebnisse zu erzielen.

Bei der Einstellung des Blitzmodus können Sie zwischen *Automatisch*, *An* und *Aus* wählen. Wenn Sie den Modus auf *An* schalten, wird der Blitz bei jeder Aufnahme ausgelöst. Bei der Einstellung *Automatisch* prüft Ihr Tablet die Lichtverhältnisse und schaltet den Blitz erst ein, wenn es erforderlich ist.

Der Blitzmodus sorgt für eine bessere Ausleuchtung in dunklen Umgebungen.

Weißabgleich

Damit die Aufnahmen bei unterschiedlichen Lichtverhältnissen keinen unschönen Farbstich erhalten, benötigen Sie einen Weißabgleich. Damit passen Sie die Kameraeinstellungen an die Lichtbedingungen an. Wählen Sie für Ihre Aufnahme zwischen drei verschiedenen Beleuchtungsarten: Glühlampe, Tageslicht und Neonlampe.

Zur Erklärung: Im Freien wirkt ein weißes Blatt Papier tatsächlich weiß. In Räumen mit Glühlampen als Lichtquelle hingegen kann das Blatt jedoch etwas gelblich wirken und im Neonlicht wiederum leicht bläulich.

Der Weißabgleich dient zur richtigen Wiedergabe der Farbtöne im Motiv.

Diese Farbverfälschung wirkt sich auf das gesamte Motiv aus. Mit dem Weißabgleich können Sie diesen Effekt mindern, und die Farben werden beim Fotografieren mit einem natürlichen Ton wiedergegeben. Sie können die Einstellung jedoch verändern, um leichte Farbeffekte im Bild zu erzeugen.

Farbeffekt

Verleihen Sie Ihren Aufnahmen mit verschiedenen Farbeffekten einen besonderen Touch. Mit der Einstellung *Mono* können Sie klassische Schwarz-Weiß-Aufnahmen machen. Mit Sepia erscheint das Foto in einem leicht bräunlichen Farbton wie bei Fotoaufnahmen längst vergangener Tage. Die Einstellungen *Negativ, Solarisieren* und *Tontrennung* sind für experimentierfreudige Nutzer gedacht. Im Ergebnis hinterlassen die Aufnahmen einen geradezu künstlerischen Eindruck.

Mit verschiedenen Farbeffekten können Sie langweilige Bilder aufpeppen.

Szenenmodus

Die Fotofunktion beinhaltet wie bei vielen digitalen Kompaktkameras einen Szenenmodus. Damit können Sie die zu fotografierende Aufnahmesituation einstellen. Sei es für ein Porträt Ihrer Tochter, ein Schnappschuss am Strand, ein Bild mit schnell bewegten Objekten oder für die Aufnahme eines Feuerwerks am Nachthimmel. Ihr Tablet bietet Ihnen insgesamt elf verschiedene Szenen an, die Sie für Ihre Aufnahmen wählen können. In den unterschiedlichen Motivprogrammen nimmt die Kamera wichtige Einstellungen wie Belichtungsdauer, Blende und Fokus für die Aufnahmesituation automatisch vor.

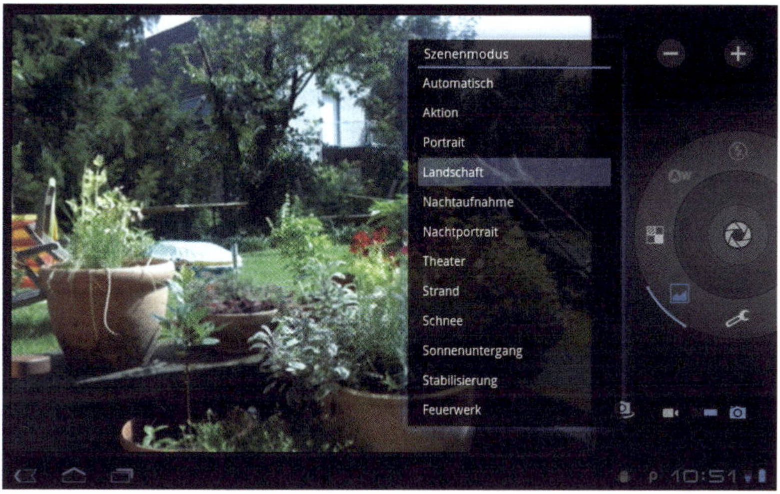

Mit dem Szenenmodus können Sie Fotos an spezifische Situationen anpassen.

Im Scenenmodus können Sie den Blitz nicht aktivieren und auch den Weißabgleich können Sie nicht manuell einstellen. Diese Parameter werden ebenfalls durch die Automatikfunktionen gesteuert. Im Ergebnis erhalten Sie ein Foto mit dem bestmöglichen Resultat.

Kameraeinstellungen

Mit den allgemeinen Kameraeinstellungen können Sie grundlegende Eigenschaften für die Aufnahmen festlegen. Unter *Ort speichern* aktivieren Sie die GPS-Funktion für Fotos. Damit erhalten Ihre Fotos als zusätzliche Information einige geografische Daten, die zeigen, wo die Aufnahme gemacht wurde.

Mit dem Fokussiermodus können Sie festlegen, welche Bereiche im Bild scharf gestellt werden, und durch die Einstellung der *Belichtung* werden die Aufnahmen heller oder dunkler abgelichtet. Zusätzlich haben Sie die Möglichkeit, die Bildgröße und Bildqualität für Ihre Aufnahmen zu definieren. Wenn Sie Ihre Aufnahmen für das Fotoalbum ausdrucken wollen, sollten Sie mit Größe und Qualität nicht sparen. Für die Veröffentlichung im Internet reichen kleinere Bilder mit mittlerer Qualität völlig aus – das schont zudem Ihren Speicherplatz im Tablet.

Vor dem Fotografieren sollten Sie die Grundeinstellungen vornehmen.

Motive mit Zoom vergrößern

Mit den Symbolen – und + rechts oben im Bildschirm können Sie das anvisierte Motiv heranzoomen. Dabei handelt es sich aber um keine echte Zoomfunktion, wie Sie es von Ihrer Digitalkamera her kennen. Dazu fehlt dem Tablet ein richtiges Objektiv mit einer mechanisch einstellbaren Brennweite.

Beim digitalen Zoom im Tablet-PC wird lediglich das Bild vergrößert auf dem Bildschirm dargestellt. Eine zu starke Vergrößerung kann zudem Qualitätsverluste mit sich bringen.

Die Ausschnittsvergrößerung des Motivs können Sie auch im Nachhinein am PC mit jedem einfachen kostenlosen Bildbearbeitungsprogramm (z. B. Picasa) vornehmen. Wenn Sie allerdings etwas vergrößert fotografieren möchten, gehen Sie wenn möglich näher an das Objekt heran.

Um Qualitätsverluste zu vermeiden, sollten Sie die Zoomfunktion nicht ausreizen.

7.2 Vom Fotografen zum Kameramann

Um mit Ihrem Tablet-PC einen Videofilm aufzunehmen, starten Sie ebenfalls die Kamera-App. Anschließend drücken Sie auf das Videokamerasymbol unten rechts auf dem Bildschirm. Die Aufnahme von Videos funktioniert dabei genauso wie beim Fotografieren. Auch sind die Steuerelemente grundsätzlich gleich.

Die Steuerung für die Videoaufnahme funktioniert wie beim Fotografieren.

7.3 Die Steuerung der Kamera

Im Kontrollrad auf der rechten Seite können Sie nun verschiedene Einstellungen zu Ihrer Videoaufzeichnung vornehmen. Die Aufnahme beginnt, sobald Sie den roten Knopf drücken. Durch erneutes Drücken wird die Aufnahme gestoppt. Leider bietet die App während der Aufnahme keine Pausenfunktion, und es werden alle kleinen Filmschnipsel als separate Videos gespeichert. Dadurch kann man in der Übersicht der gespeicherten Aufnahmen schnell den Überblick verlieren, welche Aufnahme zu welchem Anlass gehört.

Einstellmodi für Videos

Die Einstellmöglichkeiten für die Camcorder-Funktion orientieren sich an den Einstellungen im Fotomodus. Hinzu kommen lediglich ein paar videospezifische Eigenschaften.

Blitzmodus

Damit wird die Blitzlampe auf der Rückseite auf dauerhaftes Leuchten eingestellt. Diese Einstellung geht allerdings zulasten der Akkuleistung. Für dunkle beziehungsweise schlecht ausgeleuchtete Räume, wie beispielsweise bei eine Feier im Partykeller, sollte man dennoch für gelungene Aufnahmen nicht darauf verzichten.

Weißabgleich und Effekte

Um Farbstiche im Film zu vermeiden oder um zusätzliche Effekte bei der Aufnahme zu nutzen, werden im Videomodus die identischen Einstellungen für Weißabgleich und Farbeffekte angeboten.

So können Sie Videos im Stil von Stummfilmen aufnehmen oder mit der Negativ-Darstellung eine gespenstische Atmosphäre schaffen.

Videoqualität

Bei der Einstellung der Videoqualität haben Sie die Wahl zwischen *Hoch* und *Niedrig* und einer für die Videoplattform YouTube optimierten Auflösung. Wenn Sie die aufgenommenen Videos gemütlich auf einem großen Fernseher anschauen möchten, sollten Sie eine hohe Videoqualität wählen.

Legen Sie im Einstellmenü die Videoqualität Ihrer Aufnahmen fest.

Falls Sie das Video mit anderen Freunden auf Facebook teilen möchten, reicht eine niedrige Auflösung völlig aus. Für Veröffentlichungen auf YouTube wird im Menü gleich die optimale Bildqualität angeboten.

Film-Tipp

Halten Sie bei der Videoaufzeichnung Ihren Tablet-PC so ruhig wie möglich mit beiden Händen fest. Vermeiden Sie schnelles Schwenken, damit der Film im Anschluss nicht unruhig wirkt, sondern flüssig läuft.

Zeitrafferfunktion

Lassen Sie in ein paar Minuten den ganzen Tag von Sonnenaufgang bis zur Nacht vergehen oder filmen Sie, wie Ihre Blumen in Sekunden aufblühen. In der Menüeinstellung können Sie festlegen, nach welcher Zeit eine Aufnahme gemacht wird.

Jede Aufnahme hat dabei eine Länge von 30 Millisekunden. Somit können Sie bei einem Zeitintervall von 10 Sekunden einen ganzen Tag in knapp vier Minuten ablaufen lassen.

In dem Menü können Sie festlegen, in welchen Abständen eine Aufnahme erfolgt.

Zeitraffer-Tipp

Wenn Sie eine Zeitrafferaufnahme erstellen möchten, müssen Sie ein wenig tricksen. Denn Tablet-PCs bieten keine Möglichkeit, das Gerät auf einem Standardstativ zu befestigen. Am besten nehmen Sie einen kleinen Tisch und fixieren das Tablet mit einigen schweren Büchern. Achten Sie darauf, dass das Tablet nicht umfallen kann. Zudem sollte das Netzteil angeschlossen sein, damit Ihrem Gerät während der Aufnahme nicht plötzlich der Saft ausgeht.

7.4 Das Fotoalbum für unterwegs

Auf Ihrem Tablet-PC finden Sie im Verzeichnis der Apps das Programm Galerie. Die Anwendung verwaltet alle Fotos und Filme, die Sie mit dem Tablet erstellt oder vom PC auf das Gerät kopiert haben.

Sie können sich in der Galerie Ihre Fotos ansehen, bearbeiten und auch eine animierte Diashow erstellen. Das Programm unterstützt dabei die gängigen Fotoformate BMP, GIF, JPEG und TIFF.

Fotogalerie

Sobald Sie die Galerie-App starten, erscheint eine Übersicht mit verschiedenen Ordnern, in denen Fotos und Filme gespeichert sind. Oben in der Aktionsleiste können Sie unter *Album* die Sortierung nach Datum sowie nach Standort und Tags (Schlagwort) ändern. Die Sortierung nach Standort und Tags funktioniert allerdings nur, wenn Ihre Bilder auch diese zusätzlichen Informationen besitzen.

In der Aktionsleiste können Sie zudem festlegen, ob alles, nur die gespeicherten Fotos oder Videos angezeigt werden. Das dient der besseren Übersicht, wenn Sie viele Bilder und Filme auf dem Tablet gespeichert haben.

Rechts in der Aktionsleiste können Sie sich Informationen zu Bildern und Videos anzeigen lassen, das Menü für die Bearbeitung der Fotos öffnen und mit dem Kamerasymbol die Fotofunktion starten.

In der Übersicht sehen Sie alle gespeicherten Fotos und Videos.

Wenn Sie einen Ordner auf der Startseite berühren, öffnet sich das entsprechende Album, und alle Bilder und Filme werden verkleinert auf dem Bildschirm dargestellt. Mit einem Fingerwisch über dem Bildschirm nach links können Sie durch die Liste scrollen.

In dieser Übersicht erscheint ganz rechts oben in der Aktionsleiste eine Schaltfläche, mit der Sie sofort eine Diashow mit den Bildern des gewählten Ordners starten können.

Bei der Diashow werden alle Bilder rund drei Sekunden angezeigt, bis das folgende mit einem weichen Übergang eingeblendet wird. Die Galerie bietet allerdings keine Einstellmöglichkeiten für die Anzeigedauer der Fotos oder andere Überblendeffekte für die Diashow.

Wenn Sie sich nur einzelne Bilder anschauen möchten, klicken Sie einfach in der Übersicht auf ein Foto, und es wird sofort groß angezeigt.

Mit einem Klick auf das Display wird das Foto groß dargestellt.

Wenn Sie zwei Finger auf dem Bildschirm setzen und auseinander spreizen, können Sie auch einen Bildausschnitt im Foto vergrößern.

Sobald Sie ein Foto geöffnet haben, können Sie durch einen Fingerwisch über dem Bildschirm durch das gesamte Album blättern. Fotos, die Sie im Hochformat geknipst haben, lassen sich bildschirmfüllend anzeigen, wenn Sie Ihr Tablet ins Hochformat drehen.

Drehen Sie Ihr Tablet für die Anzeige von hochformatigen Fotos um.

Bearbeiten und Senden

Ihre gespeicherten Fotos lassen sich in der Galerie nachträglich zuschneiden, drehen sowie für einen Urlaubsgruß als Anhang einer E-Mail verschicken. Dazu berühren Sie einfach den Bildschirm, und Sie erhalten verschiedene Bearbeitungsfunktionen in der Aktionsleiste.

Mit den Bearbeitungsfunktionen können Sie Ihre Fotos auf dem Tablet anpassen.

Am unteren Bildschirmrand befindet sich eine Laufleiste aller Bilder des gewählten Albums. Mit einem Wisch können Sie schnell zu den Bildern wechseln, die Sie bearbeiten wollen.

Das Einstellmenü ganz rechts in der Aktionsleiste bietet Ihnen die Möglichkeit, Fotos zu drehen und passend zu beschneiden. Zusätzlich können Sie hier Ihr Lieblingsfoto als Hintergrundbild auf dem Homescreen Ihres Tablets festlegen.

Sie können damit aber auch das Foto zu einem Ihrer Kontakte im Adressbuch zuweisen. Mit einem Klick auf *Details* sehen Sie in einem separaten Fenster alle Bildinformationen. Neben Auflösung und Dateigröße können Sie auch sehen, mit welcher Kamera die Aufnahmen gemacht wurden. Die Aktionsleiste bietet zudem die Möglichkeit, das gewählte Foto zu löschen, eine Diashow des Albums zu starten und eine Aufnahme direkt aus der Galerie heraus zu verschicken. Dazu wählen Sie in der Leiste das Symbol neben der Schaltfläche für die Diashow.

Verschicken und teilen Sie Ihre Lieblingsfotos mit Freunden und Verwandten.

Beim Versenden von Fotos haben Sie mehrere Möglichkeiten: Sie können das gewählte Bild als Anhang einer Google-Mail-Nachricht verschicken, das Foto mit einer Bluetooth-Verbindung auf ein anderes Gerät wie ein Smartphone übertragen oder Sie teilen Ihre Urlaubserinnerungen mit anderen auf der Internetplattform Picasa.

Auch Ihre aufgenommenen Videos können Sie mit anderen teilen. Wenn Sie ein Video in der Galerie öffnen, wählen Sie in der Aktionsleiste wie beim Fotoversand das Symbol neben der Schaltfläche für die Diashow.

Zeigen Sie Ihre Urlaubsvideos Ihren Freunden per Mail oder YouTube.

Beim Versenden von Videos werden Ihnen ebenfalls mehrere Möglichkeiten geboten: Sie können das gewählte Video als Anhang einer Google-Mail-Nachricht verschicken, das Foto mit einer Bluetooth-Verbindung auf ein anderes Gerät wie ein Smartphone übertragen oder Sie teilen Ihre Videoclips mit Freunden und Verwandten auf der Internetplattform YouTube.

Onlinefotoalben mit Picasa

Picasa ist ein Internet-Dienst von Google, mit dem Sie Onlinefotoalben erstellen können. Um Ihre Urlaubsbilder mit Freunden und Verwandten zu teilen, können Sie gezielte Einladungen verschicken und somit anderen den Zugriff auf Ihre Fotos im Internet gewähren. Mit Ihrem Google-Konto sind Sie bereits automatisch bei Picasa registriert und können gleich Ihre Fotos ins Internet stellen. Der große Vorteil: Mit Picasa werden Ihre Fotos online auf einem Server gesichert, und der Speicherplatz auf dem Tablet-PC wird geschont.

Bei der Anmeldung stehen Ihnen 1.024 MByte zur Verfügung. Bei der Annahme, dass Sie hochauflösende Fotos mit einer durchschnittlichen Dateigröße von zwei MByte hochladen, haben Sie Platz für rund 500 Aufnahmen.

Sollte der Onlinespeicherplatz nicht ausreichen, können Sie ihn jederzeit kostenpflichtig erweitern. Für 20 GByte zahlen Sie beispielsweise eine jährliche Gebühr von knapp vier Euro.

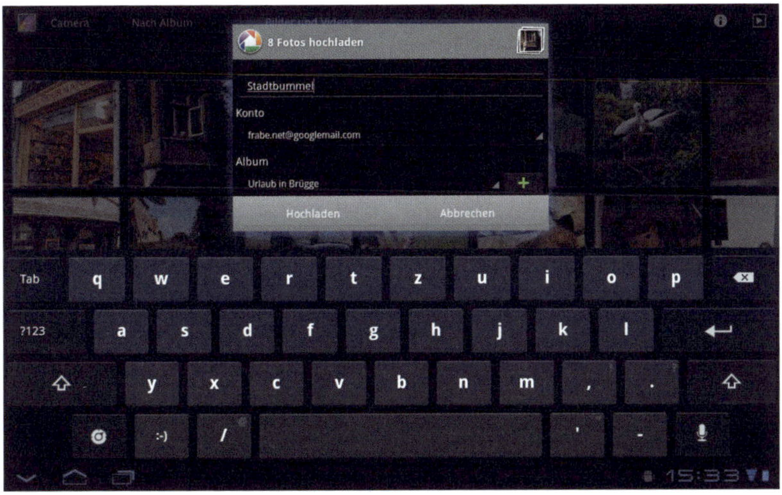

Laden Sie ein oder mehrere Fotos in Ihr Onlinealbum bei Picasa.

Um Ihre Picasa-Onlinealben zu sehen, können Sie entweder Ihren Webbrowser verwenden oder daie kostenlose App Picasa Tool aus dem Android Market auf Ihren Tablet-PC installieren. Die Picasa-App ist allerdings nicht für die Nutzung auf dem Tablet optimiert, und alle Alben werden auf dem Bildschirm recht klein dargestellt. Hinzu kommt, dass

Sie Ihr Tablet wie für die Smartphone-Nutzung vorgesehen, im Hochformat in der Hand halten müssen. Zum Betrachten Ihrer Fotos wird jedoch alles bildschirmfüllend angezeigt. Darüber hinaus können Sie mit der App Ihre Fotos nicht in dem Umfang verwalten wie es mit dem Onlineportal im Browser möglich ist. So können Sie beispielsweise neue Alben erstellen, haben jedoch keine Möglichkeit, einzelne Fotos in andere Ordner zu verschieben.

Für die Anmeldung bei Picasa mit dem Webbrowser geben Sie in der Adresszeile *https://picasaweb.google.com* ein. Nachdem Sie sich mit Ihren Google-Kontodaten eingeloggt haben, können Sie Ihre Bilder mit einem Klick auf *Meine Fotos* online im Browser anschauen, Alben erstellen, Fotos verschieben und löschen sowie Einladungen an Freunde per Mail verschicken, mit denen Sie Ihre Bilder teilen wollen.

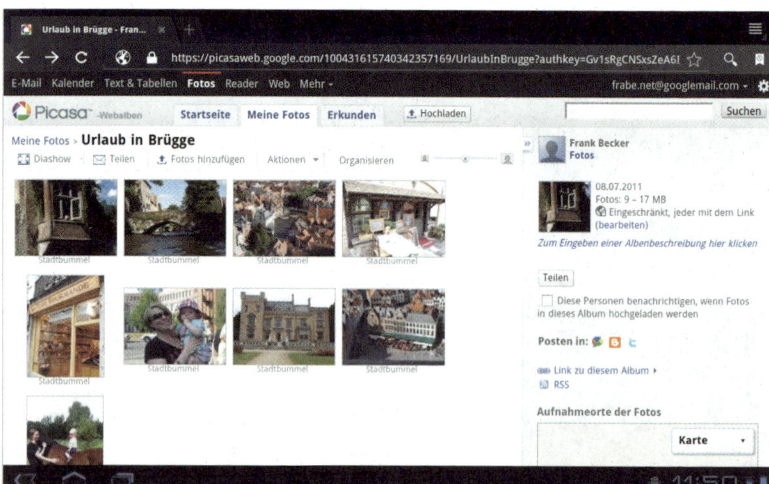

Mit dem Browser können Sie Ihre Bilder in Picasa anschauen und verwalten.

Sie haben aber auch die Möglichkeit, Ihre Aufnahmen für jeden zugänglich zu machen. Damit Freunde Ihre Bilder schneller finden, können Sie zu jedem Foto einen oder mehrere Tags (Schlagwörter) schreiben. Mit der Schaltfläche *Erkunden* können Sie öffentlich freigegebene Fotos von anderen Picasa-Nutzern durchstöbern und sich Anreize für Ihre nächsten Fotomotive holen.

Ordnung in der Foto- und Videosammlung

Mit der Zeit wird sich Ihre Galerie immer weiter mit Fotos und Videos füllen, bis Sie die Übersicht verlieren. Welche Fotos gehören zum letzten Sommerurlaub und welche zu denen in den Herbstferien? Durch das Anlegen neuer Alben zu verschiedenen Ereignissen halten Sie den Überblick. Sie haben mehrere Möglichkeiten, neue Alben auf Ihrem Tablet zu erstellen.

Durch die Nutzung von Picasa werden automatisch Ihre Onlinefotoalben auch auf dem Tablet-PC in der Galerie angezeigt. Wenn Sie allerdings Ihre Fotos nicht ins Internet stellen möchten, müssen Sie ein wenig tricksen, denn das Programm bietet keine direkte Möglichkeit, zusätzliche Fotoalben anzulegen.

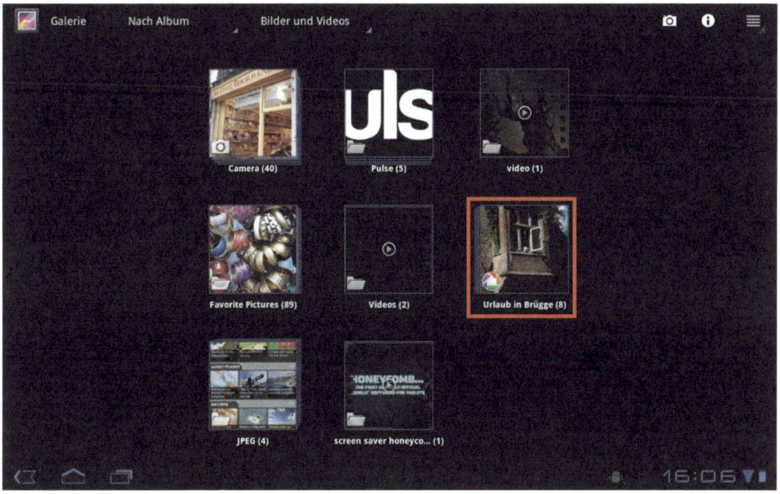

Picasa-Web-Alben werden automatisch in der Galerie Ihres Tablets angezeigt.

Damit Sie Ihre Urlaubsfotos und Videos sortiert in verschiedenen Alben ablegen können, verbinden Sie Ihr Tablet mit dem PC und erstellen mit dem Windows-Explorer neue Ordner für Ihre Aufnahmen. Alternativ können Sie auch auf Ihrem Tablet einen Dateimanager wie den File Manager HD verwenden. Mit diesem Programm können Sie neue Alben für Ihre Aufnahmen erstellen und übersichtlich einsortieren.

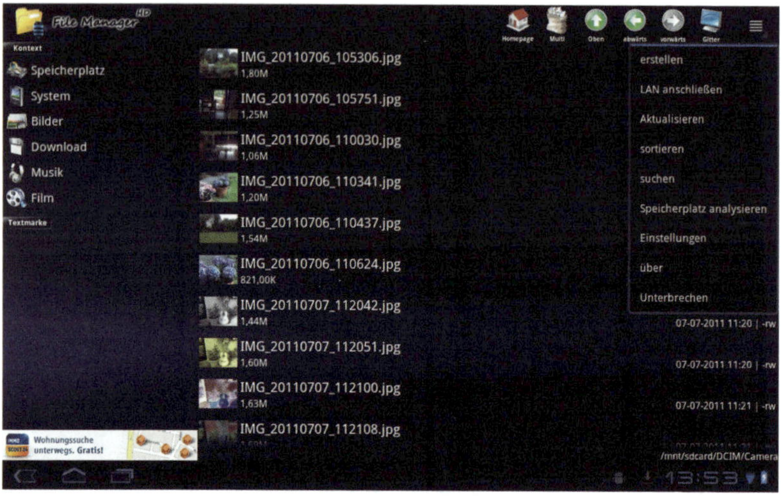

Mit dem File Manager HD können Sie auf dem Tablet-PC Alben für Ihre Fotos erstellen.

1 Öffnen Sie den Dateimanager und wählen auf der linken Seite den Menüpunkt *Bilder*. Anschließend tippen Sie rechts oben im Menü auf *erstellen* und geben Ihrem Album einen Namen.

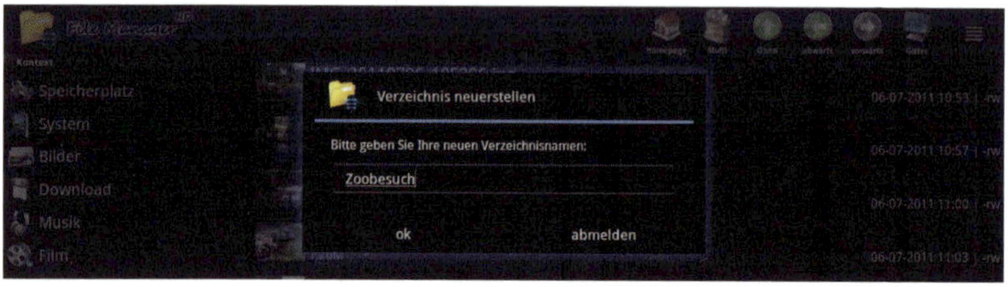

2 Anschließend drücken Sie oben in der Aktionsleiste auf *Multi*, woraufhin Sie in der Leiste verschiedene Bearbeitungsfunktionen sehen.

Markieren Sie nun in der Bilderübersicht alle Fotos, die Sie in dem neuen Ordner haben möchten, und tippen Sie danach auf *Ausschneiden*.

3 Dann öffnen Sie im Verzeichnis wieder den Ordner, den Sie soeben angelegt haben, und drücken anschließend oben in der Aktionsleiste vom Dateimanager auf *paste*. Nun befinden sich Ihre Bilder in dem Verzeichnis, in das sie zur Übersicht hingehören.

4 Verlassen Sie nun den Dateimanager und öffnen Sie erneut die Galerie. Sie werden feststellen, dass sich erst einmal nichts geändert hat. Um den neuen Ordner anzeigen zu lassen, müssen Sie Ihr Tablet vollständig ausschalten und neu starten. Wenn Sie nun die Galerie öffnen, sehen Sie in der Übersicht Ihren neuen Ordner. So können Sie nach und nach neue Alben für die Verwaltung Ihrer Fotos und Videos erstellen.

7.5 Kinofeeling auf dem Tablet

Tablet-PCs mit einem großzügigen Bildschirm von 10,1 Zoll sind ideal, um aufgenommene Videos auch in HD-Qualität im Querformat anzusehen. Sie starten die Aufnahmen ebenfalls mit der Galerie-App und können sich Ihre Erinnerungen entspannt im Vollbildmodus anschauen. Beim Abspielen lässt sich der Film jederzeit unterbrechen. Mit dem Finger navigieren Sie im Zeitbalken unten im Bildschirm zu Ihrer Lieblingsszene.

Mit dem Zeitbalken spulen Sie Ihren Film vor und zurück.

Videoformate

Der Videoplayer in Ihrem Tablet-PC unterstützt beim Abspielen das sogenannte MPEG-4-Format und liefert eine brillante Darstellung in HD-Qualität. Ein Manko bei der Videowiedergabe ist allerdings die Einschränkung der abspielbaren Videoformate.

Oftmals sind Spielfilme, Serien und Kinotrailer, die Sie auf dem Tablet-PC anschauen wollen, in anderen Formaten erstellt. Ein Beispiel hiefür ist das AVI-Format.

Das Videoformat AVI wurde von Microsoft entwickelt und lässt sich auf fast allen Computern mit Windows abspielen. AVI ist allerdings kein festes Format wie MPEG, sondern bezeichnet einen Software-Container, in dem sich unterschiedliche Formate befinden können.

Somit lässt sich ein AVI-Film nicht von jeder Software abspielen. Häufig fehlt ein sogenannter Codec, um das enthaltene Videoformat zu entschlüsseln.

Mit alternativen Videoplayern können Sie unterschiedliche Filmformate abspielen.

Damit Sie mit dem Tablet auch andere Videoformate anschauen können, müssen Sie die vorliegende Videodatei am Computer in das passende MPEG-4-Format umwandeln.

Einfacher geht es jedoch mit alternativen Videoplayern, die weitaus mehr Filmformate unterstützen als der Standardplayer auf dem Tablet. Wenn Sie sich aus dem Android Market den kostenlosen Mobo-Player oder Rock-Player installieren, ist Ihr Tablet auch für abendfüllendes Popcornkino gerüstet.

7.6 Die Video-Community YouTube

Mit der bereits auf dem Tablet vorinstallierten YouTube-App haben Sie Zutritt zu der weltweit größten Video-Community im Internet. Auf dieser Internetplattform können Sie sich kostenlose Videos ansehen und sogar eigene Filme online veröffentlichen.

Auf YouTube finden Sie fast alles. Kinotrailer, Musikvideos, Clips mit lustigen Pannen, Videobedienungsanleitungen, aktuelle Nachrichten, Satire, Familienerinnerungen und mehr. Mit YouTube haben Sie auf dem Tablet ein gigantisches Videoangebot mit informativen Themen und Filmclips für stundenlange Unterhaltung.

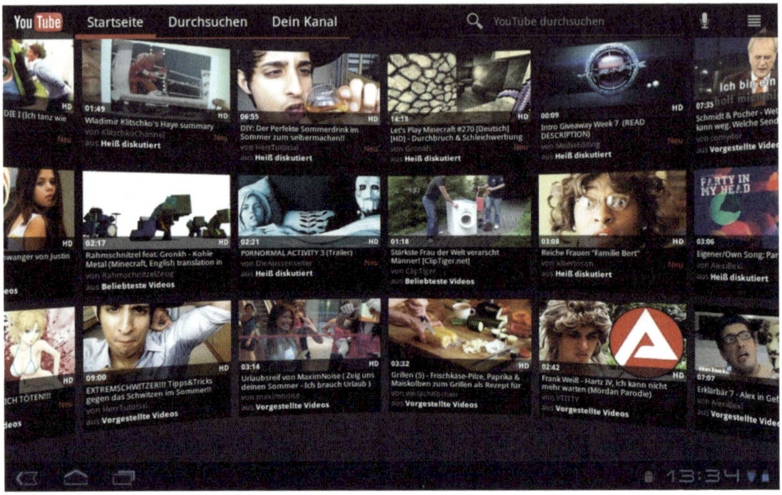

Auf der 3-D-Benutzeroberfläche sehen Sie die aktuellsten Videos von YouTube.

Die App bietet eine schöne dreidimesional aufbereitete Benutzeroberfläche mit einer gewölbten Videowand. Zum Navigieren durch die einzelnen Clips wischen Sie mit dem Finger auf dem Bildschirm von rechts nach links.

Oben in der Aktionsleiste befinden sich verschiedene Schaltflächen, mit denen Sie gezielt nach Videos suchen, in verschiedenen Kategorien stöbern und eigene Filme veröffentlichen können. In dem Einstellmenü rechts oben in der Leiste können Sie die Wiedergabequalität der Videos festlegen, den Suchverlauf löschen sowie die Nutzungsbedingungen des Dienstes auf dem Tablet nachlesen.

Stöbern und suchen

Um nach einem YouTube-Video zu suchen, berühren Sie einfach das Texteingabefeld in der Aktionsleiste und geben mit der virtuellen Tastatur das Schlagwort ein, das Sie suchen.

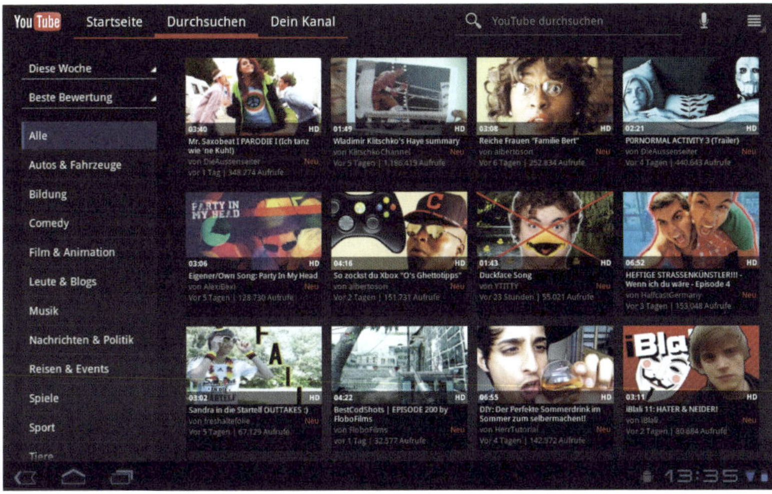

In den verschiedenen Kategorien finden Sie schnell das richtige Video.

Sie können aber auch durch einen Klick auf *Durchsuchen* die beliebtesten Videos des Tages, der Woche oder des Monats durchstöbern. Zudem finden Sie hier auf der linken Seite des Bildschirms 14 verschiedene Kategorien mit den besten Clips, die YouTube zu bieten hat.

Sobald Sie das kleine Vorschaubild berühren, startet das Video. Zu jedem Clip finden Sie unterhalb des Videofensters eine Beschreibung des Nutzers, der das Video online gestellt hat.

Auf der rechten Bildschirmhälfte können Sie Kommentare anderer Nutzer lesen und ähnliche Videos zu dem gewählten Thema anzeigen lassen.

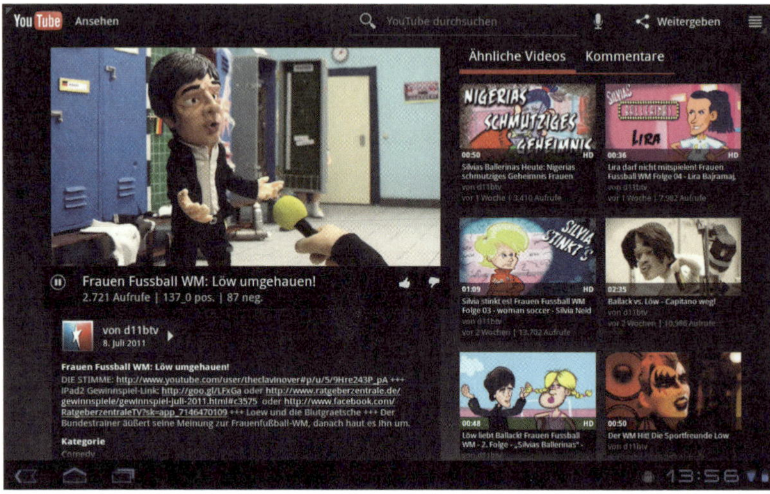

Jeder Videoclip hat eine eigene Seite mit Beschreibung und Kommentaren.

Wenn Ihnen ein Video besonders gut gefällt, können Sie Ihren Freunden und Verwandten einen Link zu dem Video schicken. Drücken Sie dazu oben in der Aktionsleiste auf die Schaltfläche *Weitergeben*. Anschließend erscheint auf dem Bildschirm eine Auswahl, ob Sie den Link per E-Mail oder Bluetooth verschicken möchten.

Teilen Sie Ihre Lieblingsvideos mit anderen per E-Mail.

Sobald Sie das Videobild berühren, können Sie das laufende Video pausieren. Zudem können Sie mit den im Bild angezeigten Symbolen die Videoqualität verändern und in den Vollbildmodus wechseln. Unterhalb des Videos sehen Sie einen Zeitbalken, der die Dauer und Position des Films anzeigt. Sie können durch Berühren des Zeitbalkens auch den Film vor- und zurückspulen.

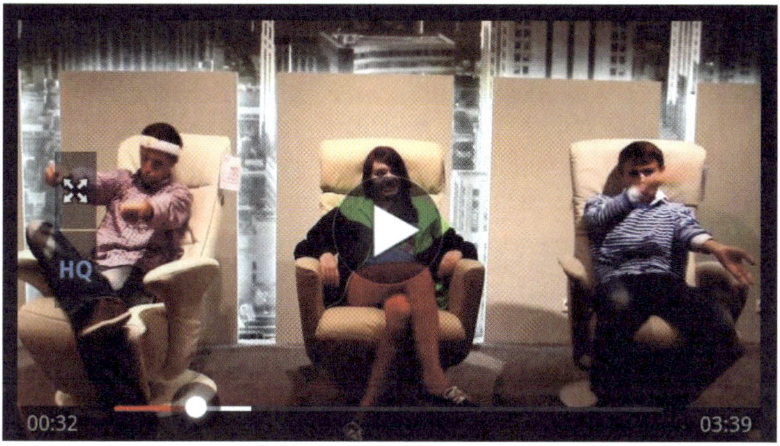

Steuern Sie das angezeigte Video durch Berühren der Symbole im Bild.

Videos hochladen

Damit Sie Ihre aufgenommenen Videos bei YouTube veröffentlichen können, benötigen Sie ein YouTube-Konto. Dann können Sie unter der Schaltfläche *Dein Kanal* Ihre Videos hochladen, verwalten und auch wieder löschen. Zudem können nur Mitglieder Videos von anderen Nutzern bewerten oder als Favoriten für häufiges Anschauen speichern.

Wenn Sie zum ersten Mal in der Aktionsleiste auf *Dein Kanal* drücken, werden Sie in einem separatem Fenster aufgefordert, sich mit Ihren Google-Daten bei YouTube anzumelden. Das ist allerdings irreführend, denn sobald Sie Ihre Daten eingegeben haben, endet der Vorgang mit einer Fehlermeldung, dass das Konto bereits auf dem Tablet existiert.

Der Grund: Diese Anmeldeprozedur funktioniert nur, wenn Sie bereits ein YouTube-Konto besitzen und dieses mit Ihrem Google-Konto verknüpft ist. Daher müssen Sie erst einmal die Webseite von YouTube im Browser besuchen, um ein neues Konto anzulegen.

So funktioniert die Anmeldung

1 Geben Sie in der Adresszeile Ihres Browsers *www.youtube.de* ein. Sobald die Seite geöffnet ist, drücken Sie auf die Schaltfläche *Anmelden* im unteren Teil der Seite. Anschließend klicken Sie auf *Bei YouTube anmelden*, um ein neues Benutzerkonto anzulegen. Daraufhin erscheint eine Anmeldemaske.

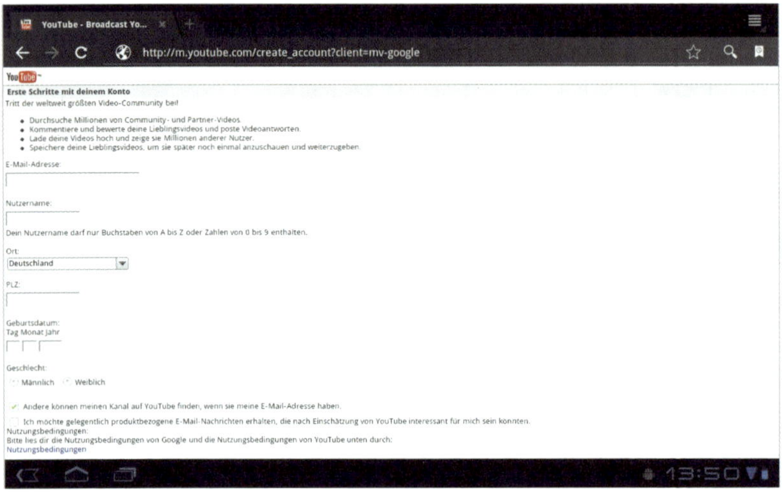

2 Durch die Eingabe Ihrer Google-Mail-Adresse im Anmeldeformular wird Ihr YouTube-Konto im Anschluss mit Ihrem Google-Konto verknüpft. Nachdem Sie einen Benutzernamen gewählt und ein paar persönliche Daten eingegeben haben, ist die Registrierung abgeschlossen. Verlassen Sie anschließend den Browser und starten Sie erneut Ihre YouTube-App.

3 Wenn Sie nun wieder die Schaltfläche *Mein Konto* betätigen, sollte Ihre Google-Mail-Adresse für die Anmeldung bei YouTube im Anmeldefenster zu sehen sein. Berühren Sie Ihre Mailadresse auf dem Bildschirm, und die App verbindet sich mit Ihrem YouTube-Konto im Internet.

Gelegentlich kann es passieren, dass Sie eine weitere Fehlermeldung über eine fehlende Verknüpfung zwischen Google und YouTube erhalten. In diesem Fall müssen Sie in den Systemeinstellungen des Tablets unter *Konten und Synchronisation* erst Ihr Google-Konto löschen und anschließend wieder hinzufügen.

Hier können Sie Ihre Onlinevideos verwalten und neue Clips hochladen.

Nach diesen Einstellungen sollte Ihre YouTube-App auf dem Tablet reibungslos funktionieren, und Sie können sofort Ihre Videos aus der Galerie online stellen. Allerdings können Sie mit der App nicht alle Möglichkeiten von YouTube nutzen. So können Sie beispielsweise die Funktionen *Playlists* und *Abonnements* nur bearbeiten, wenn Sie sich über Ihren Browser bei YouTube anmelden – und das am besten am PC.

Mit der Browseranmeldung in Ihrem YouTube-Konto legen Sie neben den bereits beschriebenen Einstellungen auch das Layout für Ihren Kanal fest, wenn andere Ihre Seite besuchen. Zudem haben Sie die Möglichkeit, Ihre Videos online zu schneiden, mehrere Teile zusammenzuführen, Überblendeffekte zu integrieren und mit Musik zu hinterlegen.

So können Sie beispielsweise aus mehreren Filmschnipseln, die Sie auf einer Geburtstagsfeier aufgenommen haben, einen großen Film mit allem Drum und Dran erstellen und benötigen nicht einmal eine spezielle Videobearbeitungssoftware.

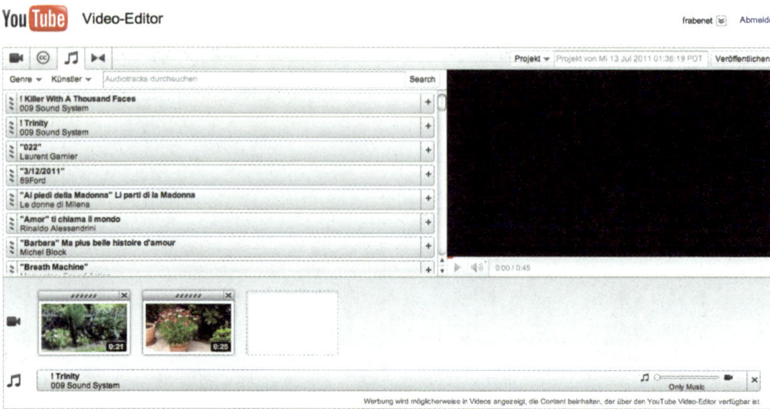

Mit dem Videoeditor im Browserfenster können Sie Ihre Aufnahmen bearbeiten.

7.7 Der Musik-Player

Wenn Sie gern Musik und Hörbücher zum Entspannen oder zur Überbrückung einer langen Zugfahrt hören, haben Sie mit dem Tablet den perfekten Audioplayer. Die passende Musik-App ist bereits werkseitig auf Ihrem Tablet installiert. Sie starten den Player, indem Sie das Kopfhörersymbol berühren. Dann wählen Sie nur noch Ihr Lieblingsalbum und lehnen sich entspannt zurück.

Sie können Ihre Audiodateien entweder mit den integrierten Lautsprechern hören, oder Sie verwenden einen Standardkopfhörer mit 3,5 Millimeter Klinkenstecker. Wenn Sie Ihr Tablet benutzen möchten, um auf einer Geburtstagsfeier die Gäste zu beschallen, schließen Sie Ihr Tablet über die Klinkenbuchse mit einem Adapterkabel an die Stereoanlage an und werden auf der Party zum DJ.

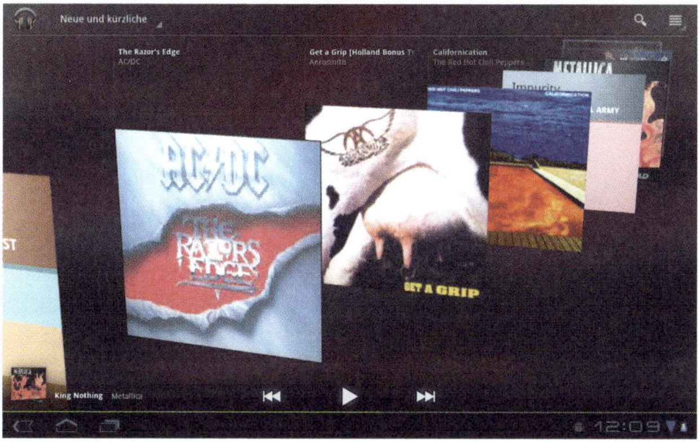

Mit einem Fingerwisch über das Display scrollen Sie durch Ihre Musiksammlung.

Musik auf das Tablet übertragen

Übertragen Sie Ihre bereits bestehende Musiksammlung von einem PC über eine USB-Verbindung auf den Tablet-PC. Im Windows-Explorer überspielen Sie bereits gespeicherte Alben auf Ihr Tablet.

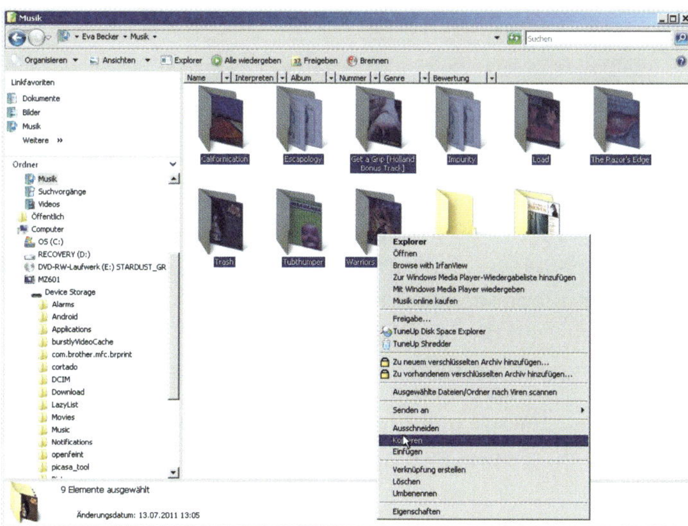

Kopieren Sie Ihre Musik mit den Windows-Explorer auf Ihr Tablet.

Alternativ können Sie auch den Windows Media Player verwenden, um die Musik auf Ihrem Computer mit dem Tablet-PC zu synchronisieren.

Da Ihr Tablet in Windows erkannt wurde, wird er auch im Media Player als Gerät für die Synchronisation aufgeführt. Starten Sie dazu den Mediaplayer und klicken anschließend auf *Synchronisieren*. Nach wenigen Minuten befinden sich Ihre Alben auf Ihrem Tablet.

Ihr Tablet lässt sich auch mit dem Windows Media Player synchronisieren.

Musik wiedergeben

Öffnen Sie die Musik-App und wählen Sie dann aus, was Sie hören möchten. Für einen besseren Überblick können Sie oben links in der Aktionsleiste verschiedene Sortiermöglichkeiten für Ihre Musiksammlung einstellen oder mit der Lupe auf der linken Seite gezielt nach einem Musikstück oder Interpreten suchen.

Zum Abspielen müssen Sie nur ein Album, einen Interpreten oder einen Titel auf dem Bildschirm berühren.

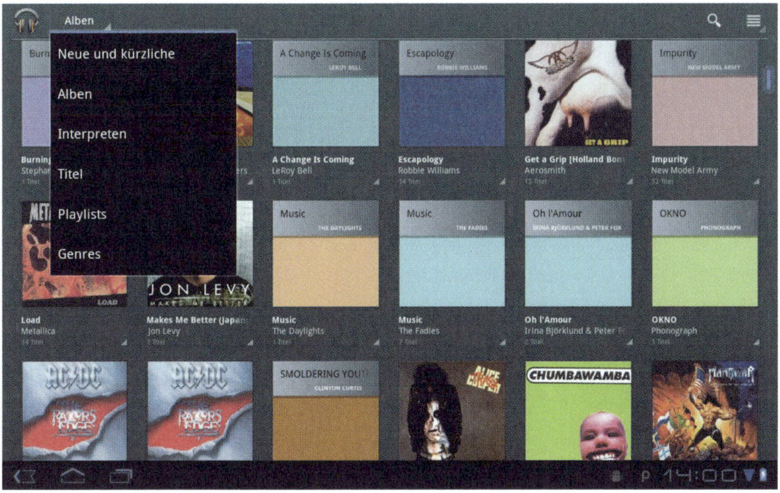

Mit der Sortierfunktion finden Sie schnell Ihre Lieblingstitel in der Musiksammlung.

Mit der Suchfunktion finden Sie schon während der Texteingabe Titel.

Steuerung der Musik-App

Während der Musikwiedergabe sehen Sie in der Mitte des Bildschirms das Coverbild des Albums, das sie gerade hören. Links davon stehen Zusatzinformationen zum Titel, Interpreten und Album. Auf der unteren Seite des Displays befinden sich die Steuerelemente.

Mit der mittleren Taste starten und pausieren Sie das aktuell gespielte Musikstück. Mit den Tasten daneben wechseln Sie zum nächsten Track des Albums oder springen in der Wiedergabeliste zurück. Anhand der Zeitleiste lesen Sie die Dauer und Position der gespielten Lieder ab und springen mit einem Fingertipp zu einer bestimmten Stelle im Musikstück. Wenn Sie von einem Album nicht genug bekommen können, berühren Sie die Schaltfläche rechts unten. Damit aktivieren Sie eine Schleife, sodass am Ende des Albums wieder das erste Lied beginnt. Mit der Schaltfläche auf der anderen Seite des Bildschirms aktivieren Sie eine Zufallswiedergabe.

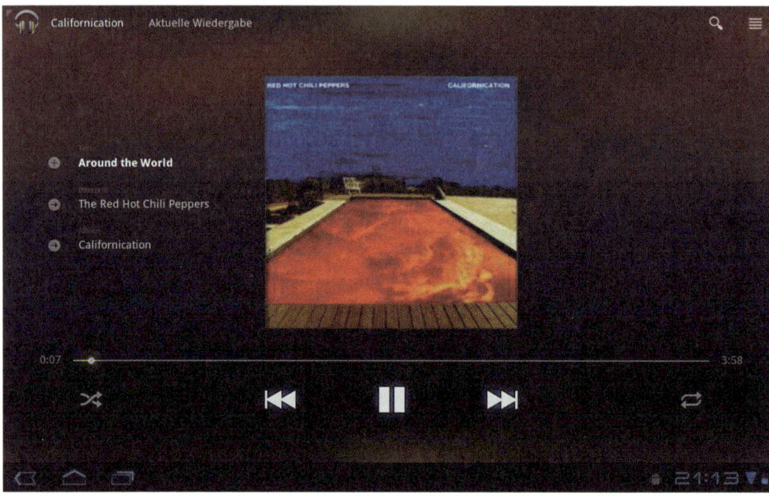

Der Player ist mit seinen großen Schaltflächen einfach zu bedienen.

Playlisten für Tablet-DJs

Mit einer Playlist erstellen Sie eine Liste mit verschiedenen Musiktiteln aus unterschiedlichen Alben, die auch in der gewählten Reihenfolge abgespielt werden.

So stellen Sie sich selbst ein Album mit Ihren Lieblingsliedern aus der Musiksammlung auf dem Tablet zusammen. Besonders praktisch sind solche Playlisten auf Partys: Sie können während des Abspielens immer wieder neue Lieder hinzufügen und damit auch die Musikwünsche der Gäste berücksichtigen.

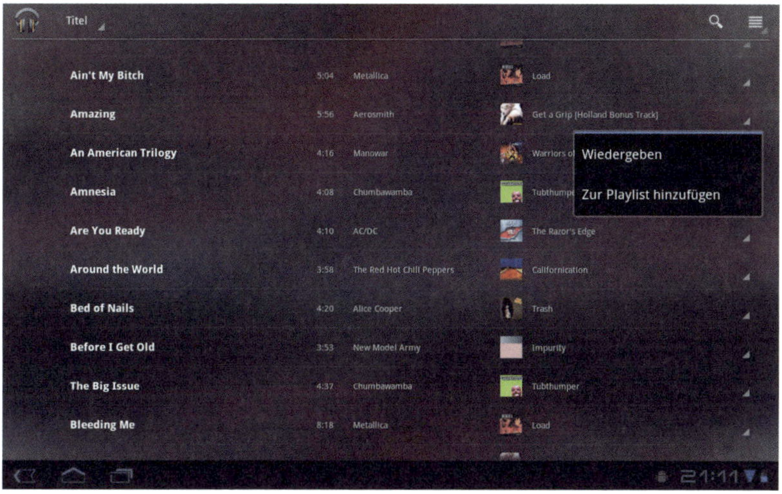

Erstellen Sie mit Playlisten Ihre eigenen Compilations nach Lust und Laune.

Um einen Song zu einer Playlist hinzuzufügen, berühren Sie rechts neben jedem Lied oder Album das kleine Menüsymbol. Wählen Sie anschließend eine vorhandene Playlist aus oder berühren Sie *Neu*, um eine neue Playlist zu erstellen.

Um eine Playlist zu bearbeiten oder zu löschen, rufen Sie in der Sortierfunktion Ihre Playlisten auf und berühren das Menüsymbol neben dem Playlist-Cover.

Musikplayer-Tipp

Mit dem Musikplayer-Widget steuern Sie die Musikwiedergabe direkt vom Homescreen aus. Während die Musik im Hintergrund läuft, können Sie andere Anwendungen starten oder gemütlich im Internet surfen. Um den laufenden Titel schnell abzustellen, berühren Sie einfach den Home-Button und drücken im Player auf die Pausetaste.

MP3-Musik kaufen

Wenn die eigene Musiksammlung nicht mehr ausreicht oder mittlerweile langweilig geworden ist, finden Sie im Internet jede Menge Onlinestores, die MP3-Alben zum Download anbieten. Dabei müssen Sie nicht zwingend gleich ein ganzes Album kaufen, es werden auch einzelne Lieder angeboten.

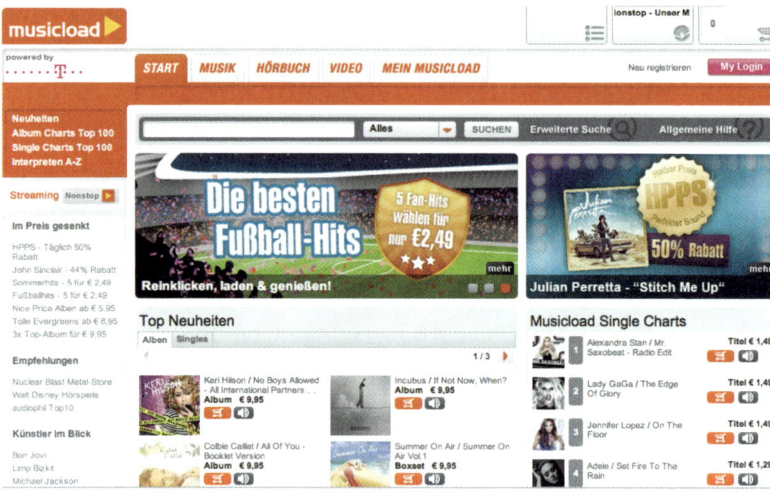

In Onlineshops wie Amazon oder Musicload finden sie nahezu alles, was Sie suchen. Der Download eines kompletten Albums kostet zwischen fünf und zehn Euro. Einzelne Songs sind dabei schon für 99 Cent erhältlich. Gezahlt wird in der Regel mit Kreditkarte. Als Amazon-Kunde haben Sie aber auch die Möglichkeit, den Betrag als Lastschrift von Ihrem Konto abbuchen lassen.

Amazon bietet sogar eine kostenlose App an, um damit online einzukaufen. So müssen Sie nicht die Internetseite über den Browser aufrufen. Der Onlineshop ist in Amazon MP3 bereits integriert und bietet darüber hinaus sogar eine Player-Funktion.

Die Amazon-App ist Onlineshop und MP3-Player in einem.

Sie können mit der App verschiedene Genres, Neuerscheinungen und Charts durchstöbern oder gezielt nach einem Interpreten suchen. Vor dem Kauf lässt sich sogar eine Hörprobe starten. Sobald Sie rechts auf den Preis drücken, verwandelt sich der orangefarbene Button in eine grüne Schaltfläche mit dem Text *Kaufen*. Für den Kauf müssen Sie allerdings im Internet in Ihrem Benutzerkonto von Amazon die Zahlungsart *1-Click* aktiviert haben. Mit dieser Zahlungsart können Sie, wie der Name es bereits vermuten lässt, mit nur einem Klick Angebote kaufen. Ein Manko der App: Wenn Sie beim Stöbern versehentlich doppelt klicken, haben Sie schnell einen Einkauf getätigt, den Sie nicht wollten.

Bedien-Tipp

Um versehentliche Einkäufe zu vermeiden, melden Sie sich nach jedem Musik-Download wieder von Ihrem Benutzerkonto ab. Wenn Sie nun unbeabsichtigt einen Button zweimal drücken, werden Sie vor dem Kauf erst aufgefordert, sich an Ihrem Amazon-Benutzerkonto anzumelden. Die Abmeldung finden Sie unter *Einstellungen*, wenn Sie unten in der Systemleiste das *Optionen*-Menü starten.

Sie können die Amazon-App auch als alternativen Player zu Ihrer Musik-App auf dem Tablet nutzen. Der Amazon-MP3-Player übernimmt alle gespeicherten Musikstücke im Gerät und sortiert Ihre Musiksammlung nach Künstler, Alben und Songs. Die Bedienelemente des Players sind dabei vergleichbar mit der Android-App.

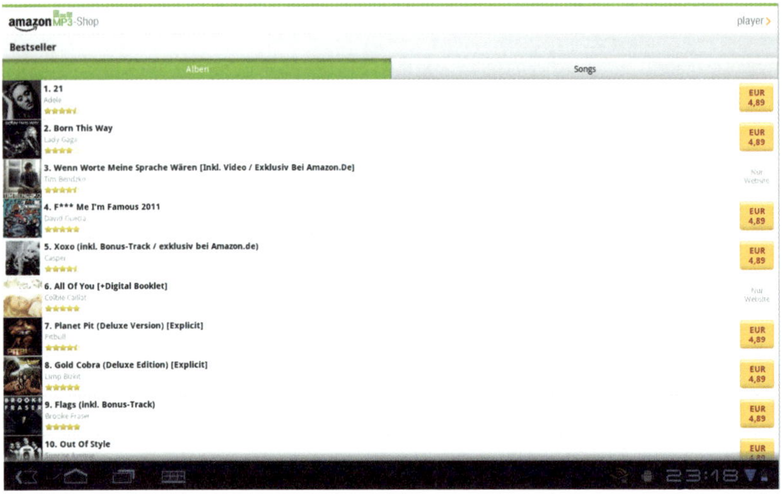

Stöbern Sie im Onlineshop und laden Sie Songs, die Ihnen gefallen.

Hörbücher auf dem Tablet

Die Musik-App auf Ihrem Tablet-PC unterstützt zwar auch für Hörbücher unterschiedliche Dateiformate, der Player bietet jedoch keine Möglichkeit, Lesezeichen zu setzen.

Da ein Hörbuch eine Spielzeit von 15 Stunden und mehr haben kann, sollten Sie schon eine Position in der Audiodatei markieren können, um die vorgelesene Geschichte zu einem späteren Zeitpunkt weiterzuhören. So kommen Sie nicht darum herum, einen alternativen Player für Hörbücher aus dem Android Market zu installieren.

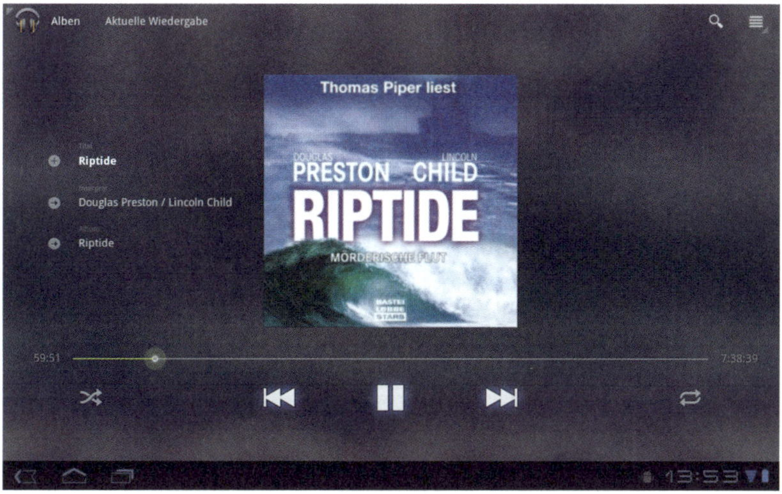

Die installierte Musik-App auf dem Tablet ist nicht für Hörbücher geeignet.

Passende Hörbuch-Apps

Ein speziell auf Hörbücher ausgelegter Player ist der kostenlose MortPlayer Audiobook. Mit der App können Sie so ziemlich alle Hörbuchformate abspielen und beliebige Lesezeichen setzen.

Nachteil: Die App ist nicht für die Nutzung auf dem Tablet-PC ausgelegt und lässt sich nur im Hochformat bedienen.

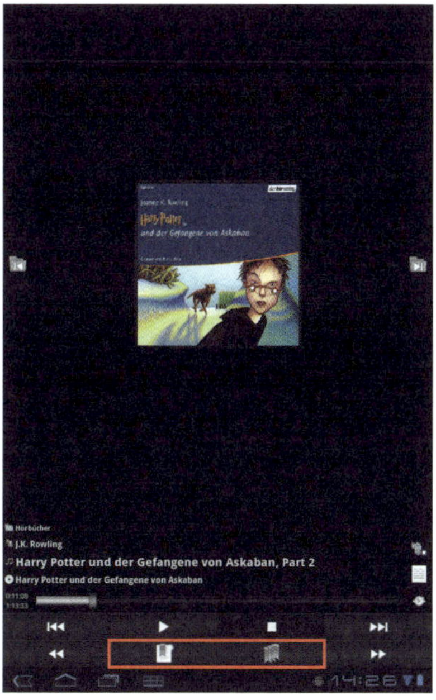

Mit den zwei markierten Schaltflächen können Sie mit dem Mortplayer beliebig viele Lesezeichen setzen und verwalten.

Eine weitere empfehlenswerte App für Hörbücher ist Audible. Die App steht allerdings im direkten Zusammenhang mit dem Onlineshop *www.audible.de* und lässt sich nur für Hörbücher nutzen, die Sie dort erworben haben.

Interessant dabei ist die Abo-Möglichkeit. Im Abo können Sie aus 40.000 Titeln für 9,95 Euro monatlich unabhängig vom regulären Verkaufspreis ein Hörbuch downloaden. Wenn Sie viele Hörbücher nutzen wollen, macht sich ein solches Angebot schnell bezahlt.

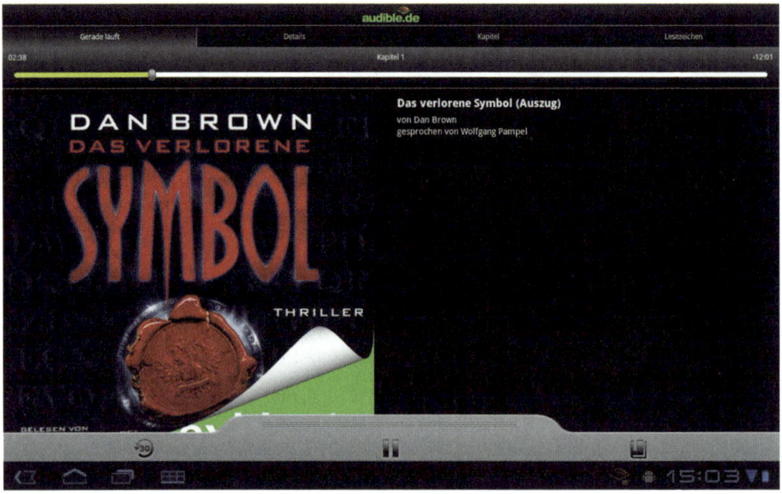

Mit der Audible-App können Sie Ihre gekauften Hörbücher online verwalten.

Hörbuch-Tipp

Hörbücher aus dem iTunes-Store von Apple werden auf dem Mac als Audiodatei mit der Endung *.m4b* gespeichert. Diese Dateien werden auf dem Tablet von den Playern nicht erkannt. Um diese Hörbücher genauso nutzen zu können wie alle anderen, müssen Sie die Dateiendung ändern. Dazu korrigieren Sie einfach *.m4b* in *.m4a*, und schon funktioniert es.

7.8 Das Internetradio

Mit Ihrem Tablet-PC können Sie zur Entspannung auch Radiosender hören und dort die neuesten Nachrichten und aktuellen Hits verfolgen. Mit einer Internetverbindung haben Sie Zugriff auf Tausende Radiosender aus aller Welt. So hören Sie beispielsweise im Urlaub Nachrichten aus der Heimat von Ihrem Lieblingssender oder schwelgen zu Hause mit Ihrem Sender aus dem Urlaubsort in Erinnerungen.

Um Internetradio zu hören, starten Sie auf dem Tablet-PC den Internet-Browser und geben in der Adresszeile die Internetadresse Ihres Lieblingssenders ein. Wenn Sie diese nicht wissen, können Sie den Sender über die Suchfunktion in Google suchen. Auf der Startseite des Radiosenders finden Sie meistens auch den Startlink für das Internetradio. Einfacher funktioniert Internetradio allerdings mit Apps, die größtenteils kostenlos im Android Market erhältlich sind.

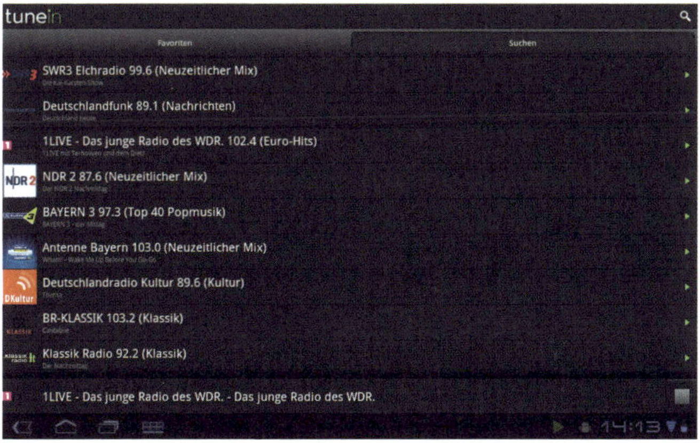

Sie finden mit Radio-Apps schnell regionale Radiosender in Ihrer Nähe.

Ein passendes Programm dafür ist TuneIn Radio. TuneIn bietet Ihnen den Zugang zu über 50.000 Radiosendern aus aller Welt, mit denen Sie unbegrenzt Musik, Sport und Talk-Sendungen hören können. Mit der App finden Sie Radiosender in Ihrer Nähe oder Sie suchen über Länder und Orte Ihren Lieblingssender. Alternativ lassen sich die Sender auch nach bevorzugten Musik-Genres wie Rock, Pop oder Oldies anzeigen. Als nette Zusatzfunktion können Sie die App auch als Radiowecker nutzen.

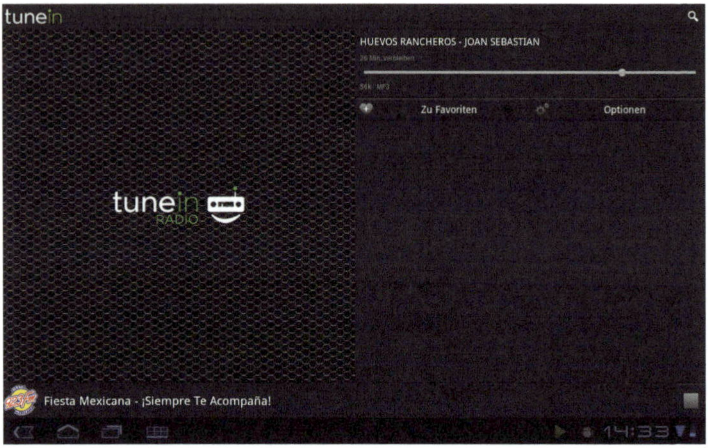

Mit TuneIn hören Sie zu Hause die Radioklänge aus Ihrem letzten Urlaub.

Neben Radio-Apps wie *TuneIn*, die gleich eine ganze Bandbreite an Sendern zur Verfügung stellen, sind im Market auch lokale Radiosender mit eigener App vertreten. Viele dieser Apps sind allerdings nur für die Nutzung auf Smartphones ausgelegt und werden zum Teil auch nur in Handygröße auf dem Bildschirm dargestellt. Der Radiosender JUMP hat beispielsweise seine App gut umgesetzt und bietet Ihnen neben verschiedenen Livestreams wie Rock Channel und Trend Channel auch aktuelle Verkehrsmeldungen, Wetterberichte, News und Fußballergebnisse aus den Bundesligen.

Die App MDR JUMP lässt sich auf dem Tablet nur im Hochformat nutzen.

7.9 Das Tablet für Leseratten

Das handliche Design der Tablet-PCs lädt dazu ein, das Gerät auch als E-Book-Reader zu verwenden. Auch wenn Tablet-PCs im Vergleich mit „echten“ E-Book-Readern durch reflektierenden Bildschirm und höherem Akkuverbrauch sicher etwas benachteiligt sind, punkten sie deutlich in Sachen Nutzerfreundlichkeit.

Die liebevoll gestalteten E-Book-Reader mit Elementen wie grafischer Bibliotheksansicht der eigenen Buchtitel und animiertes Umblättern der Buchseiten, trösten schnell über die beschriebenen negativen Umstände hinweg.

Ein weiterer Pluspunkt im Vergleich zu klassischen E-Book-Readern ist die Hintergrundbeleuchtung des Displays, mit der Sie auch bequem abends im Bett einige Seiten lesen können. Im Android Market finden Sie unter den Suchbegriffen *Bücher* und *E-Books* zahlreiche Apps, um digitale Bücher auf Ihrem Tablet zu lesen. Die Programme bieten auch gleichzeitig den Zugang zu verschiedenen Onlinestores mit kostenlosen Klassikern und Bestsellern.

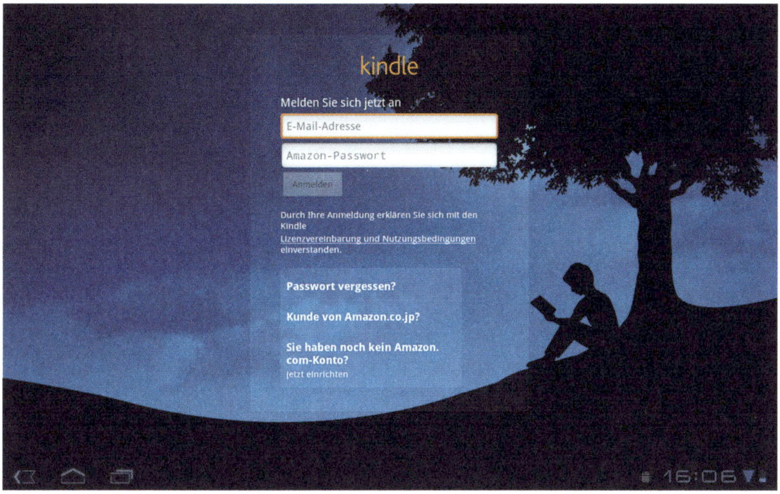

Reader mit integriertem Onlineshop

Amazon hat mit der AppKindle einen interessanten Reader. Ursprünglich wurden die E-Books speziell für den Amazon-eigenen E-Book-Reader Kindle entwickelt. Doch mittlerweile hat Amazon sich geöffnet, um mit seinen Apps auch andere Geräte wie PCs, Smartphones und Tablet-PCs zu bedienen.

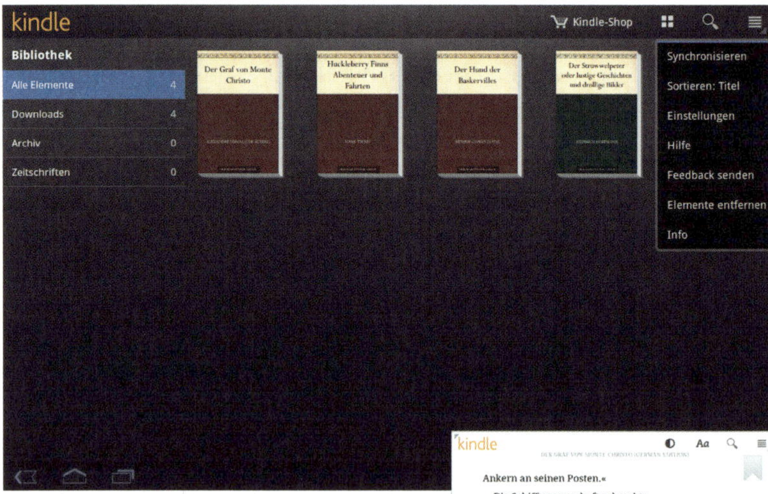

In der Bibliothek werden all Ihre Einkäufe bei Amazon grafisch angezeigt.

Die App ist online direkt mit dem Amazon-Onlineshop verbunden. Sie stöbern damit bequem im riesigen Angebot von Amazon und können Bücher kaufen oder verschiedene Magazine und Tageszeitungen abonnieren. Beim Lesen können Sie Schriftgröße und Farbe ganz nach Ihren eigenen Vorlieben einstellen.

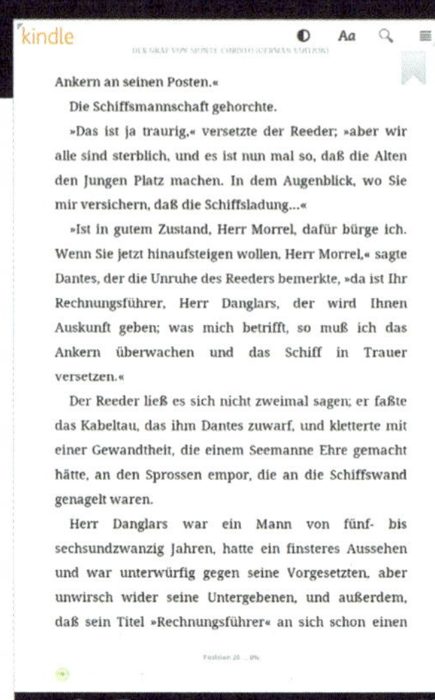

Während des Lesens können Sie jederzeit die Darstellung anpassen.

Bei der Verwendung der Kindl-App nutzt Amazon allerdings ein selbst entwickeltes Format für seine E-Books, die sich mit keinem anderen Reader lesen lassen.

Beim Lesen mit der Kindle-App lässt sich oben in der Aktionsleiste die Hintergrundfarbe von Weiß auf Sepia und Schwarz ändern sowie die Schriftgröße an Ihre persönlichen Vorlieben anpassen. Zudem können Sie beliebig viele Lesezeichen setzen und mit der Suchfunktion schnell eine bestimmte Textstelle im Buch finden.

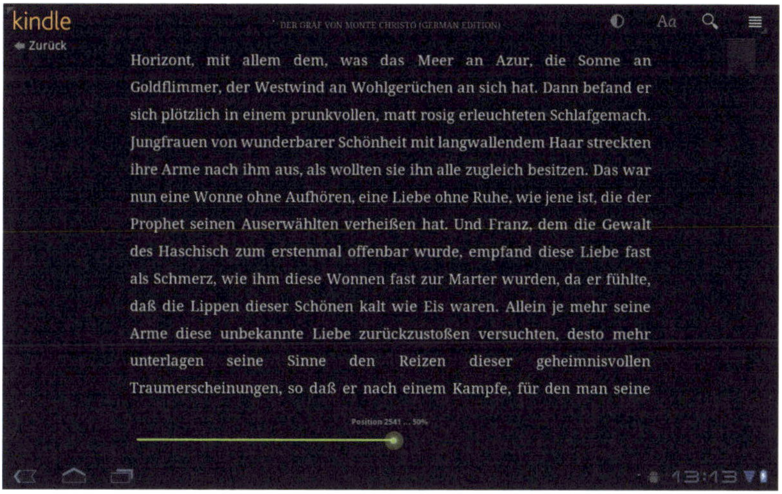

Bei der Bettlektüre schont der schwarze Hintergrund beim Lesen die Augen.

Praktisch: Wenn Sie mal Ihr Tablet auf die Werkseinstellungen zurücksetzen müssen und dabei sämtliche Daten auf dem Tablet gelöscht werden, bleiben Ihre gekauften Bücher bei Amazon gespeichert. Sobald Sie wieder die Kindle-App installieren, synchronisiert sich die App mit Ihrem Amazon-Konto, und alle Buchtitel stehen wieder zur Verfügung.

Offene Buchformate

Offene Alternativen zu dem speziellen Datenformat von Amazon ist das E-Book-Format EPUB sowie das PDF-Format, das auch häufig für Bedienungsanleitungen und andere Broschüren verwendet wird. EPUB steht für **e**lectronic **pub**lication und ist sozusagen das MP3-Format der E-Books. Ein E-Book im EPUB-Format bietet Ihnen die Möglichkeit, die Textgröße dynamisch einzustellen und auch die Schrift- und Hintergrundfarbe Ihren Wünschen anzupassen. E-Books im PDF-Format hingegen werden lediglich wie das gedruckte Buch angezeigt. Wenn Sie Textstellen größer darstellen möchten, müssen Sie das gesamte Dokument zoomen.

Eine passende App aus dem Android Market, die E-Books im EPUB-Format unterstützt und ebenfalls wie die Kindle-App direkt mit einem großen Onlineshop verbunden ist, heißt Kobo.

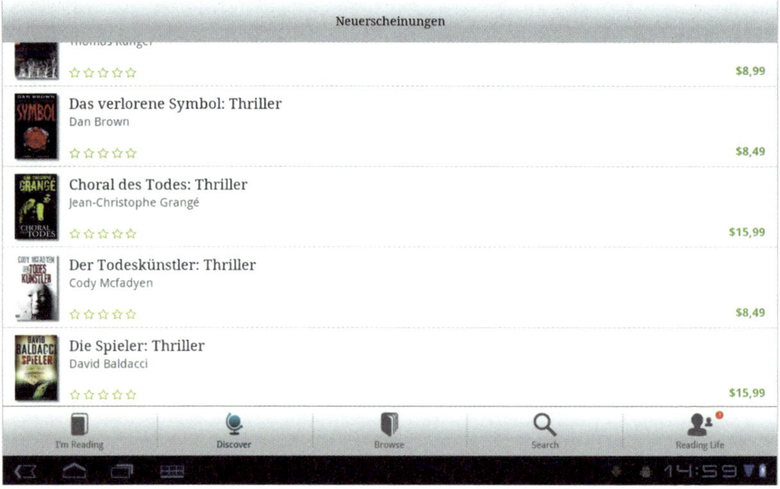

Kobo bietet den Zugriff auf ein riesiges Angebot an E-Books für Ihren Tablet-PC.

Nachdem Sie Kobo installiert haben, können Sie sich an Ihr Kobo-Konto anmelden oder einen neuen Account anlegen. Bei einer Neuanmeldung werden gleich zwei kostenlose Romane auf Ihr Tablet geladen – allerdings nur in englischer Sprache. Stöbern Sie nach der Anmeldung in Bestseller und Neuerscheinungen, kaufen online neue Bücher oder laden sich Auszüge von Romanen auf Ihren Tablet-PC. Wenn Sie versehentlich einen oder mehrere Titel auf dem Tablet löschen, können Sie die bereits gekauften E-Books aus Ihrer persönlichen, zentralverwalteten E-Book-Bibliothek wieder aufrufen.

Die App ist direkt mit dem Onlineshop *www.kobobooks.com* verbunden, sodass Sie jederzeit bei einer bestehenden Internetverbindung neue Bücher kaufen und auf Ihr Tablet laden können.

Bücherkauf in Onlineshops

Sie können natürlich auch auf anderen Internetplattformen wie Libri oder Thalia E-Books online kaufen und auf Ihrem Tablet lesen. Dafür müssen Sie allerdings ein paar Hürden überwinden.

Erst einmal benötigen Sie für den Download in Onlinestores wie bei allen anderen Shops ein Benutzerkonto. Für die Anmeldung werden lediglich ein paar Adressdaten sowie Ihre E-Mail-Adresse benötigt.

Internetportale wie Libri bieten Ihnen Tausende E-Books zum Download an.

Erst wenn Sie einen Kauf tätigen, müssen Sie Ihre Kreditkarteninformationen angeben. Anschließend können Sie den neuen Buchtitel von Ihrem Benutzerkonto im Onlineshop runterladen.

Bücher mit Kopierschutz

Die Datei, die Sie im Onlineshop runterladen, ist häufig eine sogenannte ACSM-Datei. Diese Datei ist nicht das E-Book selber, sondern nur ein Ticket, mit dem der Download erlaubt wird. Sie benötigen daher zusätzlich eine Software, um mit diesem Ticket Ihr Buch zu erhalten.

Der Hintergrund: Viele E-Books, wie Bestseller, die im Internet zum Kauf angeboten werden, sind mit einem DRM-Kopierschutz versehen. Das DRM (**D**igitales **R**echte**m**anagement) ermöglicht es den Onlineshops, Lizenzen für die Nutzung der geschützten Werke zu verkaufen.

Sie selbst zahlen sozusagen nur für die Nutzungsrechte der Daten und nicht für die Daten selbst. Wenn Sie ein E-Book kaufen, ist die Nutzung dahingehend eingeschränkt, dass Sie das Buch auf maximal sechs Geräten beziehungsweise PCs lesen können.

Um die Verbreitung zu kontrollieren, lassen sich die Bücher nur mit einer zusätzlichen Software laden. Auf der Internetseite von Adobe finden Sie unter *www.adobe.com/de/products/digitaleditions* das passende Programm Adobe Digital Editions. Die Software ist in der Lage, ACSM-Dateiformate zu öffnen, wie sie in Onlineshops wie Libri oder Thalia zum Einsatz kommen.

Die ACSM-Dateien enthalten Informationen über den Kopierschutz und den Downloadserver, die es der Software ermöglichen, die geschützten EPUB-Formate herunterzuladen. Das Programm ist allerdings nur für Windows und Mac erhältlich und lässt sich nicht auf Ihrem Tablet nutzen. Demnach müssen Sie Ihre Einkäufe am PC erledigen und die Bücher anschließend vom PC auf Ihr Tablet übertragen.

Zuvor müssen Sie sich allerdings noch bei Adobe registrieren, um eine Adobe-ID zu erhalten, die für die Nutzung der gekauften E-Books auf dem PC und Tablet gefordert wird. Die Registrierung erfolgt automatisch bei der Installation von Adobe Digital Editions auf Ihrem PC. Die Adobe-ID erhalten Sie als E-Mail in der Registrierungsbestätigung.

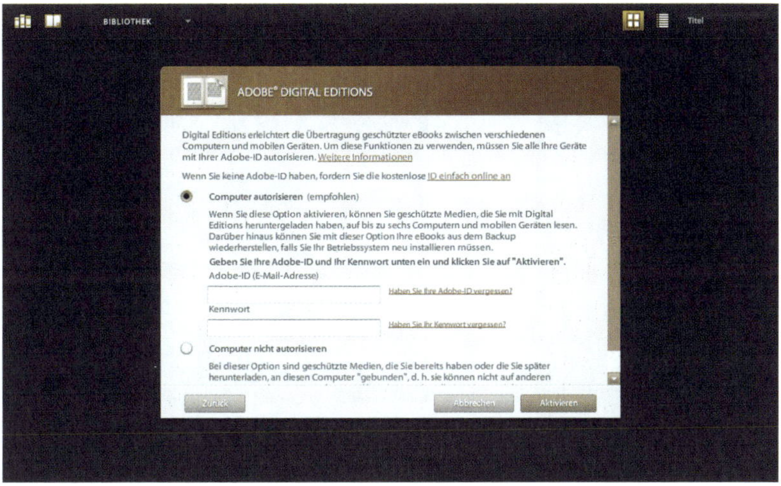

Um die Software nutzen zu können, müssen Sie sich bei Adobe registrieren.

Erst nachdem Sie Ihre Adobe-ID in Adobe Digital Editions eingetragen haben, ist Ihr Computer für die Nutzung DRM-geschützter E-Books autorisiert. Im Anschluss laden Sie mit einem Doppelklick auf die ACSM-Datei Ihr E-Book auf den Computer, und es wird in Adobe Digital Editions angezeigt.

So können Sie nach und nach neue Titel in die Bibliothek hinzufügen. Die Software verwaltet alle Bücher und zeigt Ihnen Informationen wie Titel, Autor und Verlag an, um mit den Sortierfunktionen schnell das richtige Buch zu finden. Zudem können Sie sehen, wann Sie ein Buch hinzugefügt und zuletzt gelesen haben.

Ihre neue Buchdatei sowie alle zukünftigen Einkäufe werden auf Ihrem Computer als Datei mit der Endung *.epub* gespeichert. Um Ihre E-Books auf Ihr Tablet zu übertragen, öffnen Sie den Windows-Explorer, wählen das Verzeichnis von Adobe Digital Editions, in dem Ihre Bücher gespeichert sind, und kopieren die Dateien auf den angeschlossenen Tablet-PC.

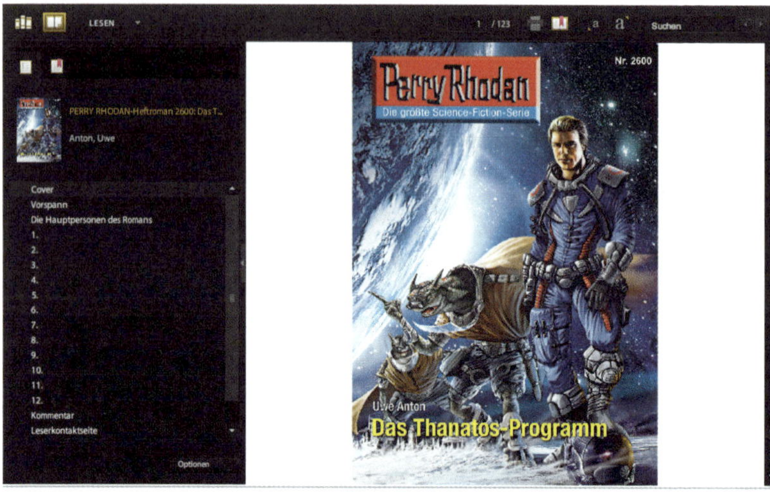

Entschlüsselte E-Books lassen sich vom PC auf Ihr Tablet übertragen.

Der passende Reader für Ihre Bücher

Wenn Sie in anderen Onlineshops wie Thalia oder Libri E-Books kaufen möchten, da beispielsweise der eine oder andere Bestseller günstiger angeboten wird, kommen Sie mit den Reader-Apps von Amazon und Kobo nicht weiter. Sie unterstützen nur die von ihnen bezogenen E-Books und lassen sich nicht für andere Dateien auf dem Tablet nutzen.

Sie benötigen somit einen weiteren E-Book-Reader aus dem Android Market. Doch aufgepasst: Nicht jeder E-Book-Reader ist für DRM-geschützte Bücher geeignet. Der E-Book-Reader muss in den Einstellungen die Möglichkeit bieten, Ihr Tablet mit der Adobe-ID zu berechtigen. Eine passende App aus dem Android Market ist der kostenlose Aldiko-Reader. Wenn Sie mit dem Programm ein DRM-geschütztes E-Book öffnen, erscheint ein Anmeldefenster, in dem Sie Ihre Adobe-ID mit Passwort eingeben müssen. Damit autorisieren Sie Ihren Tablet-PC für die Nutzung des E-Books.

Alle Bücher, die Sie mit Aldiko lesen, werden in einem Bücherregal angezeigt.

Mit Aldiko können Sie neben DRM-geschützte auch DRM-freie Bücher lesen und den Reader auch für E-Books nutzen, die im PDF-Format vorliegen. Bei der Darstellung von Büchern im PDF-Format können Sie allerdings keine Lesezeichen setzen.

Mit Aldiko können Sie DRM-geschützte E-Books auf dem Tablet lesen.

Aldiko verwaltet alle Ihre Bücher auf dem Tablet und bietet darüber hinaus einen Zugang zu verschiedenen Internetplattformen, auf denen Sie zahlreiche kostenlose Bücher herunterladen können. Hier finden Sie vor allem Klassiker wie Tom Sawyer, Dracula und der Kleine Lord sowie verschiedene Kinderbücher.

Für Comic-Liebhaber

Wenn Sie gern Comics lesen, dann finden Sie mit der kostenlosen App Comics das richtige Programm. Damit können Sie die beliebten Bilderheftchen auch bildschirmfüllend auf Ihrem Tablet lesen.

Das Programm bietet Ihnen den Zugang zu über 6.000 Comics aus dem Internetshop Comixology. Zahlreiche davon können Sie sogar kostenlos auf Ihren Tablet-PC laden.

Die angebotenen Comics sind zwar nur in Englisch erhältlich, dass schmälert aber nicht das Lesevergnügen.

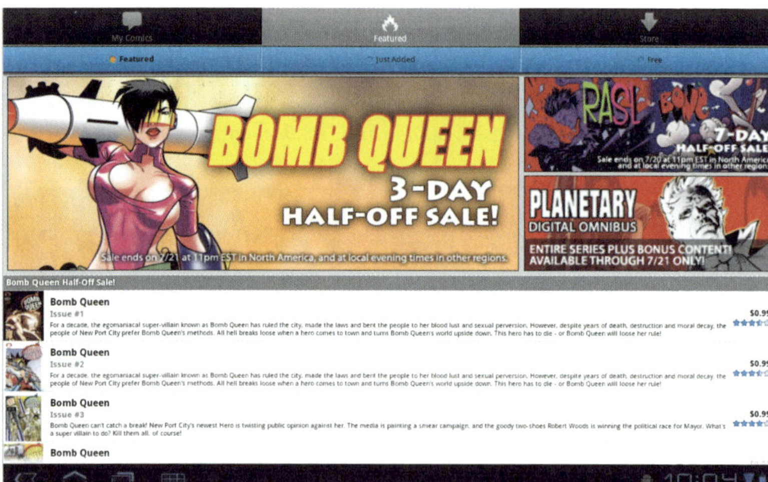

Mit Comics können Sie über 6.000 Bildergeschichten auf Ihrem Tablet lesen.

Um Comics zu laden, müssen Sie sich mit Ihrer E-Mail-Adresse bei einer bestehenden Internetverbindung registrieren. Sie erhalten automatisch in einer E-Mail einen Bestätigungslink, mit dem Sie die Anmeldung abschließen.

Anschließend können Sie in verschiedenen Kategorien und Genres stöbern oder gezielt nach einem Comic suchen. Mit Comics verwalten und lesen Sie alle Hefte auf dem Tablet, die Sie mit der App im Onlineshop von Comixology gekauft haben.

Blättern Sie auf dem Bildschirm durch Comics mit einem Fingerwisch.

8. Reise

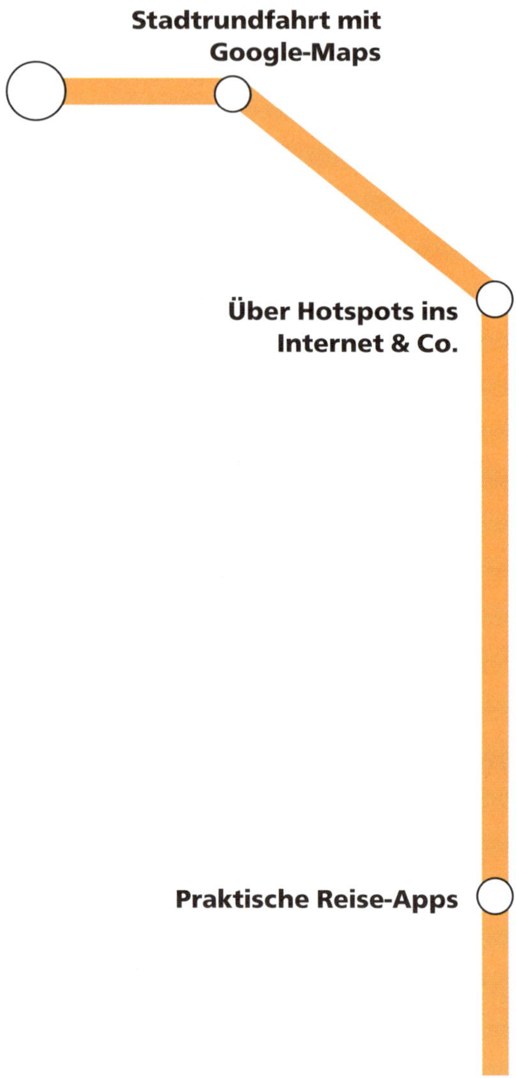
Stadtrundfahrt mit Google-Maps
Über Hotspots ins Internet & Co.
Praktische Reise-Apps

Ein Tablet-PC passt in jede Reisetasche und ist im Vergleich zu einem Laptop unheimlich mobil. Auch wenn Sie Ihr Tablet sicherlich eher auf der heimischen Couch nutzen, ist damit zu rechnen, dass Sie es auch öfters mitnehmen werden. Mit dem Tablet im Gepäck haben Sie Stadtplan, Reiseführer und Navigationsgerät griffbereit.

8.1 Eine Stadtrundfahrt mit Google-Maps

Mit dem integrierten GPS-Modul weiß Ihr Tablet immer, wo Sie sich im Moment aufhalten. Mit der vorinstallierten App Maps können Sie sich nicht nur Ihren Standort auf einer Karte anzeigen lassen, sondern auch Informationen von Ihrer Umgebung anschauen.

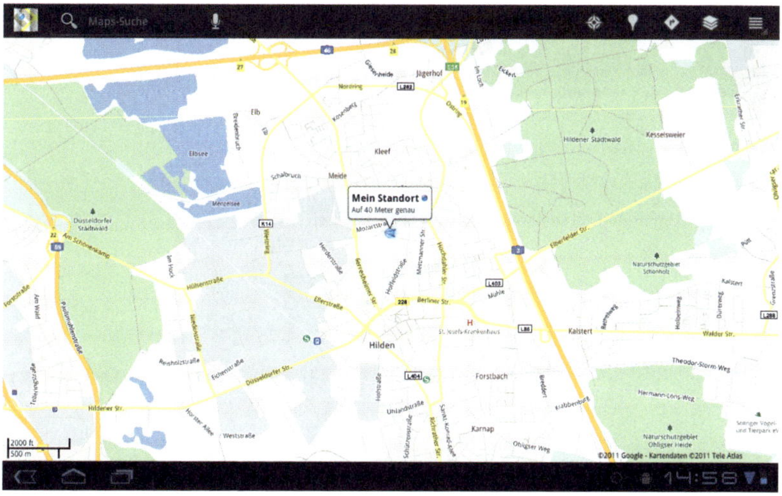

Mit Maps wird Ihr Standort, an dem Sie sich aufhalten, in einer Karte angezeigt.

Mit Maps finden Sie schnell den Weg ins nächste Restaurant oder zu den interessanten Sehenswürdigkeiten in der Nähe. Um Maps zu nutzen, benötigen Sie eine Internetverbindung, damit das Programm das Kartenmaterial aus dem Internet laden kann.

Standort festlegen

Zudem müssen Sie festlegen, ob der Tablet-PC mithilfe von GPS-Satellitensignalen oder des Mobilfunknetzes Ihren Standort ermitteln soll. Berühren Sie zum Festlegen des Standorts im Einstellmenü Ihres Tablets den Punkt *Anwendungen* und anschließend *Standort und Sicherheit*. Setzen Sie nun einen Haken bei *GPS-Satelliten verwenden* und/oder *Drahtlosnetzwerke nutzen*.

Legen Sie in den Einstellungen fest, wie Ihr Tablet geortet wird.

Wenn Sie in Maps oben in der Aktionsleiste das Fadenkreuz berühren, wird Ihr Standort auf der Karte als blauer Kreis angezeigt. Je kleiner der Kreis ist, desto genauer ist die Standortangabe.

Stromspar-Tipp

Sie schonen den Akku, indem Sie Ihren Standort nur über den Empfangsbereich des Mobilfunknetzes ermitteln. Die Genauigkeit ist zwar damit wesentlich geringer, reicht jedoch für eine Lokalisierung in einem Umkreis von rund einhundert Metern. Dazu deaktivieren Sie im Menü *Standort und Sicherheit* den Punkt *GPS-Satelliten verwenden*. Achten Sie darauf, dass der Haken bei *Drahtlosnetzwerke nutzen* gesetzt ist.

Navigation in Google-Maps

Wenn Sie eine Karte ansehen, berühren Sie den Bildschirm mit zwei Fingern, um die Karte zu drehen, zu neigen oder zu vergrößern beziehungsweise zu verkleinern.

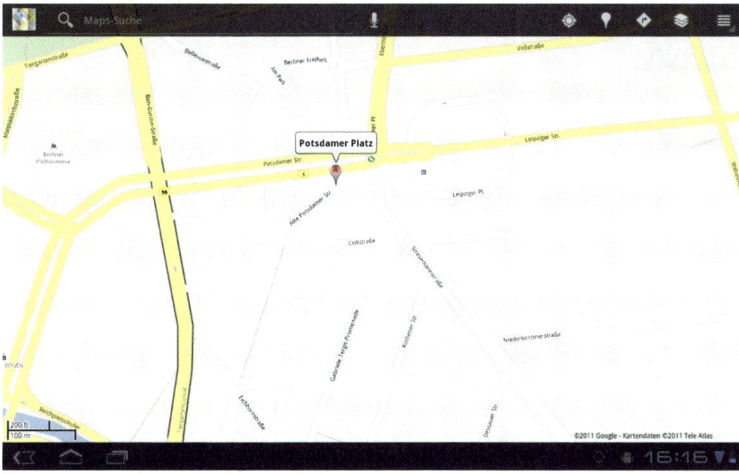

Zum Vergrößern oder Verkleinern kneifen Sie zwei Finger zusammen oder spreizen sie auseinander. Einige Städte lassen sich sogar soweit vergrößern, um einzelne Gebäude in 3-D anzuzeigen. Um die Karte zu drehen, berühren Sie das Display und drehen mit zwei Fingern.

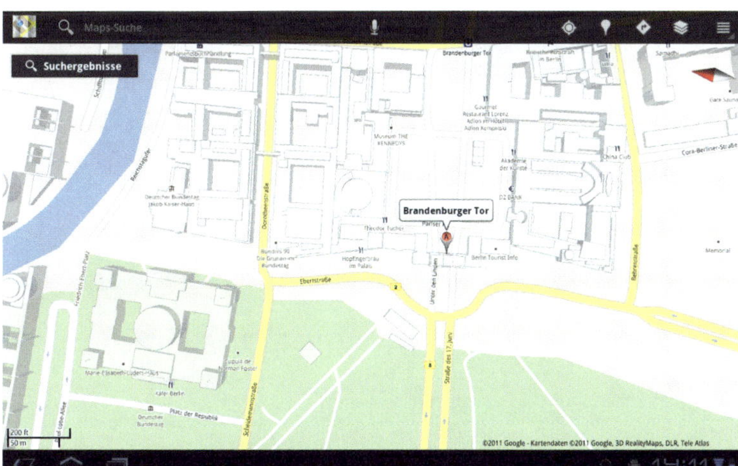

Wenn Sie in einigen Städten wie Berlin nah genug zoomen, erscheinen auf dem Bildschirm die Umrisse einzelner Gebäude.

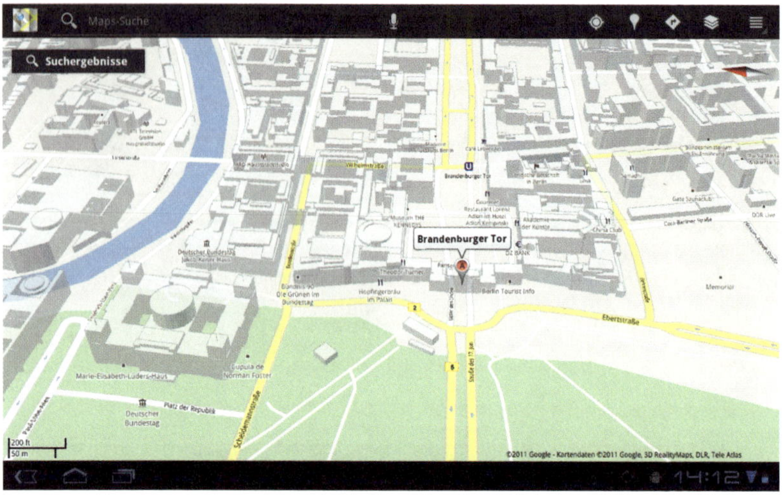

Ziehen Sie zwei Finger auf dem Display von oben nach unten, um die Karte zu neigen, und die Gebäude werden dreidimensional angezeigt.

Wenn Sie auf der Karte eine Stelle mit dem Finger gedrückt halten, wird die dazugehörige Adresse in einem separaten Fenster angezeigt.

Mit den Schaltflächen erkunden Sie die Umgebung und starten Street View.

Sie können den Ort mit einem Stern markieren und speichern, um die Adresse später nochmals anzusteuern. Das Infofenster bietet Ihnen drei weitere Schaltflächen, um die Umgebung der Adresse zu erkunden oder zu der angezeigten Adresse zu navigieren.

Mit der ersten Schaltfläche gelangen Sie in der Karte zurück zu der gewählten Adresse, ganz gleich, wie weit Sie die Umgebung auf der Karte erforschen. Mit der zweiten Schaltfläche können Sie von Ihrem Standort aus zu der angezeigten Adresse navigieren. Mit dieser Funktion finden Sie beispielsweise schnell den Weg zu Sehenswürdigkeiten oder die Richtung zurück ins Hotel.

Das Männlein auf der dritten Schaltfläche nennt sich Pegman. Sobald Sie die Schaltfläche berühren, öffnet sich auf dem Bildschirm Google-Street View. Erkunden Sie mit Street View in Maps Orte auf der ganzen Welt in 360 Grad auf Straßenebene. In dem angezeigten Bild können Sie sich mit dem Finger um die eigene Achse drehen und alles sehen. Dazu streichen Sie langsam über dem Bildschirm von links nach rechts beziehungsweise umgekehrt.

Bewegen Sie den Pegman im Bild für einen virtuellen Spaziergang mit Street View.

Wenn Sie in eine bestimmte Richtung auf dem Bildschirm spazieren möchten, berühren Sie den Pegman unten links im Bild und bewegen den Finger beispielsweise zum Horizont der angezeigten Straße. In einem kurzen Flug landen Sie an einer neuen Position, an der Sie sich weiter umschauen können. Mit Street View können Sie zu Hause Ihre nächste Urlaubsreise planen und vorab einen virtuellen Stadtbummel machen.

Suchen und finden

Oben in der Aktionsleiste von Maps haben Sie auf der linken Seite die Möglichkeit, im Texteingabefeld gezielt nach einem Ort zu suchen. Geben Sie mit der virtuellen Tastatur eine Adresse, eine Firma oder einen Ort in das Suchfeld ein, und bestätigen Sie die Eingabe mit der Enter-Taste. Sofort wird der gesuchte Ort auf der Karte angezeigt. Sie können die Suchanfrage auch mit der Spracherkennung eingeben. Dazu berühren Sie das Mikrofonsymbol und sprechen nach der Aufforderung laut und deutlich die gesuchte Örtlichkeit.

Auf der rechten Seite der Aktionsleiste ist das erste Symbol der Kompass. Damit wird die Kompassfunktion des Tablets aktiviert, und die Karte dreht sich mit Ihnen mit, wenn Sie sich bewegen. So können Sie sich besser orientieren, wenn Sie in einer fremden Stadt mit Maps zu einem bestimmten Ort navigieren.

Mit dem zweiten Symbol aktivieren Sie Google Places. Damit können Sie sich spezielle Orte wie Restaurants, Geldautomaten oder Sehenswürdigkeiten in Ihrer Nähe anzeigen lassen.

Sobald Sie eine Auswahl berühren, erhalten Sie auf dem Bildschirm beispielsweise eine Liste der Restaurants mit den dazugehörigen Adressen. Wenn Sie in der Liste auf eine Gaststätte tippen, sehen Sie weiterführende Informationen wie Internetadresse, eine Telefonnummer für die Tischplatzreservierung sowie Erfahrungsberichte anderer Google-Nutzer. So können Sie schon vorher abwägen, ob der Laden ein Insidertipp ist. Verlassen Sie sich jedoch nicht blind auf die Bewertungen, vor allem wenn nur wenige User einen Kommentar abgegeben haben.

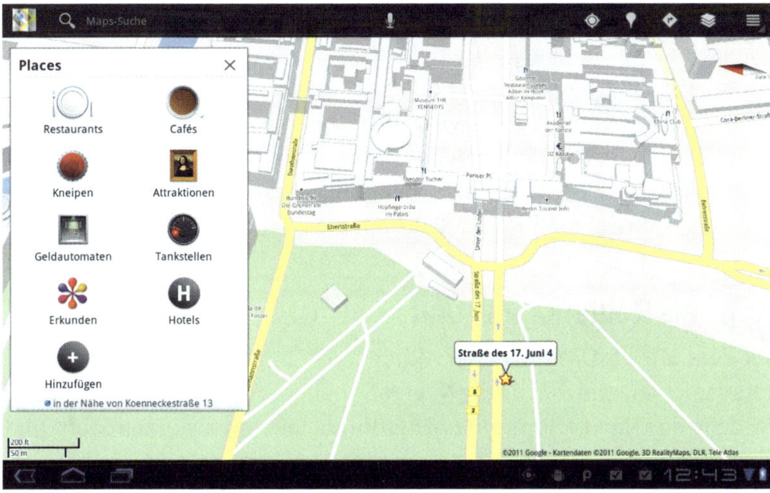

Mit Google Places finden Sie schnell Geldautomaten und mehr in Ihrer Umgebung.

Finden Sie mit Google Places ein neues Lieblingsrestaurant in Ihrer Nähe.

Tipp

Mit Places haben Sie gleichzeitig ein riesiges Branchenverzeichnis. Wenn Sie selbst ein Geschäft betreiben, können Sie sich mit Ihrem Google-Account im Internet unter *www.google.de/places* registrieren, um selbst von anderen Google-Nutzern gefunden zu werden. Sie können Ihren Eintrag sogar mit Fotos und Videos ergänzen. Im Anschluss erhalten Sie mit der Post Ihre persönlichen Aktivierungsdaten. Mit Places stellen Sie kostenlos Ihre eigene Werbung ins Internet.

Maps als Routenplaner und Navi

Mit dem dritten Symbol in der Aktionsleiste, das aussieht wie ein Verkehrszeichen, starten Sie die Navigationsfunktion in Google Maps. Sobald Sie das Navigationssymbol berühren, können Sie einen Start- und einen Zielpunkt für Ihre Route eingeben. Als Startpunkt ist Ihre derzeitige Position vorgegeben. Sie können aber auch eine andere Startadresse eintragen.

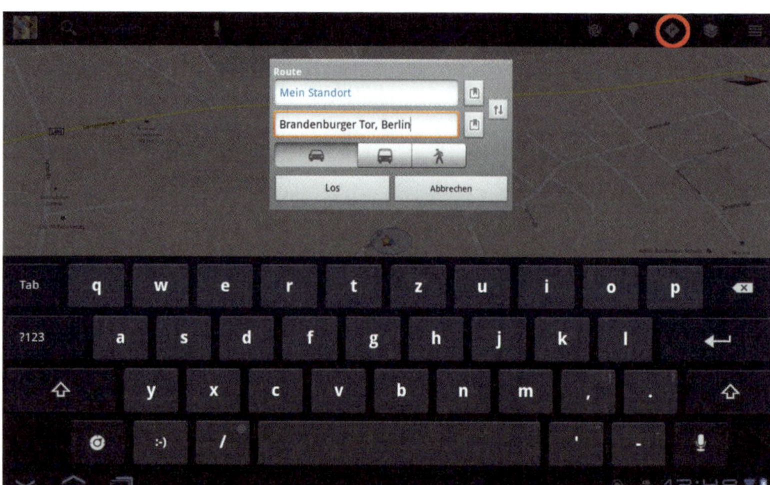

Berühren Sie das Navigationssymbol, geben Sie eine Zieladresse ein, wählen Sie das Verkehrsmittel und starten Sie die Route beispielsweise zu Ihrem Urlaubsort.

Wählen Sie anschließend, ob Sie die Strecke mit einem Auto, mit öffentlichen Verkehrsmitteln oder zu Fuß bewältigen wollen. Die Navigation mit öffentlichen Verkehrsmitteln funktioniert allerdings nur in den USA. Mit einem Klick auf *Los* erhalten Sie in einem Fenster auf der Karte die fertige Routenplanung mit allen Richtungsvorgaben.

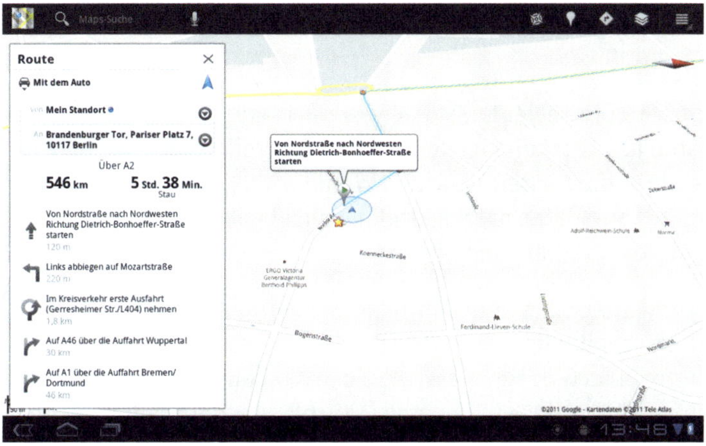

Die Routenplanung zeigt Ihnen die Strecke mit allen Richtungsvorgaben.

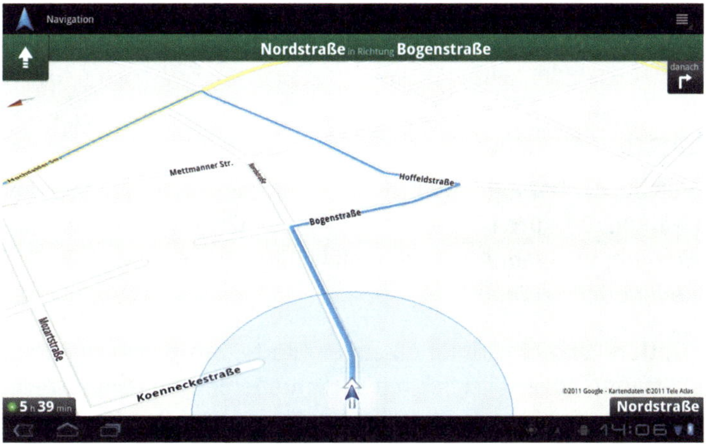

Die Beta-Version der Navigationslösung von Google kann Fehler in der Streckenführung enthalten und Probleme bei der Darstellung in Echtzeit haben.

Alternativ lässt sich die Navigation auch über die Kartenansicht einer Adresse starten oder aus einem der Suchergebnisse von Google Places heraus.

Neben der Anzeige der gewählten Route können Sie auch eine vollautomatische Navigation mit Sprachausgabe starten. Dazu berühren Sie im Fenster der Routenplanung den blauen Pfeil neben dem gewählten Verkehrsmittel.

Doch Vorsicht: Die Navigationslösung ist nur in einer Betaversion erhältlich (Stand: Juli 2011) und ist noch nicht ausgereift. Sobald Sie die Navigation starten, erhalten Sie einen Warnhinweis auf dem Bildschirm, dass die Verkehrsdaten nicht in Echtzeit ausgegeben werden und Streckenverläufe fehlerhaft sein können.

Als Navi im Auto ist das Tablet ohnehin zu sperrig und behindert an der Windschutzscheibe doch arg die Sicht. Sie müssten schon Ihren Beifahrer bitten, das Gerät zu halten. Für den Fußgängermodus jedoch ist die Lösung sehr praktisch, um eine Örtlichkeit in der Stadt zu finden.

Dank der Sprachausgabe müssen Sie auch nicht ständig auf das Display schauen, sondern können beim Spazieren alle Eindrücke genießen und Neues entdecken. Vom Handling her ist das Tablet wesentlich komfortabler als jeder Faltplan.

Kartenmodus auswählen

Sie können bei der Darstellung von Karten zwischen verschiedenen Ansichten wählen. Berühren Sie dazu oben in der Aktionsleiste das Symbol für *Ebenen*. In einem Auswahlmenü wählen Sie die Optionen *Verkehr*, *Satellit* oder *Gelände*.

Mit der Option *Verkehr* wird Ihnen auf der Karte farbig angezeigt, auf welchen Straßen augenblicklich mit Verkehrsbehinderungen zu rechnen ist. Mit *Satellit* hingegen werden Sie die angezeigten Kartenausschnitte als Satellitenfotos dargestellt.

Ein Blick auf das Brandenburger Tor in Berlin mit der Satelliten-Darstellung.

Die Verkehrslage im Bereich Düsseldorf kurz vor dem Berufsverkehr.

Zeigen Sie Ihren Freunden, wo Sie sind

Mit Google Latitude zeigen Sie Freunden und Familienangehörigen, wo Sie sich aufhalten. Umgekehrt sehen Sie auch den Aufenthaltsort Ihrer Kontakte. Mit dieser Funktion können Sie beispielsweise mit Maps sehen, ob Ihre Verwandten gut von der Urlaubsreise wieder zu Hause angekommen sind.

Checken Sie bei Orten wie Restaurants oder Veranstaltungen ein, um Ihre Freunde wissen zu lassen, dass Sie angekommen sind. Sie können an Orten, bei denen Sie einchecken, verschiedene Status-Level erreichen. So verändert sich beispielsweise der Status bei häufigem Einchecken von *Besucher* zu *Stammgast*. Sobald Sie wieder einen Ort verlassen, werden Sie automatisch ausgecheckt.

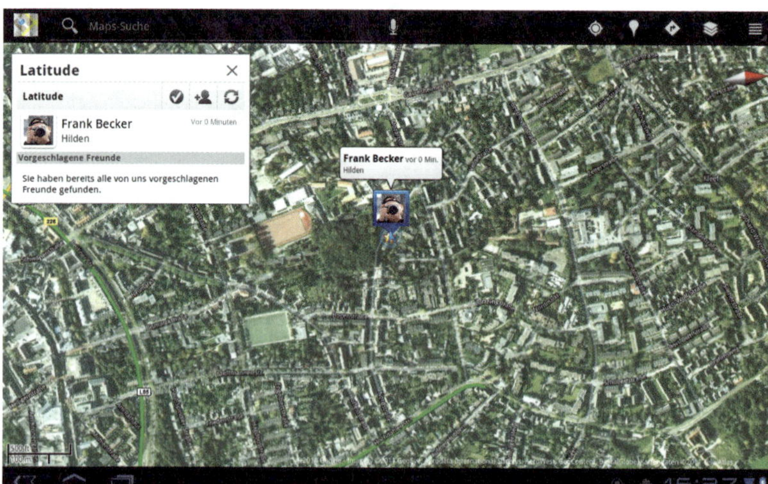

Wenn Sie möchten, wissen Ihre Kontakte mit Latitude immer, wo Sie sich aufhalten.

Sie aktivieren diese Funktion im Einstellmenü ganz rechts oben in der Aktionsleiste. Ihr Standort wird nur mit Ihrer Genehmigung weitergegeben, und Sie müssen Ihren Freunden erlauben, Ihren Standort einzusehen.

8.2 Über Hotspots ins Internet & Co.

Wenn Sie Ihr Tablet auf Reisen nutzen möchten, um ins Internet zu gehen, E-Mails zu schreiben oder Kontakte in sozialen Netzwerken zu pflegen, sollten Sie sich mit Ihrem Gerät in öffentlichen WLAN-Netzwerken, auch Hotspots genannt, anmelden. Damit ersparen Sie sich unnötige Kosten durch anfallende Roaming-Gebühren und schonen Ihre Datentransfer-Rate, die bei vielen Mobilfunkverträgen begrenzt ist. Selbst wenn Sie eine Internet-Flatrate besitzen, wird ab einem bestimmten Datenvolumen die Übertragungsgeschwindigkeit im Internet deutlich gedrosselt. Diese öffentlichen Internetzugänge werden häufig von Cafés und Bars als gern angenommene Serviceleistung angeboten. Aber auch an vielen öffentlichen Plätzen wie Bahnhöfen, Flughäfen, Einkaufszentren und in vielen Hotels stehen solche Internetzugänge zur Verfügung. Sie müssen allerdings darauf achten, ob die jeweiligen Hotspot-Betreiber den Internetzugang kostenlos anbieten. Ansonsten müssen Sie mit Kosten von ein paar Euro pro Stunde rechnen.

Hotspot finden

Am einfachsten finden Sie Hotspots in Ihrer Umgebung mit der App HotSpot Finder der Deutschen Telekom. Mit dieser App finden Sie europaweit Hotspot-Betreiber, die als Kooperationspartner der Telekom registriert sind. Die App zeigt an, wenn ein Telekom-Hotspot verfügbar ist, und hilft Ihnen, sich einfach zu verbinden.

Das Programm unterstützt auch eine nahtlose Übergabe von der mo-

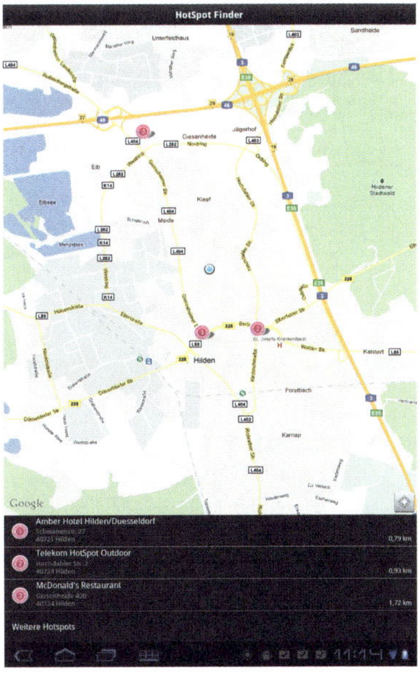

Mit HotSpot Finder finden Sie europaweit preiswerte Internetzugänge.

bilen 3G-Internetverbindung zu Wi-Fi, sobald Sie einen Deutsche-Telekom-HotSpot betreten. Sollten Sie sich nicht in der Nähe eines Hotspots befinden, zeigt die App in einer Google-Maps-Karte die Zugänge in Ihrem Umkreis an.

Insgesamt stehen Ihnen über 8.000 Hotspots der Telekom in Deutschland und weiteren europäischen Ländern über eine Datenbank im Internet zur Verfügung. Um die App zu nutzen, müssen Sie nicht zwingend ein Telekom-Kunde sein. Sie können sich einfach mithilfe der App an einem beliebigen Telekom-Hotspot einen Hotspot-Pass kaufen. Für eine Stunde Internet zahlen Sie knapp fünf Euro. Um Hotspots anderer Betreiber sowie kostenlose Internetzugänge zu finden, besuchen Sie im Internet die Seite *www.hotspot-locations.de*. Hier finden Sie Hotspots in aller Welt. Bei der Suche können Sie nach Örtlichkeiten wie Bars, Hotels und öffentliche Plätze filtern. Zudem erhalten Sie Informationen über den Betreiber und können die Adresse in einer Karte anzeigen lassen.

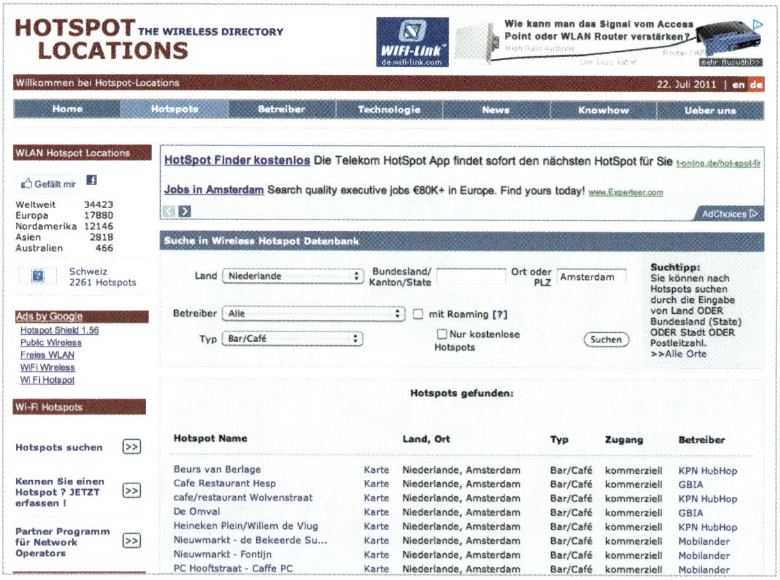

Um einen Hotspot zu finden, geben Sie im Suchfeld das Land und die Stadt ein.

8.3 Die praktischen Reise-Apps

Mit dem Tablet-PC im Reisegepäck haben Sie nicht nur Zugriff auf weltweites Kartenmaterial mit vielerlei Suchfunktionen. Mit den richtigen Apps planen Sie auch Ihre Reise bis ins letzte Detail. Mit zahlreichen Reise-Apps haben Sie auf dem Tablet einen Reiseführer, finden beziehungsweise buchen Hotels und Flüge, rechnen schnell die jeweilige Währung um und kommunizieren mittels zahlreicher Wörterbücher in der benötigten Landessprache.

Reiseführer

Entdecken Sie die schönsten Städte der Welt mit dem Reiseführer Tripwolf. Damit folgen Sie den Empfehlungen anderer Reisender und holen sich Reiseinfos aus bekannten Reiseführern wie Marco Polo und Footprint. Wenn Sie die App auf Ihrem Tablet installieren, erhalten Sie kostenlos den Reiseführer für Palma de Mallorca dazu. Für weitere Reiseführer zahlen Sie knapp vier Euro.

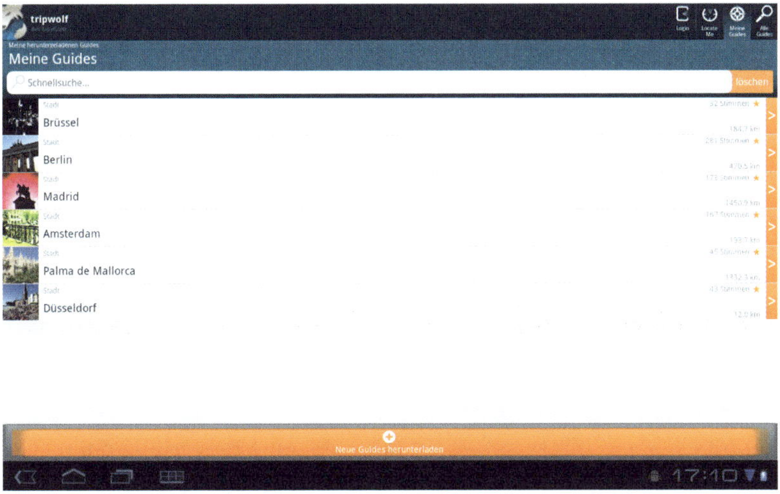

Mit der App Tripwolf verwalten Sie alle geladenen Reiseführer.

Die App zeigt Ihnen die Top-Highlights der Stadt mit Empfehlungen für Sehenswürdigkeiten, Museen, Cafés, Restaurant und Clubs. Besonders praktisch sind die Tripwolf-Guides mit Themen wie „24 Stunden in Berlin“. Egal wonach Ihnen der Sinn steht, Tripwolf kann Ihnen zu allem eine Empfehlung anbieten.

Die App besitzt sogar einen sogenannten **A**ugmented **R**eality Viewer (AR), den Sie unten rechts im Hauptmenü aufrufen können. Mit dieser Funktion wird die Kamera auf der Rückseite Ihres Tablets aktiviert, und Sie können damit Ihre Umgebung interaktiv erkunden. AR steht für erweiterte Realität und bedeutet, dass Sie zu dem angezeigten Bild der Kamera weiterführende Informationen des Reiseführers auf dem Bildschirm sehen.

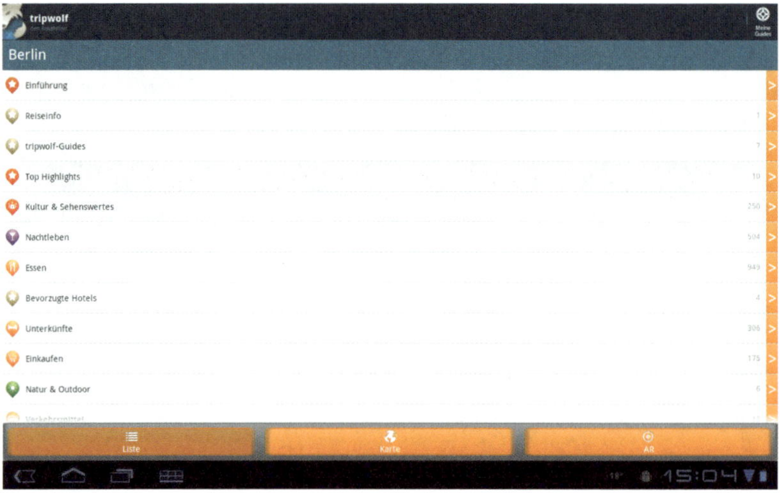

Mit Tripwolf haben Sie einen Reisführer mit zahlreichen Empfehlungen.

Wenn Sie einer der genannten Empfehlungen nachkommen, haben Sie die Möglichkeit, direkt mit Ihrem Tablet-PC eine Bewertung online abzugeben. Dazu müssen Sie allerdings bei Tripwolf als Mitglied registriert sein. Die Anmeldung erfolgt dabei direkt mit der App.

Doch nicht jede Stadt zählt zu den Metropolen dieser Welt, von denen es natürlich entsprechende Reiseführer gibt. Damit Sie sich auch in anderen Städten zurechtfinden und die örtlichen Highlights aufspüren, ist die App Tripadvisor eine interessante Alternative. Mit der App finden Sie alle wichtigen Informationen zu Ihrem Reiseziel.

Neben den örtlichen Hotels, Restaurants und Sehenswürdigkeiten können Sie mit Tripadvisor auch Flüge finden und zahlreiche Fotos ansehen. Unterkünfte, Restaurants und Attraktionen lassen sich für einen schnellen Zugriff als Favoriten speichern.

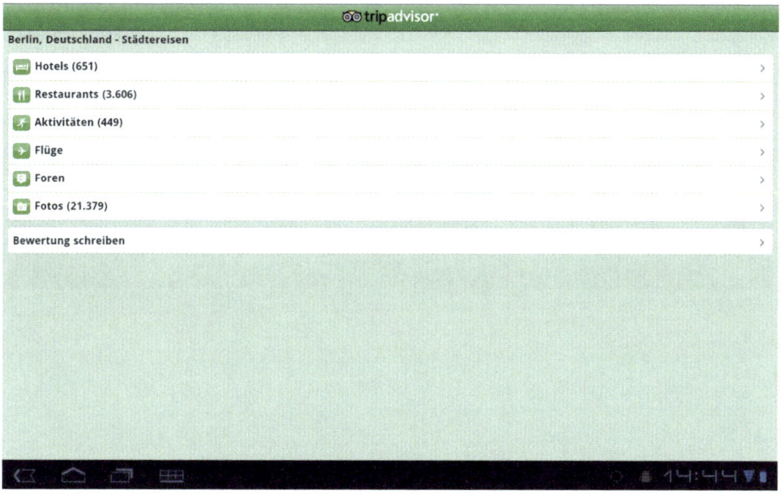

Im Hauptmenü haben Sie schnellen Zugriff auf örtliche Hotels und mehr.

Flüge und Hotels buchen

Mit Tripadvisor finden Sie nicht nur die nächste Flugverbindung zu Ihrem Reiseort. Sie können mit der App auch gleich einen Flug buchen und die günstigsten Angebote im Internet vergleichen. Alternativ bieten auch einige Fluglinien wie Air France, American Airlines, KLM, eine eigene App für Ihren geplanten Urlaubsflug an.

Mit diesen Programmen sehen Sie alle verfügbaren Verbindungen und können auch sofort einen Sitzplatz buchen. Mit einigen dieser Apps erhalten Sie ebenfalls gleich einen digitalen Boarding-Pass in Form eines Barcodes.

Der Barcode auf dem Bildschirm wird am Gate vor dem Einsteigen gescannt, und Sie können in der Maschine Platz nehmen. Besonders sinnvoll ist diese Funktion, wenn Sie beispielsweise ein paar Tage zuvor bereits Ihr Gepäck aufgegeben haben. So müssen Sie am Abreisetag nirgendwo mehr in der Schlange stehen und können stressfrei starten.

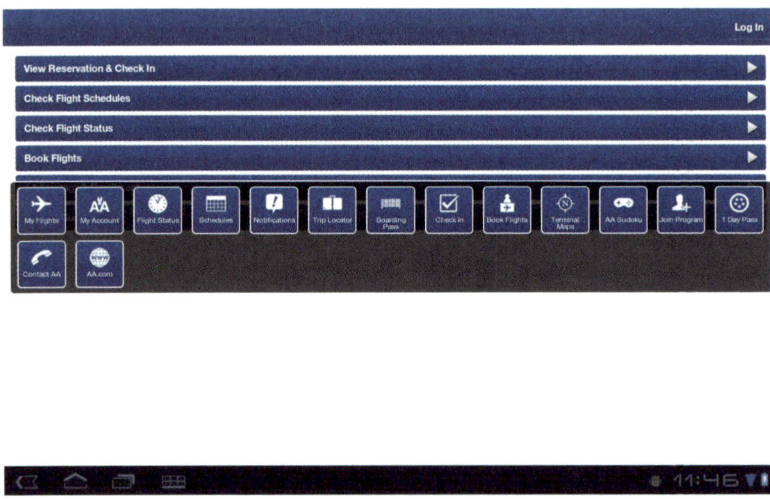

Mit der App von American Airlines erhalten Sie auch einen digitalen Boarding-Pass.

Wenn Sie Ihr Reiseziel lieber mit der Bahn erreichen möchten, dann ist die App DB Navigator aus dem Android Market die richtige Wahl. Die App der Deutschen Bahn zeigt Ihnen alle Zugverbindungen inklusive Informationen, beispielsweise ob die eine oder andere Verbindung sich verspätet.

Für Ihre Planung stehen Ihnen Fahrpläne für DB Bahn, S-Bahn, U-Bahn und Bus von VRR, VRS, RMV, VRN, VBB, VGN, VGM, MVV und NVV, Frankreich (SNCF), Österreich (ÖBB), Schweiz (SBB) und viele Weitere zur

Verfügung. Sie können bei der Suche nach der richtigen Verbindung auch eine Buchung vornehmen. Dazu werden Sie dann auf die Webseite *www.bahn.de* weitergeleitet. Da Ihr Tablet-PC allerdings weder über eine Telefon- noch eine SMS-Funktion verfügt, müssen Sie bei einer Buchung den Beleg an Ihrem PC ausdrucken.

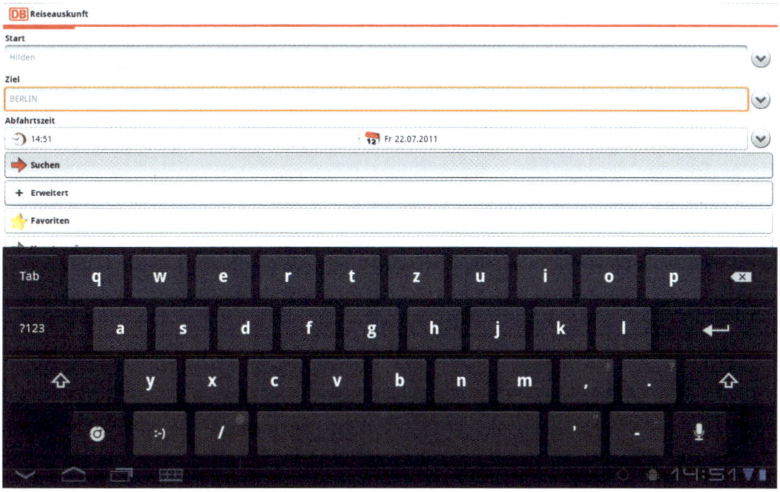

Mit DB Navigator planen Sie Ihre Reise mit öffentlichen Verkehrsmitteln.

Nachdem Sie eine passende Reiseverbindung mit dem Flugzeug oder der Bahn gebucht haben, fehlt nur noch die richtige Unterkunft. Mit der App von Trivago finden Sie weltweit Hotels, Pensionen und Hostels in allen Preisklassen.

Mit der Trivago-App finden Sie schnell den besten Preis für über 500.000 Hotels auf mehr als 100 Internetseiten. Wählen Sie einfach das Hotel, und Trivago zeigt, wo es zum besten Preis zu buchen ist, und leitet Sie direkt dorthin weiter. Geben Sie dazu in der Suchfunktion Ihre Reisestadt und Dauer des Aufenthalts an.

Anschließend erhalten Sie auf dem Bildschirm eine Liste aller Unterkünfte. Die Suchergebnisse lassen sich in Trivago nach Kundenbewertungen und Preis sortieren. Mit der Filterfunktion können Sie zusätzliche Parameter festlegen. In den Filtereinstellungen geben Sie neben der Sterne-Kategorie auch die gewünschte Zimmerausstattung vor und legen die maximale Entfernung zum Stadtzentrum fest. Wenn sie möchten, wird das Hotel auch in Maps angezeigt, und Sie können sich dorthin navigieren lassen.

Mit Trivago finden Sie schnell Ihre passende Unterkunft am Urlaubsort.

Reisewetter

Der Erfolg eines Wochenendtrips für eine Städtereise steht und fällt mit dem Wetter. Damit Sie am Reiseziel nicht überraschend im Regen stehen und nur Museen und Restaurants aufsuchen können, hilft ein Blick auf eine Wetter-App. Mit AccuWeather for Honeycomb wissen Sie, was Sie für die Reise einpacken sollten.

Unter *Aktuelle Bedingungen* finden Sie, mit einem an das Wetter angepassten Hintergrund, alle wichtigen Basisdaten wie Temperatur, Luftfeuchtigkeit, Luftdruck und Windgeschwindigkeit. Sie haben mit der App auch eine Vorhersage für die kommenden 15 Tage.

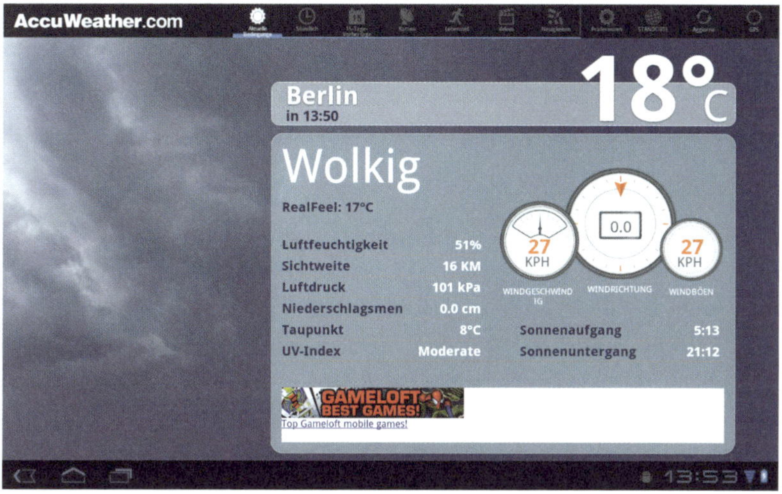

Mit AccuWeather sehen Sie alle Wetterdaten von Ihrem Urlaubsort.

Mit der Wettervorhersage können Sie für die kommenden 15 Tage Daten für Temperaturen, Niederschläge und Wind ablesen.

9. Die Sicherheit

Der sichere Schutz vor Langfingern

Der sichere Schutz vor Viren & Co.

Ein Tablet-PC ist wie ein Smartphone für die mobile Nutzung ausgelegt. So besteht auch hier die Gefahr, das Gerät zu verlieren oder dass es in einem unaufmerksamen Moment gestohlen wird.

Mit einer Displaysperre können Sie zwar Ihr Tablet im Einstellmenü des Geräts vor unbefugter Nutzung schützen und Ihre gespeicherten Daten zusätzlich verschlüsseln, doch ihr Tablet befindet sich im schlimmsten Fall in fremden Händen.

Spezielle Apps helfen Ihnen, das Tablet via GPS zu orten, zu sperren, einen Alarm auszulösen oder sensible Daten aus der Ferne zu löschen. Eine weitere Gefahr für die Daten ist der Befall durch Viren. Mit der richtigen App lassen sich alle gespeicherte Daten schützen.

9.1 Der sichere Schutz vor Langfingern

Mit der Sicherheitslösung McAfee WaveSecure aus dem Android Market lassen sich alle Daten auf Ihrem Tablet sicher schützen. Mit der App sind Sie in der Lage, Ihre Daten zu sichern und wiederherzustellen, Ihr Tablet zu sperren, es zu überwachen und zu orten sowie sämtliche Daten aus der Ferne zu löschen.

Mit der Datensicherung können Sie Ihre persönlichen Kontakte auf einem McAfee-Server im Internet speichern. Darüber hinaus haben Sie die Option, auch andere Dateien wie Filme und Fotoaufnahmen auf den Server zu laden.

Denn diese sind bei Verlust oder Diebstahl Ihres Tablets unwiderruflich verloren. Bei der Wiederherstellung der online gespeicherten Daten, werden diese drahtlos an Ihr Tablet gesendet.

Wenn Ihr Tablet gestohlen wird und der Dieb Ihre SIM-Karte für den Internet-Zugang gegen eine andere tauscht, wird diese Aktion automatisch registriert.

Sobald ein Wechsel der SIM-Karte erkannt wird, sperrt der Sicherheitsdienst Ihr Tablet. Damit wird der unbefugten Nutzung ein Riegel vorgeschoben, und das Tablet wird für den Dieb wertlos.

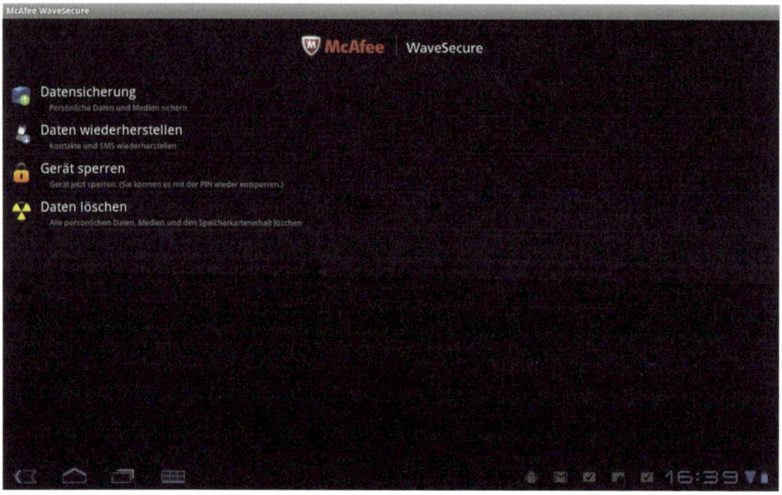

Im Menüsystem von WaveSecure können Sie den Schutz Ihres Tablets einrichten.

Sie können zusätzlich eine Meldung einrichten, die auf dem Gerät angezeigt wird und den potenziellen Dieb oder Finder auffordert, das Gerät zurückzugeben. Sie haben auch die Möglichkeit, per Fernzugriff ein Warnsignal an Ihr Tablet zu schicken und damit die Wahrscheinlichkeit zu erhöhen, dass Sie dieses zurückerhalten.

Darüber hinaus ermöglicht McAfee WaveSecure es Ihnen, den derzeitigen Standort Ihres Tablets zu überwachen und sogar auf einer Karte darzustellen.

Starten Sie über die McAfee-WaveSecure-Website einen Löschvorgang per Fernzugriff, um alle privaten Daten auf Ihrem Android-Tablet zu entfernen. Dasselbe gilt für Kontakte, Nachrichten, Fotos und Videos, die auf Ihrer Speicherkarte gesichert sind.

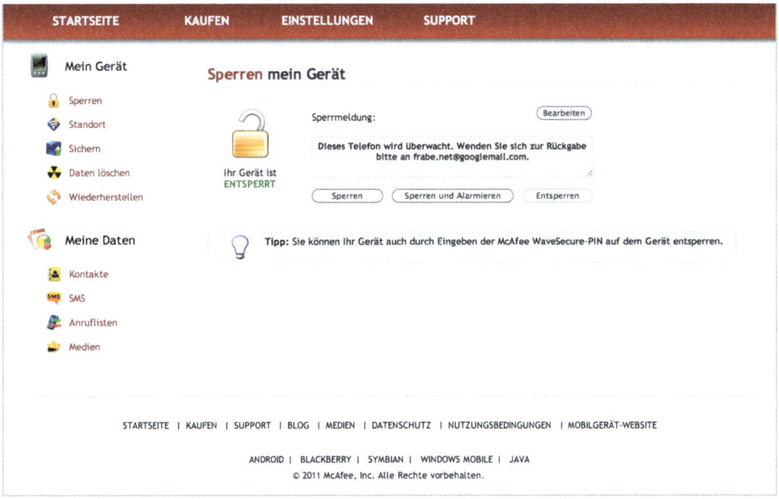

Sperren Sie Ihr Tablet aus der Ferne und hinterlassen Sie dem Dieb eine Nachricht.

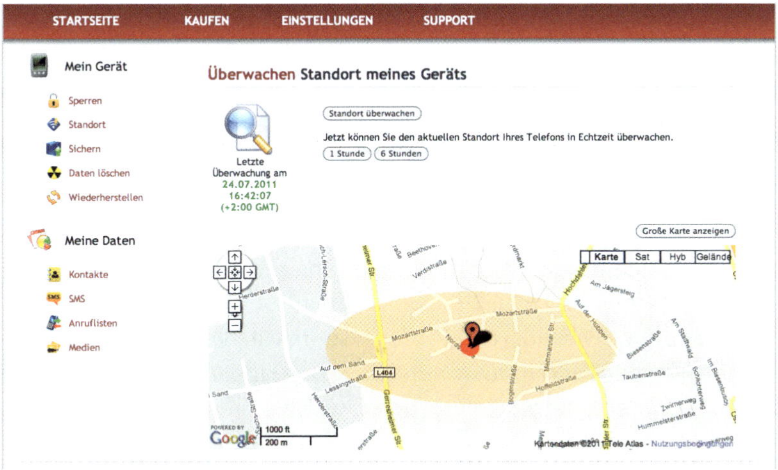

Bei der Überwachung wird der Standort Ihres Tablets in Google Maps angezeigt.

9.2 Der sichere Schutz vor Viren & Co.

Mit Anti-Virus Free erhalten Sie im Android Market eine kostenlose App, die prinzipiell die gleichen Ansätze verfolgt wie die Lösung von McAfee. Anti-Virus Free hat allerdings in seiner Sicherheitslösung auch einen Virenscanner für den Tablet-PC integriert.

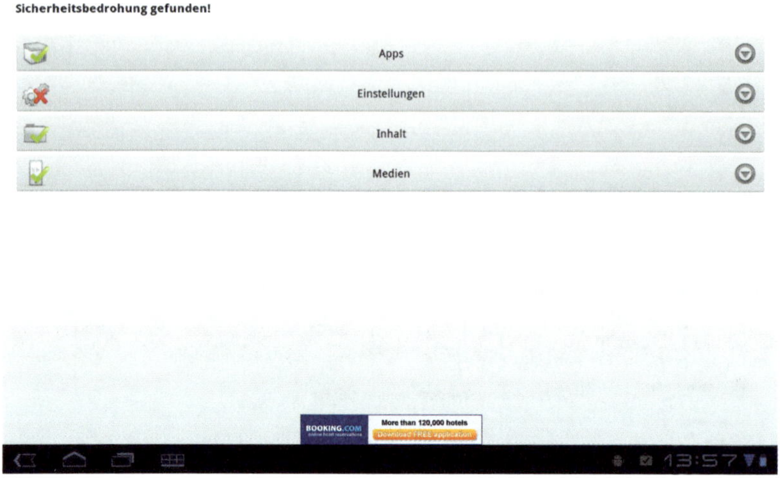

Gefundene Sicherheitsbedrohungen werden auf dem Bildschirm angezeigt.

Die integrierte Antivirussoftware bietet Schutz vor Viren, Malware und Spyware. Zudem erkennt das Programm unsichere Geräteeinstellungen und liefert Tipps zur Lösung dieser Probleme. Auch Ihre gespeicherten Mediendateien wie Musik und Videos werden auf gefährliche Software und Sicherheitsbedrohungen geprüft. In den Einstellungen können Sie einen täglichen oder wöchentlichen Check aktivieren.

Im Falle eines Diebstahls können Sie Ihr Tablet per Fernzugriff sperren, sodass die Diebe es nicht auf Ihre Kosten für eine Internetverbindung benutzen können. Mithilfe der Positionsbestimmungsfunktion lässt sich der Tablet-PC auch orten.

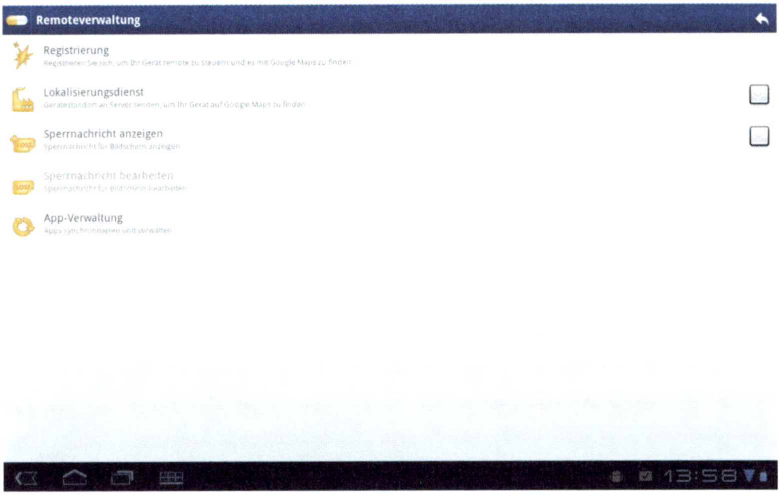

Um Funktionen wie Ortung und Sperrung zu nutzen, müssen Sie sich registrieren.

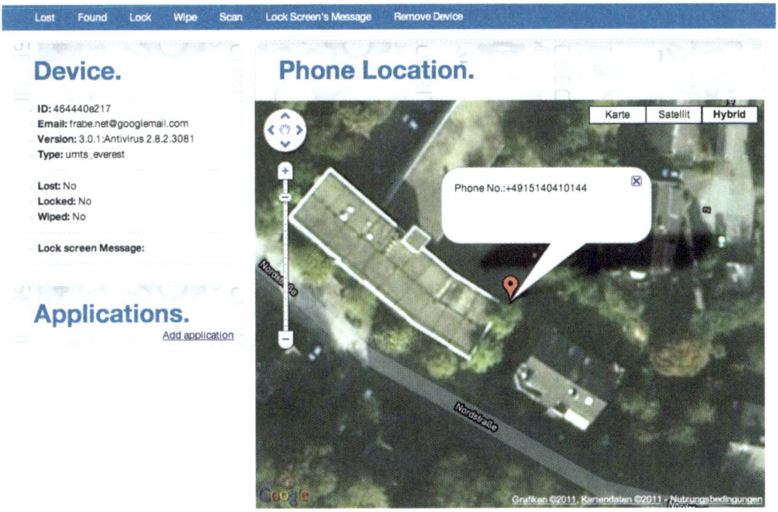

Bei Verlust finden Sie Ihr Tablet durch die Ortungsfunktion wieder.

10. Android

Kaum standen die ersten Tablet-PCs in den Regalen der Fachhändler und Mobilfunkanbieter, wurden auch schon die ersten Änderungen im Betriebssystem Android Honeycomb angekündigt. Google hat im Mai 2011 auf einer Pressekonferenz das Nachfolgesystem Android 3.1 vorgestellt – der Name Honeycomb bleibt dabei aber erhalten. Mit der neuen Version stehen Ihnen standardmäßig einige Änderungen in den bereits vorinstallierten Programmen zur Verfügung. Einige Hersteller wie Motorola werden mit als Erste Ihre Kunden flächendenkend mit einem „Over the Air"-Update für das Xoom versorgen (Stand Juli 2011). Sicher werden in den darauffolgenden Wochen und Monaten andere Hersteller mit Updates für ihre Tablet-Modelle nachziehen.

Task Switcher

Mit dem neuen Taskswitcher, mit dem Sie zwischen den aktuell geöffneten Anwendungen wechseln können, lässt sich in der überarbeiteten Version auch scrollen. Damit können Sie mehr Apps als zuvor auf dem Bildschirm darstellen.

Widgets

Zu den Highlights gehört die neue Möglichkeit, Widgets beliebig in ihrer vertikalen und horizontalen Größe zu verändern. Damit werden mehr Informationen auf dem Bildschirm für eine komfortablere Nutzung abgebildet.

USB-Host-Modus

Mit der integrierten USB-Schnittstelle können Sie nun neben Mäusen und Tastaturen auch Game-Controller von XBox 360 oder Playstation 3 anschließen. Solche Eingabegeräte lassen sich auch alternativ per Bluetooth mit dem Tablet verbinden.

Browser und Galerie

Der Browser besitzt eine überarbeitete Quick-Controls-Oberfläche, mit der sich Vorschaubilder der geöffneten Tabs anzeigen oder gegebenenfalls auch schließen lassen. Zudem unterstützt der Browser Web-Technologien wie 3-D-CSS oder HTML5-Video. Sie können auch gezielt einzelne Internetseiten komplett abspeichern, um sie später offline betrachten zu können. Die aktualisierte Galerie-Anwendung unterstützt nun das **P**icture **T**ransfer **P**rotocol (PTP). Damit lassen sich die Aufnahmen einer angeschlossenen Digitalkamera über den USB-Anschluss direkt auf den Tablet-PC übertragen.

Kalender und Kontakte

Für eine bessere Übersicht und einfaches Anklicken wurde das Kalenderraster in der Anwendung vergrößert. In den Kontakten steht Ihnen mit Android 3.1 eine Volltextsuche zur Verfügung, die alle Felder gleichzeitig durchsucht. So können Sie mit einer Nummer nach einem Namen, mit einem Firmennamen eine E-Mail-Adresse oder mit einer gespeicherten Notiz zum Kontakt nach einer Rufnummer suchen.

E-Mail

Die E-Mail-Anwendung sendet bei Android 3.1 von Haus aus sowohl eine Text- als auch eine HTML-Version. Um Strom zu sparen, werden Mails automatisch nur noch bei einer WLAN-Verbindung heruntergeladen.

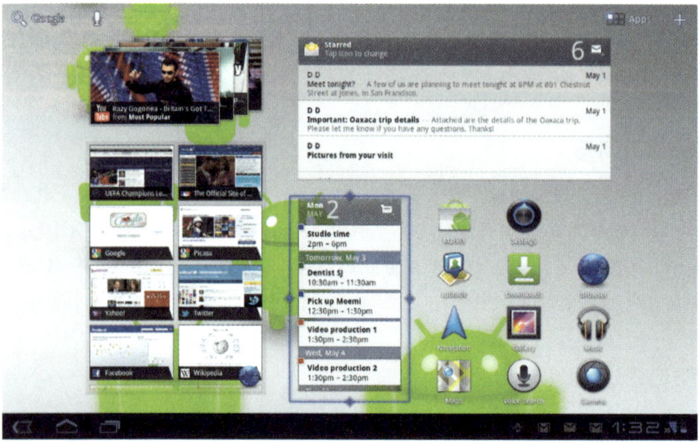

Mit der neuen Honeycomb-Version können Sie Widgets größer darstellen.

11. Spiel und Spaß

Mit Ihrem Tablet-PC haben Sie auch eine spannende Spielkonsole in der Hand. Durch den integrierten Lagesensor können Sie viele Spiele allein durch leichtes Bewegen des Tablets auf der horizontalen und vertikalen Achse steuern. Die angebotenen Spiele reichen vom kurzen Zeitvertreib bis hin zu aufwendigen Wirtschaftssimulationen und Action-Spielen. Neben den Spielen finden Sie im Market auch zahlreiche Anwendungen, die im Alltag einfach Spaß machen. Mit dem Tablet bestellen Sie Kinokarten, schauen nach, was im Fernsehen läuft, verfolgen Fußballspiele mit einem Liveticker oder finden schnell das richtige Kochrezept für ein romantisches Abendessen.

11.1 Die besten Spiele

Angry Birds

Sie übernehmen als Spieler die Kontrolle über eine Schleuder, mit der sie kleine Vögel in die Luft schießen müssen. Das Ziel dabei ist es, die bösen, grünen Schweine zu treffen. Diese haben nämlich die Eier der Angry Birds gestohlen und sind damit eigentlich für deren schlechte Laune verantwortlich. Die einzelnen Levels verlangen dem Spieler Geschick und Planung ab, denn Sie müssen den Abschusswinkel gut wählen, um zu punkten.

Backgammon

Mit Backgammon erhalten Sie einen echten Brettspiel-Klassiker auf Ihr Tablet. Sie können entweder gegen einen computergesteuerten Gegner spielen oder messen sich mit einem realen Spielpartner.

Wenn Sie alleine gegen das Programm antreten, können Sie zwischen fünf verschiedenen Schwierigkeitsgraden wählen. Sie können für das Spiel Matchserien mit bis zu 15 Runden einstellen. Optional lässt sich auch ein Verdoppelungswürfel aktivieren.

Doodle Jump

Doodle Jump ist ein kleiner Außerirdischer, der unentwegt auf dem Bildschirm hüpft. Helfen Sie dem kleinem Kerl auf den Weg nach oben zu seinem Heimatplaneten. Doodle Jump hüpft dabei von Plattform zu Plattform.

Doch Vorsicht: Nicht jede Plattform ist stabil, und viele Hindernisse erschweren den Aufstieg. Sie steuern die Sprünge, indem Sie Ihr Tablet nach rechts oder Links drehen.

In einer local challenge können Sie mit bis zu sieben weiteren Spielern den kleinen Außerirdischen auf seinen Weg nach oben um die Wette hüpfen lassen.

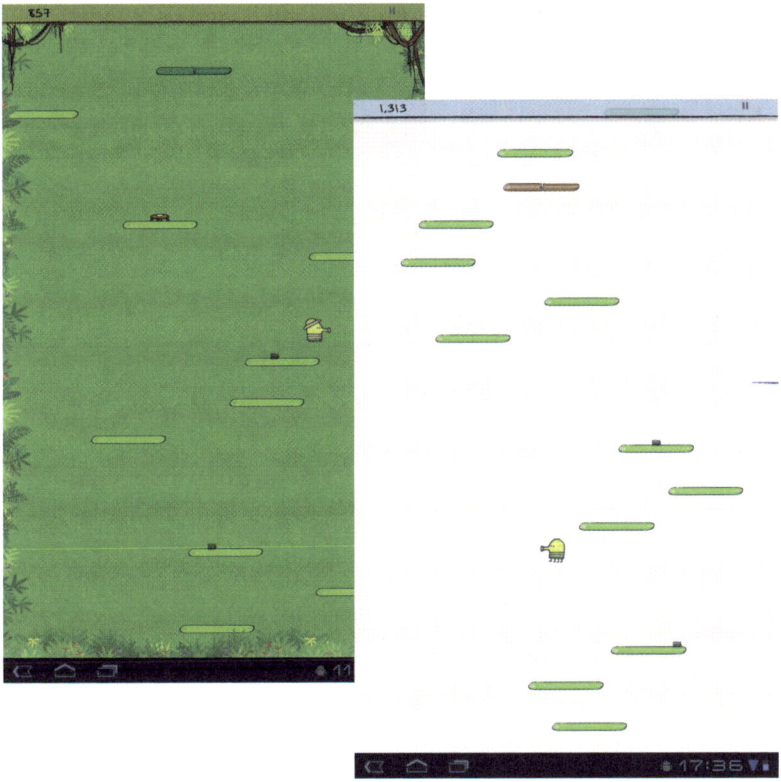

Fruit Ninja THD

Als Früchte-Ninja müssen Sie mit den Fingern als Samurai-Schwerter fliegende Früchte auf dem Touchscreen zerteilen. Zwischen den Früchten tauchen allerdings immer wieder Bomben auf, die Sie nicht treffen dürfen, sonst ist für Sie die Runde vorbei. Das Spiel ist ebenfalls beendet, wenn Sie dreimal daneben schlagen. Das gewaltfreie Gemetzel können Sie mit dem Tablet auch zu zweit spielen. Dabei erhält jeder Spieler seine eigene Bildschirmhälfte. Zusätzlich können Sie Ihre Leistung mit anderen Fruit-Ninjas weltweit vergleichen.

Galaxy on Fire 2

Als Weltraumabenteurer Keith T. Maxwell müssen Sie als Spieler bei Galaxy on Fire 2 hinter das Geheimnis einer aggressiven Alien-Rasse kommen. Dafür bereisen Sie mit Ihrem Raumschiff die Galaxie und verteidigen sich gegen Aliens und Raumpiraten. Das Spiel bietet Ihnen über 100 Raumstationen und zahlreiche Missionen.

Für die Steuerung besitzen Sie auf dem Bildschirm einen virtuellen Steuerknüppel zum Fliegen und schießen. Durch den Handel mit verschiedenen Waren können Sie lange durchhalten und Ihre Mission erfüllen.

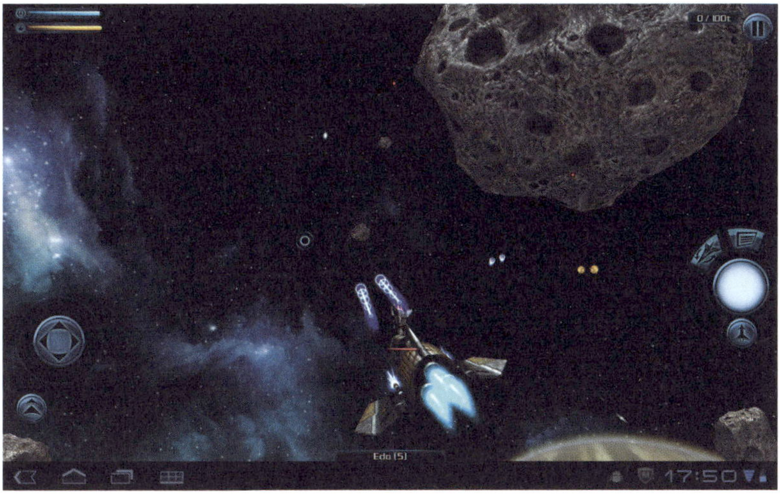

Labyrinth Lite

Mit Labyrinth Lite können Sie Ihre Geduld und Geschicklichkeit auf die Probe stellen. Das schwenkbare Spiel ist dem Holzspielzeug-Klassiker nachempfunden und bietet eine realistische Physik und 3-D-Grafik. Im Einstellmenü können Sie den Lagesensor in Ihrem Tablet kalibrieren und Soundeffekte aktivieren.

Die kostenlose Demo-Version bietet Ihnen zehn unterschiedliche Schwierigkeitsstufen. Für rund drei Euro erhalten Sie die Vollversion mit 1.000 Irrgärten.

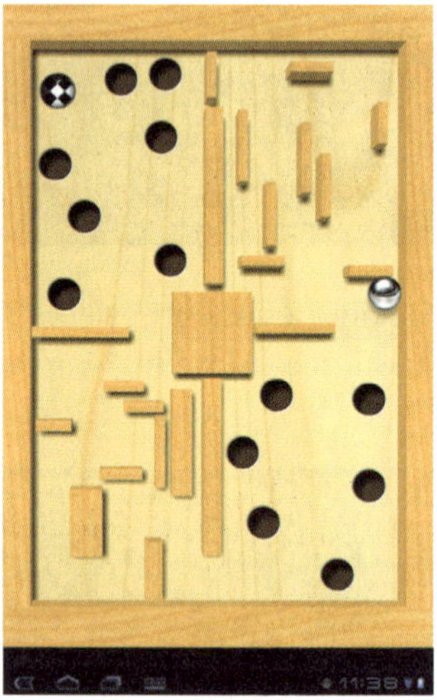

Paper Toss

Wenn Sie beim Arzt im Wartezimmer oder an der Bahnstation auf Ihre Verbindung warten müssen, können Sie sich mit Paper Toss die Zeit vertreiben. Schnippen Sie mit dem Finger auf dem Bildschirm kleine Papierkügelchen von einer Tischkante in einen Papierkorb.

Die Geschicklichkeit liegt darin, den richtigen Schusswinkel zu finden und gleichzeitig den Wind eines seitlich blasenden Ventilators zu berücksichtigen.

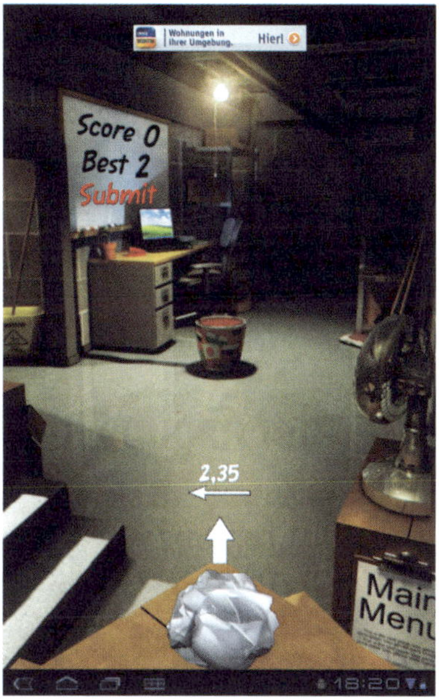

Paradise Island

Mit Paradise Island erhalten Sie eine liebevoll gestaltete Wirtschaftssimulation, in der Sie eine Urlaubsinsel bewirtschaften müssen. Darauf können Sie alle möglichen Gebäude errichten. Um die Insel jedoch immer weiter auszubauen, müssen Sie wirtschaftlich investieren.

Mit dem Gewinn lassen sich zusätzliche Attraktionen hinzufügen. Schließlich entsteht ein Tourismus-Geschäft, das wieder Geld in die Kasse bringt. Halten Sie im Spiel auch Ihre Gäste bei Laune.

Pinball Deluxe

Pinball Deluxe bietet vier verschiedene Flipper, die sich nicht nur optisch unterscheiden, sondern auch unterschiedliche Spielweisen erfordern.

Die Themen der drei Tische sind Wild-West, Karneval, Weltraum und Unterwasserwelt. Die Flippertische bieten alle Elemente, die man von richtigen Spielhallengeräten gewohnt ist. Auch Multibälle, Vibrationen und Mini Games gehören zu den Spielmöglichkeiten.

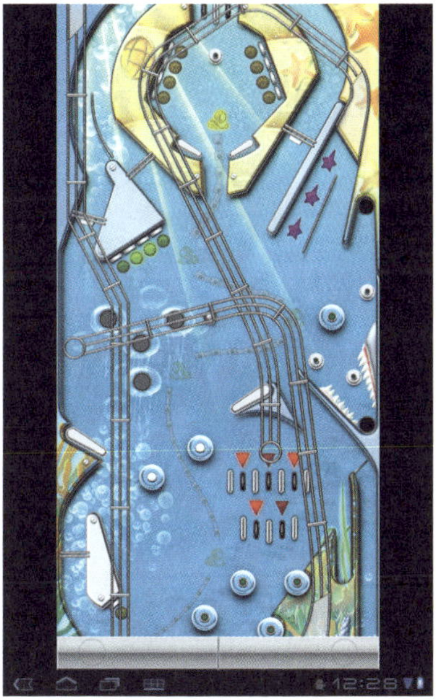

Raging Thunder

Setzen Sie sich bei Raging Thunder hinter das Steuer eines Rennwagens. Drehen Sie sich dabei mit Ihrem Tablet in die Kurven und meistern Sie alle Schikanen.

Die Rennstrecken von Raging Thunder führen durch zahlreiche 3-D-Welten mit verlassenen Tempeln, schneebedeckten Bergen oder tropischen Stränden.

In der Demoversion haben Sie eine Rennstrecke zum Testen. In der Vollversion für knapp zwei Euro, stehen Ihnen vier Einzelspieler-Modi zur Verfügung. Sie können Ihre Rennen damit aber auch online gegen Spieler aus der ganzen Welt austragen.

Talking Tom

Tom ist Ihr Haustier, das auf Ihre Berührungen reagiert und alles, was Sie sagen, mit einer lustigen Stimme wiederholt. Sie können ihn streicheln, drücken und knuddeln oder ihn an seinem Schwanz ziehen. Nehmen Sie Videos auf, auf denen er Ihre Worte wiederholt, oder laden Sie den Film auf YouTube oder Facebook hoch und teilen Sie Toms Geschichten mit anderen.

11.2 Die besten Anwendungen

Google Earth

Mit Google Earth können Sie um den ganzen Planeten fliegen, ohne Ihre Couch zu verlassen. Sie können Städte, Länder aus der Luft betrachten und einzelne Orte sogar per Sprachbefehl besuchen. So sind Sie blitzschnell in jeder beliebigen Stadt auf dem Erdball und können Häuser, Sehenswürdigkeiten, Landesgrenzen, Straßen, Ozeane und vieles mehr besichtigen.

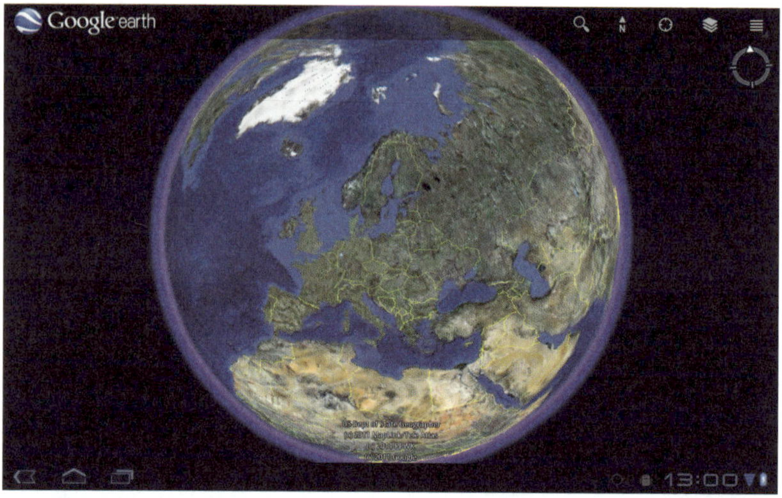

Google Body

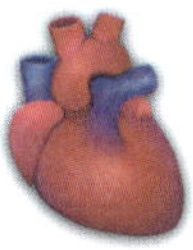

Mit Google Body lässt sich die menschliche Anatomie anhand von animierten 3-D-Darstellungen erkunden. Sie können alle Muskeln, Organe, Knochen heranzoomen und drehen. Zudem sind alle Körperteile, Organe und Knochen mit ihrer anatomischen Bezeichnung beschriftet – allerdings nur in Englisch. Mit einer Kreuzfahrt durch den Köper erhalten Sie eine kleine Lehrstunde.

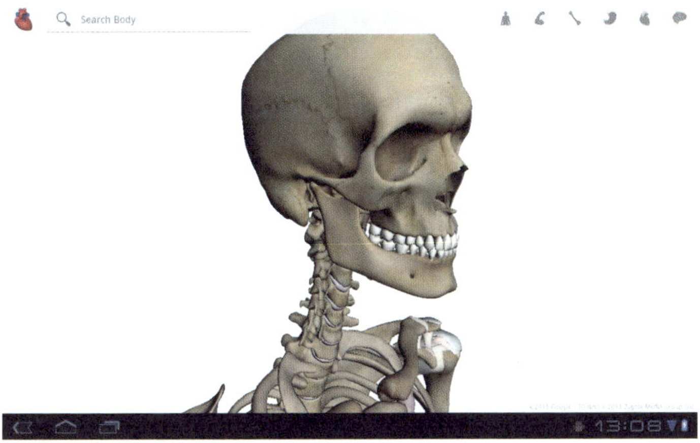

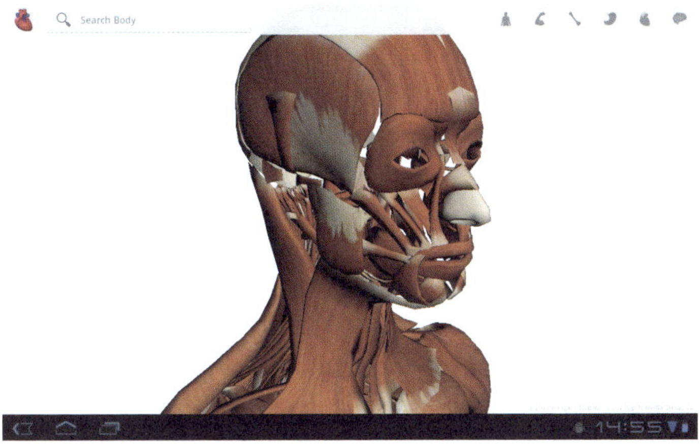

FotMob 6.0

FotMob 6.0 – Live Soccer ist die Referenz, wenn es um Neuigkeiten, Echtzeit-Ergebnisse und Statistiken aus der Welt des Fußballs geht. Mit der kostenlosen App sind Sie jederzeit über alle wichtigen Ligen weltweit informiert. Dazu zählt natürlich auch die deutsche Bundesliga mit allen aktuellen Neuigkeiten und Spielberichten, die englische Premier League und das amerikanische Pendant Major League Soccer. Egal wo Sie sind, mit dem Tablet verpassen Sie kein Spiel.

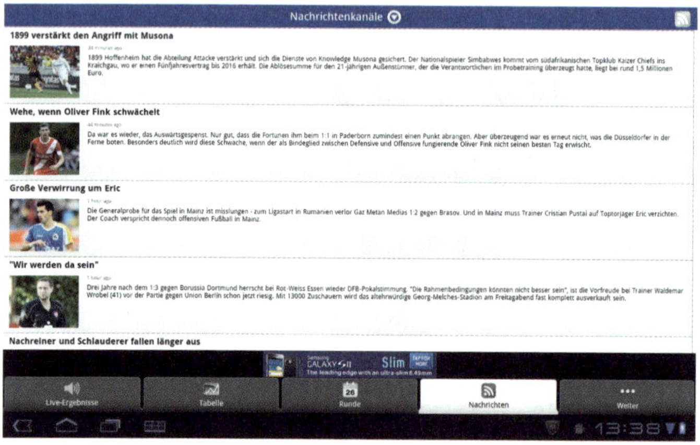

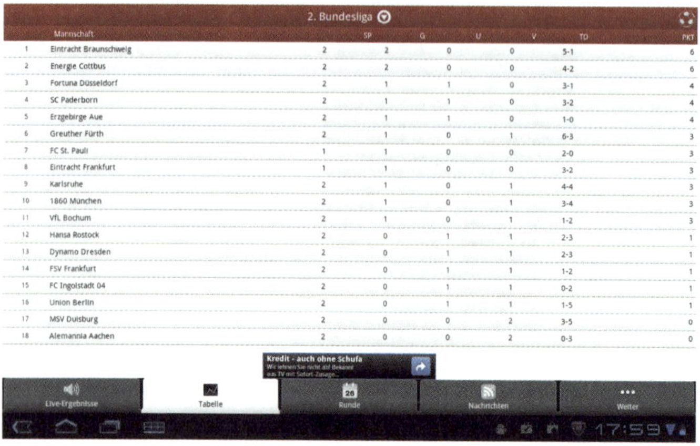

	Mannschaft	SP	G	U	V	TD	PKT
1	Eintracht Braunschweig	2	2	0	0	5-1	6
2	Energie Cottbus	2	2	0	0	4-2	6
3	Fortuna Düsseldorf	2	1	1	0	3-1	4
4	SC Paderborn	2	1	1	0	3-2	4
5	Erzgebirge Aue	2	1	1	0	1-0	4
6	Greuther Fürth	2	1	0	1	6-3	3
7	FC St. Pauli	1	1	0	0	2-0	3
8	Eintracht Frankfurt	1	1	0	0	3-2	3
9	Karlsruhe	2	1	0	1	4-4	3
10	1860 München	2	1	0	1	3-4	3
11	VfL Bochum	2	1	0	1	1-2	3
12	Hansa Rostock	2	0	1	1	2-3	1
13	Dynamo Dresden	2	0	1	1	2-3	1
14	FSV Frankfurt	2	0	1	1	1-2	1
15	FC Ingolstadt 04	2	0	1	1	0-2	1
16	Union Berlin	2	0	1	1	1-5	1
17	MSV Duisburg	2	0	0	2	3-5	0
18	Alemannia Aachen	2	0	0	2	0-3	0

Pulse

Mit Pulse erstellen Sie Ihre persönliche Tageszeitung mit allen Nachrichten, die für Sie interessant sind. Anstatt auf etlichen Internetseiten zu surfen, können Sie mit den Nachrichten-Abos der Internetseiten (RSS-Feeds) alle Artikel mit nur einem Programm lesen. Während die Feeds bei anderen RSS-Readern zumeist nur durch die Überschrift dargestellt werden, erhalten Sie mit dieser App zusätzlich das Artikelbild.

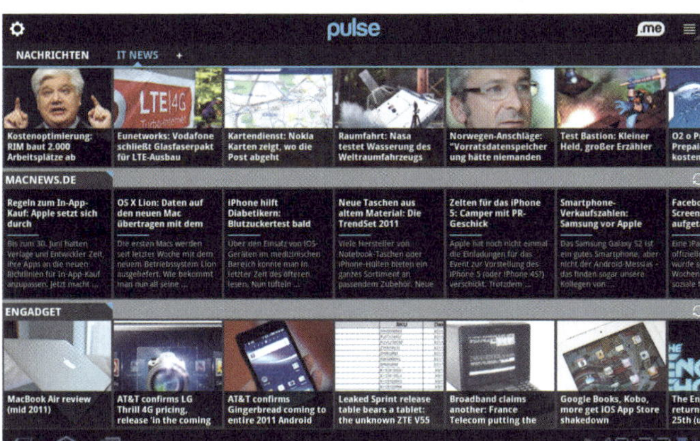

Shazam

Sie hören im Radio oder woanders einen Song, der Ihnen gefällt, und wissen nicht, wer der Interpret ist. Mit Shazam finden Sie schnell das Album zur gespielten Musik. Halten Sie dazu Ihr Tablet in Richtung der Musik, und die App hört zu. Anhand der gespielten Töne findet Shazam im Internet schnell Titel, Interpreten, Album und kann Ihnen zusätzlich Infos wie Musikvideos oder sogar Konzertkarten anbieten.

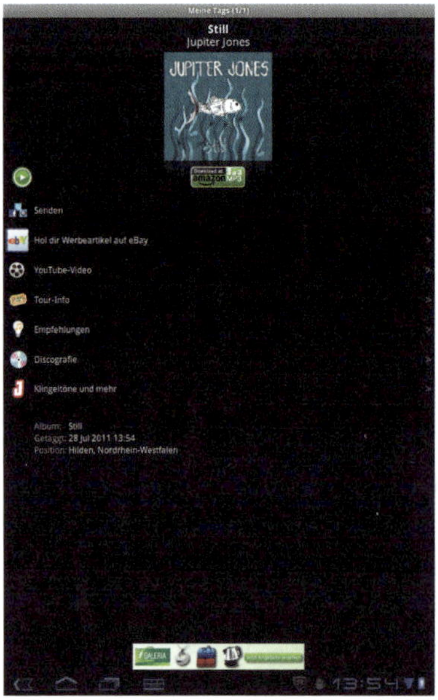

UCI Kinowelt

Mit der App lassen sich Tickets für alle UCI KINOWELTEN buchen, sogar die individuelle Platzwahl und Stornierungen sind möglich. Außerdem bietet UCI KINOWELT Filme & Tickets, aktuelle Filmtrailer, Filmbeschreibungen, Neuigkeiten und das aktuelle Kinoprogramm.

Einzelne Filme können als Favorit abgespeichert und Freunde zum Kinobesuch eingeladen werden. Anfahrtspläne der UCI KINOWELTEN runden das kostenlose Angebot ab.

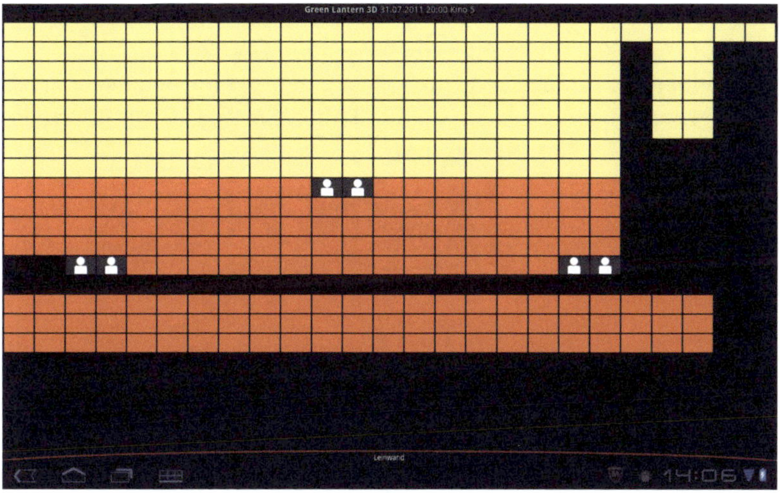

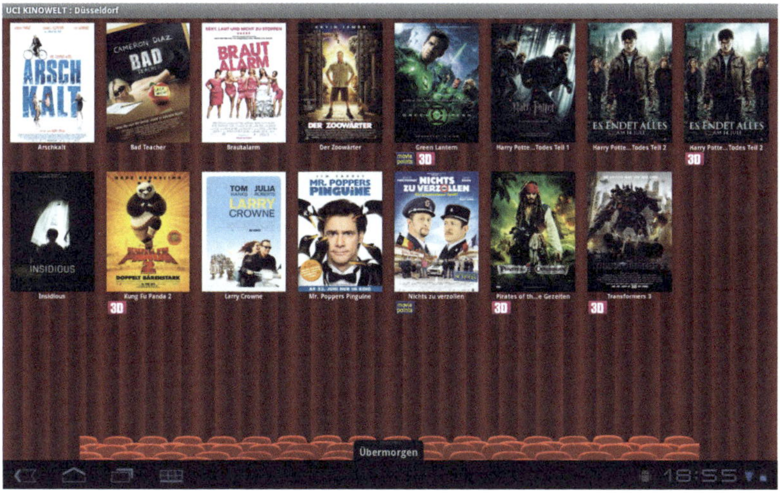

IMDb

Die IMDb-App stellt die Verbindung zu der größten Filmdatenbank im Internet her. Das Programm bietet Ihnen zahlreiche Infos zu Filmen, TV-Serien und Schauspielern und ist dabei fast so umfangreich wie das Internet-Angebot. Sie können sich Trailer und Fotos anschauen sowie Filmbesetzungen und Rezensionen nachlesen. Zudem haben Sie Zugriff auf Bestenlisten aus verschiedenen Kategorien.

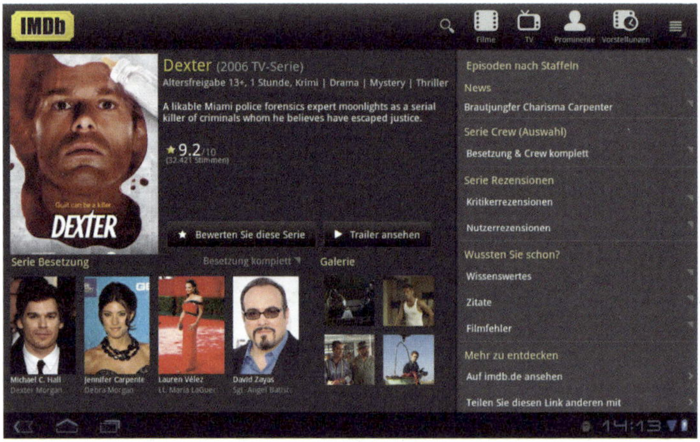

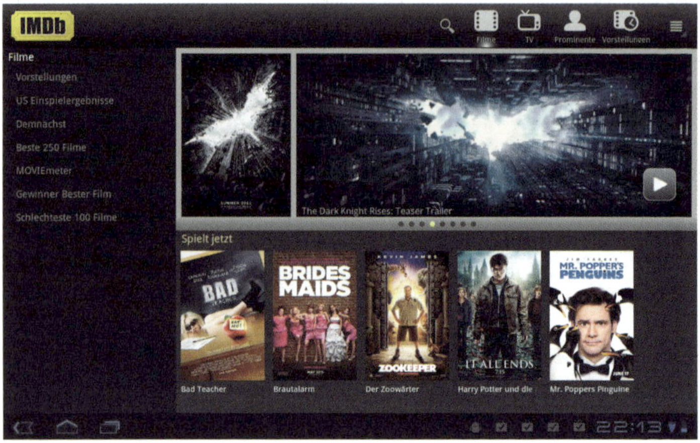

kaufDa

Mit kaufDa müssen Sie nicht länger Tageszeitungen und Wochenblätter nach den beiliegenden Werbeprospekten durchsuchen, um interessante Angebote in Ihrer Nähe zu finden. Egal wo Sie sich befinden, die kaufDa-App macht die Suche nach den besten Prospekten, Angeboten und Coupons in Ihrer unmittelbaren Umgebung spielend einfach. Alle Geschäfte lassen sich zudem in einer Karte anzeigen.

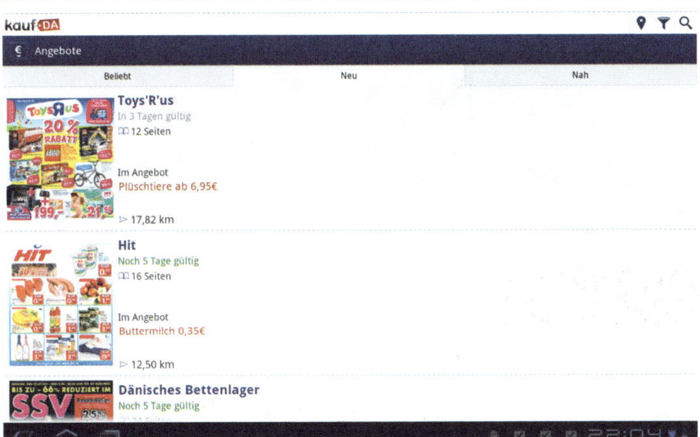

TV Spielfilm

Die TV Spielfilm-App bietet Ihnen einen kompakten und schnellen Überblick auf das Fernsehprogramm von mehr als 100 Sendern. Sie können auf Knopfdruck die Sendungen der Prime-Time (20.15 Uhr und 22.00 Uhr) aufrufen oder eine andere Uhrzeit auswählen. Die Übersicht kann alternativ auch für einzelne Sender erfolgen. Zudem bietet TV Spielfilm die Tipps des Tages und Infos zu den meisten Sendungen.

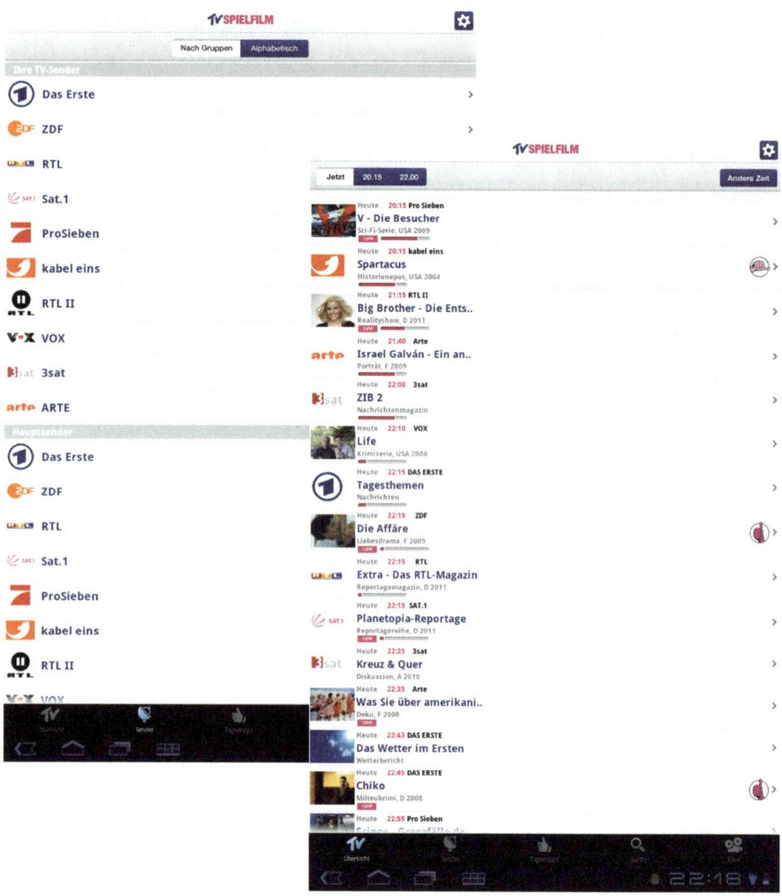

Color Me

Color Me bietet Ihnen Ausmalbilder für Ihre Kinder im Alter von zwei bis sechs Jahren. Mannigfaltige Bilder und eine verschiedenartige Farbenpalette helfen, die Einbildungskraft zu entwickeln. Die intuitive Anwendung ermöglicht Ihren Kleinen auf einfache Weise, außergewöhnliche Bilder zu schaffen. Eine Berührung auf das ausgewählte Element des Bildes, und es wird mit Farbe gefüllt.

Rezepte

Mit der App Rezepte haben Sie jederzeit Zugriff auf mehr als 8.000 Kochrezepte und mehrere Tausend Zutatenbeschreibungen. Diese stammen von der Website Rezeptewiki. Die Rezepte sind in unterschiedliche Kategorien eingeteilt (z. B. Pasta, Pizza, Desserts, Fischgerichte, Fleischgerichte, Kuchen etc.). Für jedes Rezept werden neben einem Foto die notwendigen Zutaten, die Dauer bis zur Fertigstellung, die Personenanzahl sowie der Schwierigkeitsgrad angegeben.

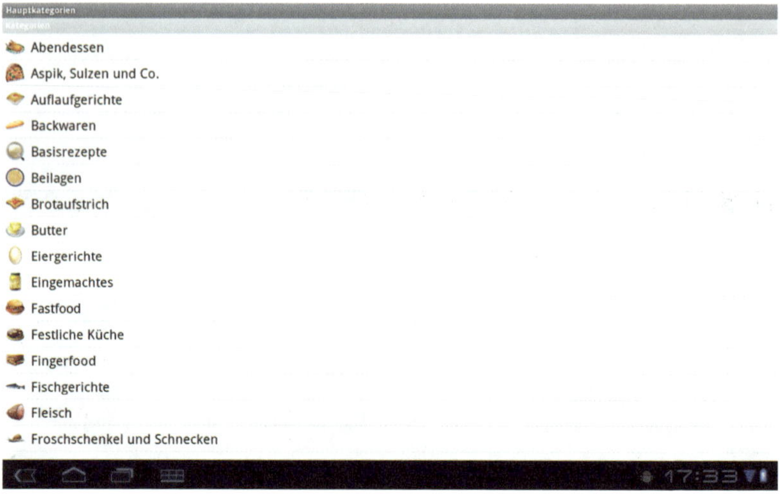

11.3 Die besten Lern-Apps

Auto Führerschein 2011

Die App Auto Führerschein 2011 macht Sie fit für die theoretische Führerscheinprüfung. Die Lernsoftware ist in erster Linie für Android Smartphones konzipiert, daher lässt sich das Programm auf dem Tablet auch nur im Hochformat bedienen. Mit dem Programm können Sie den neuen Fragenkatalog 01.07.2011 bearbeiten und dabei das Lerntempo selber bestimmen, um so Ihre Erfolgschancen zu optimieren.

Die Übungsbögen sind in verschiedenen Kategorien aufgeteilt wie *Gefahrenlehre*, *Verkehrszeichen* und *Verhalten im Straßenverkehr*. Damit gehen Sie gezielt gegen Ihre Schwachstellen an. Neben den Übungsfragen können Sie sich natürlich auch einer realen Prüfung mit 30 Fragen aus allen Bereichen stellen. Viel Glück!

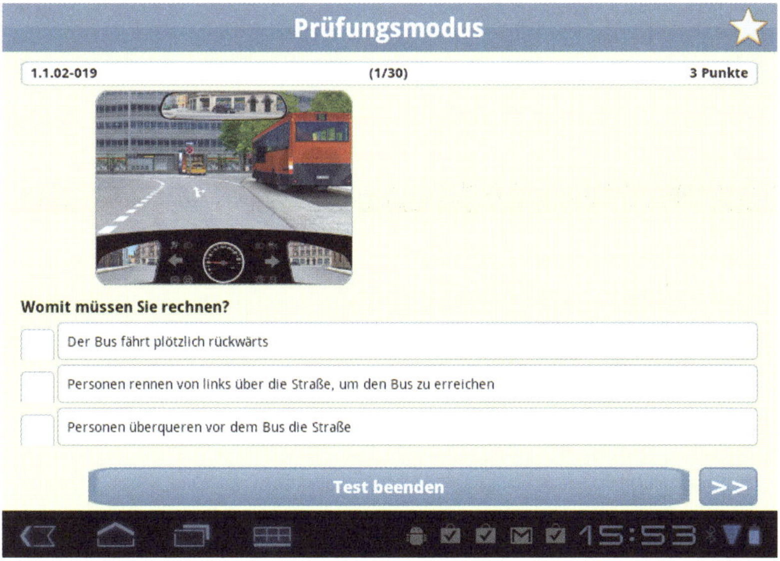

Busuu

Lernen Sie Englisch mit der App busuu. Das Programm stammt von www.busuu.com, der großen Online-Community zum Sprachenlernen mit über drei Millionen Mitgliedern. Die busuu-App bietet Ihnen für das Sprachtraining unterwegs mehr als 3.000 Vokabeln und Beispielsätze. Die angebotenen Kurse des Programms unterstützen sowohl Anfänger als auch Fortgeschrittene.

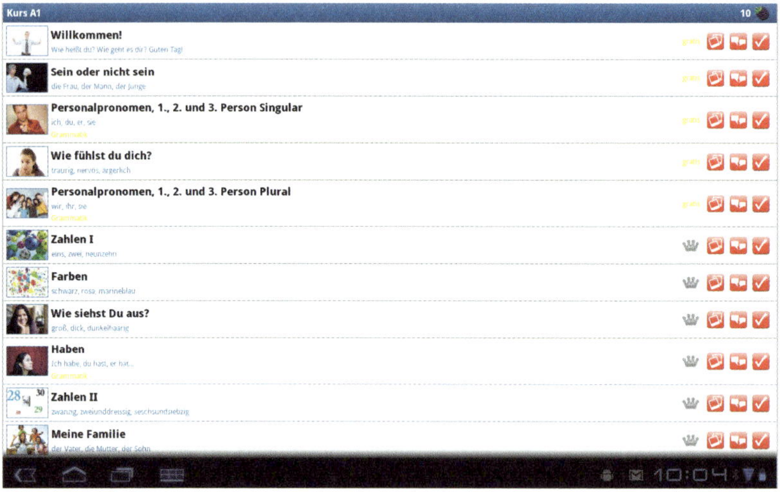

Die App beinhaltet mehr als 150 Themengebiete aus dem Alltag sowie umfassendes und audiovisuelles Lernmaterial mit Fotos und den Stimmen professioneller Sprecher. Neben Vokabeltraining führen Sie Dialoge und machen interaktive Tests.

In der kostenlosen Version sind insgesamt 20 Lerneinheiten enthalten. Den vollständigen Kurs können Sie innerhalb der App freischalten. Für jeweils knapp drei Euro erhalten Sie für die einzelnen Kurse 30 zusätzliche Lektionen. Wenn Sie möchten, können Sie Ihre Lernfortschritte mit der Online-Community austauschen.

Duden

Mit der Duden-App holen Sie sich das große deutsche Universalwörterbuch auf Ihr Tablet. Der Duden ist das umfassendste einbändige Bedeutungswörterbuch zur deutschen Gegenwartssprache. Dabei berücksichtigt die App auch die deutsche Sprache in Österreich und in der Schweiz, die Fach- und Sondersprachen sowie die Mundarten.

Sie haben Zugriff auf rund 150.000 Stichwörter und Redewendungen sowie mehr als 500.000 Anwendungsbeispiele und Angaben zu Rechtschreibung, Aussprache, Herkunft, Grammatik und Stil des allgemeinen Wortschatzes der Deutschen.

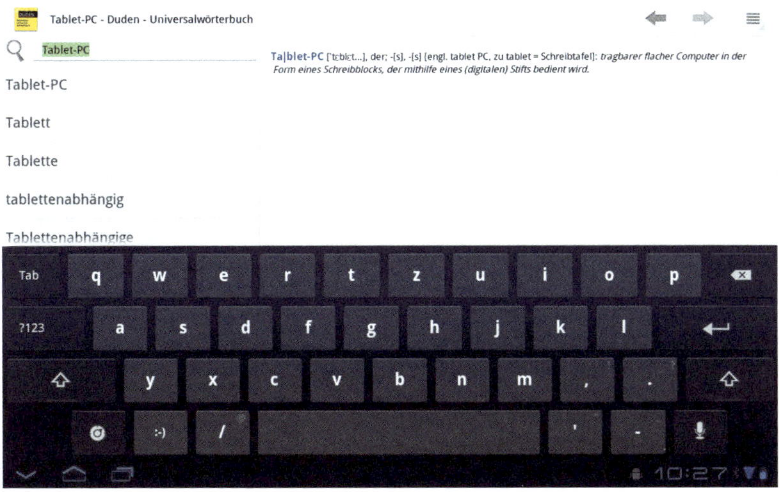

Die nicht ganz preiswerte Duden-App für rund 30 Euro bietet einen entscheidenden Vorteil zu den gedruckten Ausgaben. Durch die Suchfunktion haben Sie binnen Sekunden alles, was Sie suchen. Zum Kennenlernen wird die Duden-App für sieben Tage Nutzungszeit kostenlos im Market angeboten.

Englisch Wortschatz

Wenn Sie Ihren englischen Wortschatz auffrischen beziehungsweise erweitern wollen, finden Sie mit der App Englisch Wortschatz von mobilinga ein einfaches Programm, um die 5.000 wichtigsten englischen Vokabeln zu lernen. Bereits mit einem Grundwortschatz von 4.000 Vokabeln können Sie einen Text einer Tageszeitung zu 95 Prozent verstehen.

Das Programm arbeitet nach dem Leitner-System mit digitalen Lern-Karteikarten und ermöglicht Ihnen ein zeitsparendes Lernen. Alle enthaltenen Redewendungen sind vertont.

Sie müssen allerdings die dazugehörige Audiodatei mit der App aus dem Internet laden. Die App deckt die verschiedensten Kategorien wie Arbeit, Begegnung, Freizeit, Gesundheit, Kommunikation, Politik und Gesellschaft ab. Für die Lernübungen lassen sich die verschiedenen Rubriken auch separat auswählen.

Merck PSE

Mit Merck PSE haben Sie das ultimative chemische Periodensystem auf dem Tablet, das nicht nur für Schüler, Chemiestudenten und Lehrer spannend ist. Mit Mercks Periodensystem steht Ihnen ein mehrsprachiges Nachschlagewerk zur Verfügung, das alle wichtigen Infos zu den einzelnen Elementen des Periodensystems liefert.

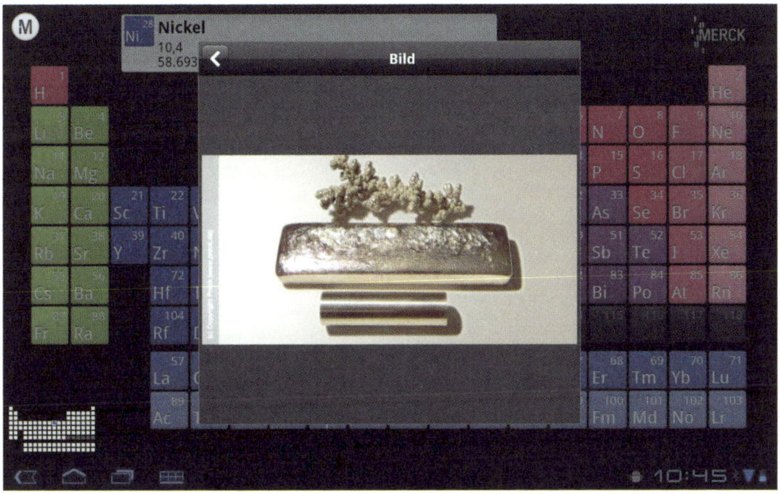

Zu jedem Element erhalten Sie alle Informationen von der Klassifikation über Elementeigenschaften bis hin zur Entdeckungsgeschichte. Zusätzlich sind unterschiedlichste Visualisierungen enthalten. Unter dem Menüpunkt *Atomare Eigenschaften* finden Sie zudem Atomradius, Elektronegativität und Ionisierungsenergie.

Mit der integrierten Suchfunktion könne Sie auch gezielt nach einem Element mit spezifischen Eigenschaften, Klassifikationen, Aggregatzustand und Gruppen suchen. Abgerundet wird die App mit einem Molmassenrechner.

Formelsammlung

Die Formelsammlung-Mathematik-App bietet einen schnellen Zugriff auf die wichtigsten Mathe-Formeln, die man in der Schule und im Studium brauchen kann. Neben den allgemeinen Grundrechenarten werden auch die Themengebiete Algebra, Analysis, Geometrie, Trigonometrie, Analytische Geometrie und Logik abgedeckt.

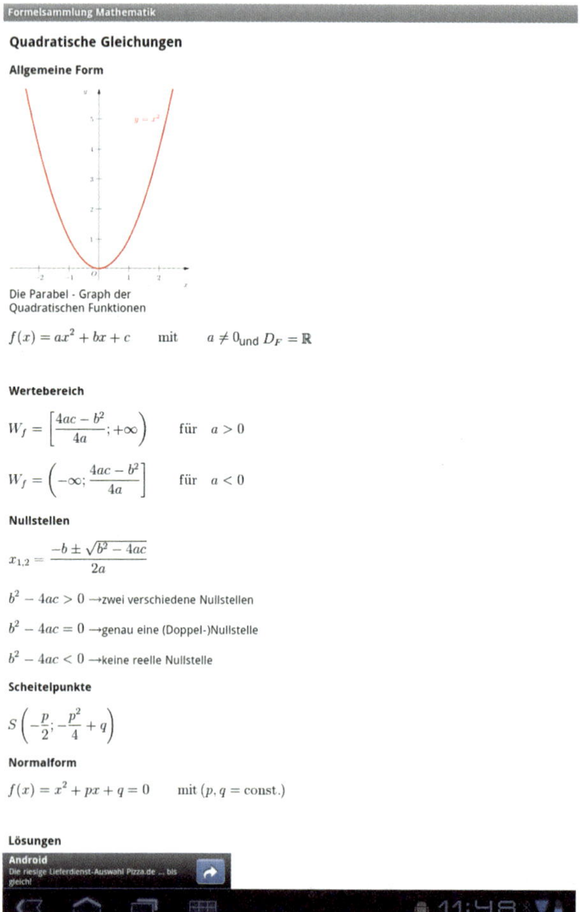

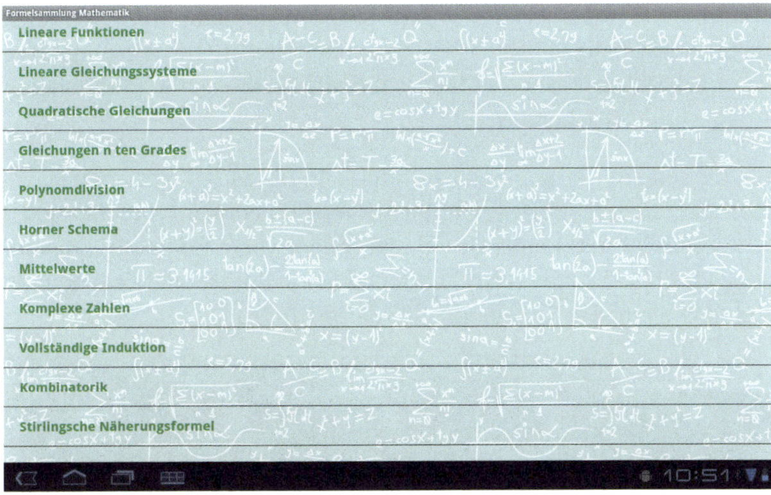

Hausaufgaben

Mit der Hausaufgaben-App können Sie den Schulunterricht organisieren und verwalten. Sie ist sowohl für Schüler als auch für Lehrer geeignet.

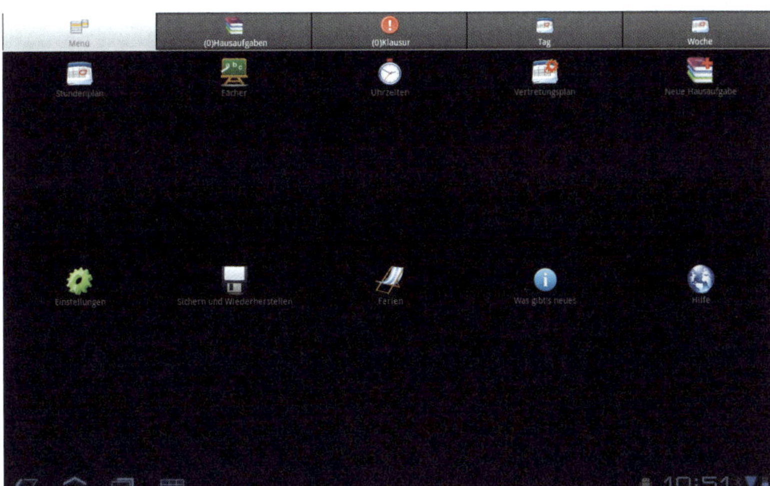

In mehreren Hauptansichten sehen Sie eine nach Datum sortierte Hausaufgabenliste mit Anzeige der noch nicht gemachten Hausaufgaben, eine nach Datum sortierte Klausurübersicht sowie einen Stundenplan in Tages- und Wochenansicht.

Sie können mit der App Schulstunden und Uhrzeiten eintragen sowie kurzfristige Stundenplanänderungen (Vertretungsplan) vornehmen. Eine kurze Berührung einer Stunde im Stundenplan fügt eine Hausaufgabe für diese Stunde hinzu, und eine lange Berührung einer Stunde fügt eine einmalige Stundenplanänderung hinzu.

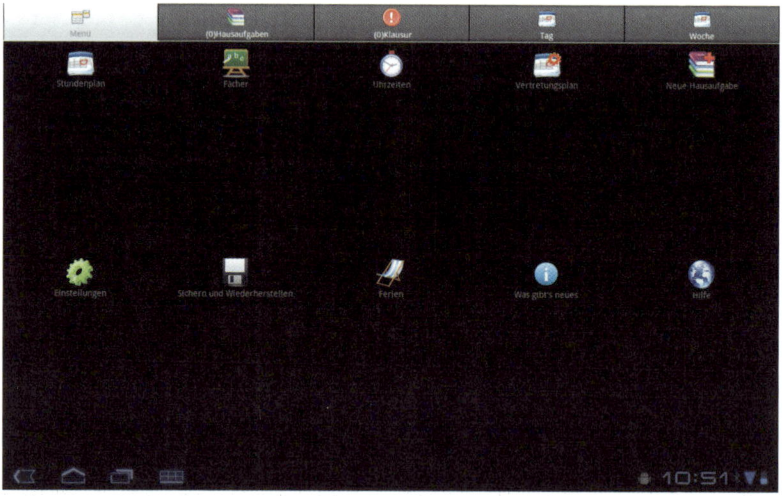

Meine ersten Puzzlespiele

Die App-Serie Meine ersten Puzzlespiele mit unterschiedlichen Themen richtet sich an Ihre Kleinen im Alter von zwei bis sechs Jahren. Das Spiel Zahlenschlangen beinhaltet 20 kleine Puzzlespiele zum Thema Zahlen, mit denen Ihre Kinder das Zählen von eins bis zwölf lernen können.

Mit drei Schwierigkeitsgraden, niedlichen Grafiken und passenden Soundeffekten wird dieses Spiel Ihre Kinder unterhalten und soll dabei durch den Umgang mit dem Touchscreen des Tablets die Feinmotorik fördern.

Die ersten drei Puzzles sind kostenlos. Weitere können Sie innerhalb des Spiels für 69 Cent dazu kaufen. Neben den Zahlenschlangen können Sie in der App-Serie auch Puzzles zum Thema Tiere oder Dinosaurier erwerben.

Tiere Memory Game

Eine niedliche App mit vielen Tieren für den großen Knobelspaß für die Kleinen. Tiere Memory Game beinhaltet sechs verschiedene Memory-Spiele mit unterschiedlichem Anspruch.

So zeigt beispielsweise das Spiel Cute Animals den Kindern niedliche Tiere und unterstützt beim Spiel die Konzentration mit dem Umgang bunter Grafiken. Dschungeltiere wiederum bietet reale Tierstimmen und Hunde-Memory unterschiedliche Hunde, die bei richtigen Pärchen bellen.

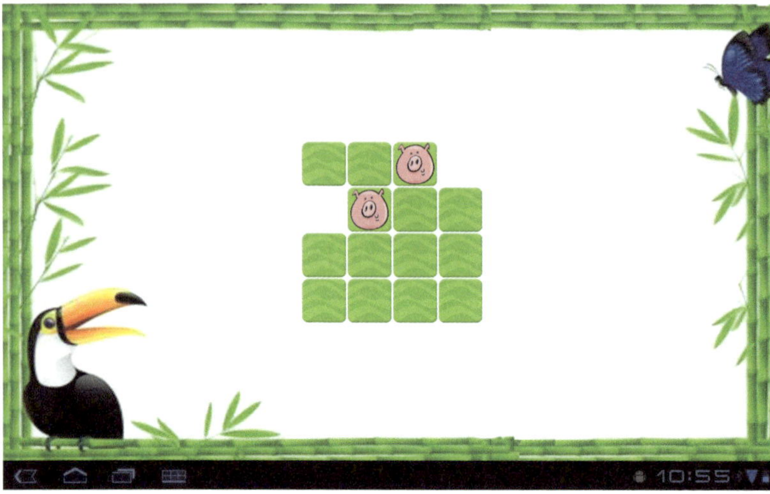

Zoo Droid HD

Die App ZooDroid HD ist ein kleines aber feines Programm mit Bildern und Tierlauten für kleine Kinder, um mit viel Spaß unterschiedliche Tierlaute kennenzulernen. Die Schnittstelle ist einfach zu verwenden, und die kleinen Finger werden sich schnell anpassen.

In dem Spiel wählt Ihr Kind ein Tier mit dem Finger auf dem Bildschirm aus, und es ertönt der passende Tierlaut wie der Esel, die Ente, die Katze und der Hund. Aber auch wilde Tiere wie Löwe, Luchs und Krokodil sind mit dabei.

12. Tablet-Zubehör

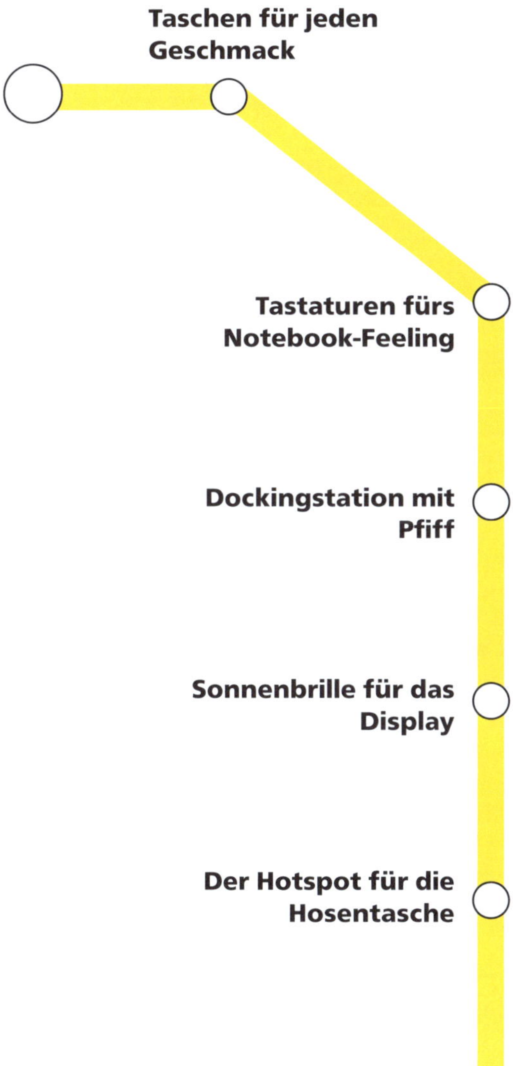

Mit entsprechendem Zubehör können Sie die Funktionalitäten Ihres Tablets deutlich erweitern und vor Beschädigungen schützen. Neben den Zubehörangeboten der jeweiligen Tablet-PC-Hersteller finden sich auch viele Drittanbieter, die oftmals deutlich mehr im Angebot haben als der Original-Hersteller. Ein Vergleich lohnt sich.

12.1 Taschen für jeden Geschmack

Wer häufig mit dem Tablet-PC unterwegs ist, kommt um die Anschaffung einer geeigneten Schutztasche (Case) nicht herum. Mit einer passgenauen Schutzhülle können Sie das Tablet unterwegs sicher transportieren. In der Schutzhülle ist das teure Gerät vor Stößen, Kratzern und plötzlichen Regenschauern gut geschützt.

Mit einem Case schützen Sie Ihr Tablet vor Stößen und Kratzern.

Das Angebot an Taschen und Schutzhüllen reicht in den Onlineshops wie Amazon von einfachen Silikonschutzhüllen in knallbunten Farben bis hin zu edlen, in Echtleder gestalteten Luxustaschen. Ob schlicht oder grell bleibt Ihre Entscheidung.

Einige Onlineshops wie www.stilgut.de bieten mit ihren Cases zusätzlich eine Standfunktion für Ihren Tablet-PC an. Damit können Sie Ihr

Gerät bequem im Querformat auf den Tisch stellen und beispielsweise einen Film anschauen ohne das Tablet ständig in der Hand zu halten.

Auch bei einem Videochat ist das Bild wesentlich ruhiger. Die meisten Schutztaschen mit dieser Funktion bieten darüber hinaus auch die Möglichkeit, den Neigungswinkel für das Tablet in mehreren Stufen einzustellen.

Stilgut bietet Taschen für das Aufstellen des Tablets in mehreren Neigungswinkeln.

Einige Taschenmodelle besitzen sogar eine integrierte Tastatur, mit der Sie den Tablet-PC im Handumdrehen in ein Notebook verwandeln können. Sie können aber auch ohne Spezialtasche eine externe Tastatur am Tablet nutzen.

12.2 Tastaturen fürs Notebook-Feeling

Für alle die sich an die Haptik der virtuellen Bildschirmtastatur auf dem Tablet einfach nicht recht gewöhnen wollen, empfiehlt sich eine externe Bluetooth-Tastatur. Damit haben Sie beim Schreiben das gewohnte Gefühl wie mit einem klassischem Notebook.

Die angebotenen Tastaturen sind sehr dünn, leicht und somit auch ideal für unterwegs. Einige Tastaturmodelle besitzen sogar sogenannte Shortcut-Tasten für den schnellen Zugriff auf favorisierende Android-Apps.

Mit einer Bluetooth-Tastatur wird der Tablet-PC fast zu einem echten Notebook.

Bei der Wahl der richtigen Tastatur sollten Sie darauf achten, dass Ihr Tablet auch mit dem gleichen Bluetooth-Profil arbeitet wie Ihre Wunschtastatur. Diese Information finden Sie leider nicht im Einstellmenü Ihres Tablets.

Auf der Interseite Ihres Tablet-Herstellers finden Sie im Servicebereich meistens die Angaben zu den unterstützten Profilen. Notfalls sollten Sie bei der Servicehotline anrufen. Das ist immer noch günstiger, als sich über Verbindungsprobleme mit der Tastatur zu ärgern.

12.3 Dockingstation mit Pfiff

Mit einer Dockingstation holen Sie sich eine Akku-Tankstelle auf dem Schreibtisch. Das Tablet wird einfach hochkant in die Dockingstation zum Aufladen gesteckt. Das spart Platz, und das lästige Suchen nach einer geeigneten Ablage in der Nähe einer Steckdose gehört damit der Vergangenheit an.

Einige Dockingstations bieten sogar zusätzliche Extras wie der HD-Audio-Dock von Motorola für das Xoom-Tablet: Mit der Dockingstation können Sie Ihr Tablet aufladen und dabei mit sattem Klang Videos schauen oder Video-Chats führen. Für den Sound hat die Station Lautsprecher mit Breitenwirkung & Subwoofer integriert. Zusätzlich befindet sich an der Dockingstation ein HDMI-Anschluss, um Filme vom Tablet in HD-Qualität auf einen großen LCD-Fernseher zu übertragen.

Mit Lautsprechern ist die Dockingstation von Motorola ein echter Entertainer.

12.4 Sonnenbrille für das Display

Wenn Sie wollen, dass der Bildschirm Ihres Tablet-PCs so makellos bleibt wie am ersten Tag, sollten Sie auf eine Schutzfolie nicht verzichten. Für knapp zehn Euro erhalten Sie in vielen Onlineshops eine passende Folie für Ihr Modell. Diese transparente Schutzschicht verhindert unschöne Kratzer auf dem Bildschirm, die beim täglichen Gebrauch des Tablets auftreten können. Manche Folien versprechen sogar, Fingerabdrücke zu minimieren und die Reflexion von Tageslicht im Display zu reduzieren. Ein kleiner Nachteil: Für das Aufbringen der Folie auf das Tablet müssen Sie viel Fingerspitzengefühl haben, damit keine beziehungsweise nur geringe Lufteinschlüsse auf dem Bildschirm entstehen. Ebenfalls ist darauf zu achten, dass das Tablet absolut staubfrei ist. Ein kleiner Tipp: Der Raum mit der geringsten Staubentwicklung ist in der Regel das Badezimmer.

12.5 Der Hotspot für die Hosentasche

Um unterwegs mit dem Tablet Informationen aus dem Internet abzurufen sind Hotspots ideal. Damit lassen sich im Urlaub teure Roaming-Gebühren sparen. Dennoch: Die meisten Hotspots sind kostenpflichtig. Eine interessante Alternative dazu sind kompakte WLAN-Router zum Mitnehmen.

Einige Hersteller wie Trekstor oder Huawei haben ultraportable UMTS-/HSDPA-Router im Hosentaschenformat im Programm, mit denen Sie eine mobile Internetverbindung herstellen können – auch wenn Ihr Tablet nur mit einer WLAN-Funkschnittstelle ausgerüstet ist. Die Funktionsweise ist durchaus vergleichbar mit den weit verbreiteten Internet-Sticks für Notebooks. In den Geräten wird eine UMTS-Karte eingesteckt und über das Mobilfunknetz eine Internetverbindung hergestellt. Während ein Internet-Stick einen USB-Port am Notebook benötigt, wird die Verbindung mit den Hosentaschen-Hotspots über die WLAN-Funkschnittstelle im Tablet-PC hergestellt.

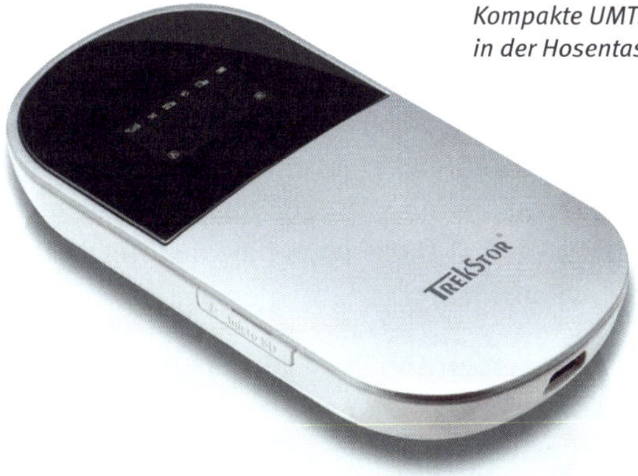

Kompakte UMTS-Router können Sie sogar in der Hosentasche tragen.

Der Clou: Mit den UMTS-Routern können bis zu fünf Geräte gleichzeitig den Internetzugang nutzen. Während Sie beispielsweise mit dem Tablet im Urlaub die heimische Tageszeitung lesen, können Familienmitglieder mit Note- und Netbook im Internet surfen. Eine 256-Bit-Verschlüsselung (WPA2-PSK) sowie die eingebaute Firewall sorgen für Sicherheit und ein microSD-Karten-Slot bietet zusätzlichen Speicherplatz für Fotos, Musik oder Videos.

Tipp

Wenn Sie einen Tablet-PC häufig unterwegs nutzen möchten, sollten Sie sich beim Kauf besser für ein Modell mit integriertem UMTS-Modul entscheiden. Der Aufpreis liegt mit knapp 100 Euro genauso hoch wie die Anschaffung eines mobilen Hotspots. Falls Sie bereits ein Tablet besitzen, das nur mit WLAN ausgestattet ist, sind Sie mit einem UMTS-Router bestens bedient.

Wenn Sie Ihr Tablet mit dem mobilen WLAN-Internetrouter verbunden haben, können Sie das Gerät einfach wieder zurück in die Jackentasche oder den Rucksack stecken. Die kleinen Hotspot-Geräte sind dabei gerade einmal so groß wie ein kompaktes Handy.

Der passende Datentarif

Wenn Sie sich für einen mobilen UMTS-Router entscheiden, benötigen Sie noch einen passenden Datentarif bei einem Mobilfunkanbieter. Dabei müssen Sie nicht zwingend einen Vertrag mit langer Laufzeit und monatlichen Kosten abschließen. Für das gelegentliche Internetsurfen unterwegs oder im Urlaub reicht ein Prepaid-Tarif völlig aus. Sie müssen lediglich eine SIM-Karte kaufen. Diese kostet je nach Netzbetreiber zwischen fünf und zehn Euro.

Datentarife auf Prepaid-Basis werden abhängig von den Anbietern auf Minuten-, Stunden-, Tages-, Wochen- und Monatsbasis angeboten. Sie kaufen mit den Prepaid-Tarifen eine bestimmte Nutzungszeit.

Mit einer Tages-Flatrate können Sie beispielsweise für einen kompletten Kalendertag online gehen und haben keine Volumenbegrenzung. Lediglich die Geschwindigkeit wird nach dem Verbrauch eines gewissen Datenvolumens gedrosselt. Bei den meisten Anbietern liegt die Grenze des geladenen Datenvolumens bei einem GByte. Das reicht aus, um zahlreiche Internetseiten zu besuchen und andere Informationen auf das Tablet zu laden.

Besonders interessant sind die Tarife für die Nutzung des Tablets im europäischen Ausland. Damit können Sie im Vergleich zu den klassischen Roaming-Gebühren enorm viel Geld sparen.

So kostet beispielsweise ein Tagesticket bei Vodafone für 35 ausgewählte europäische Länder knapp 15 Euro. Hier liegt allerdings das Datenvolumen bei lediglich 50 MByte. Alternativ können Sie auch direkt an Ihrem Urlaubsort eine Daten-Prepaid-Karte kaufen.

Überwachung des Datenvolumens

Um zu erkennen, wann Ihr Datenvolumen beim mobilen Surfen verbraucht ist, bietet sich die App Traffic Monitor an.

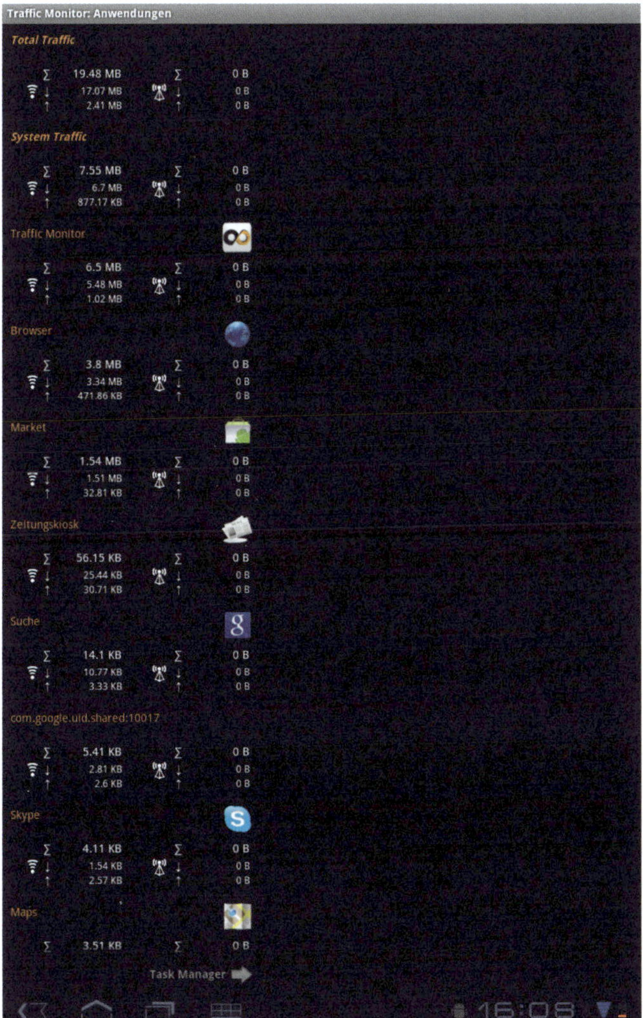

Traffic Monitor zeigt Ihnen an, welche Apps Datenvolumen verbrauchen.

Das Programm zeigt die vom Tablet übertragene Datenmenge für WLAN- und Mobilfunkverbindung an. Mit dem integrierten Speed Test können Sie die Datenrate für Download und Upload sowie die Verzögerungszeiten messen.

Der Data Traffic Counter zählt die übertragene Datenmenge bei WLAN- und Mobilfunkverbindung, getrennt für Up- und Downloads. Das Programm beinhaltet auch einen Tethering-Datenzähler, wenn Sie Ihr Tablet für andere Geräte als Hotspot nutzen. Auf dem Bildschirm sehen Sie die Datenmenge des aktuellen und letzten Tages sowie des laufenden und vorherigen Monats.

Index

A